人物叢書

新装版

高《たか》杉《すぎ》晋《しん》作《さく》

梅渓　昇

日本歴史学会編集

吉川弘文館

高 杉 晋 作

（東行先生五十年祭記念会編『東行先生遺文』より転載）

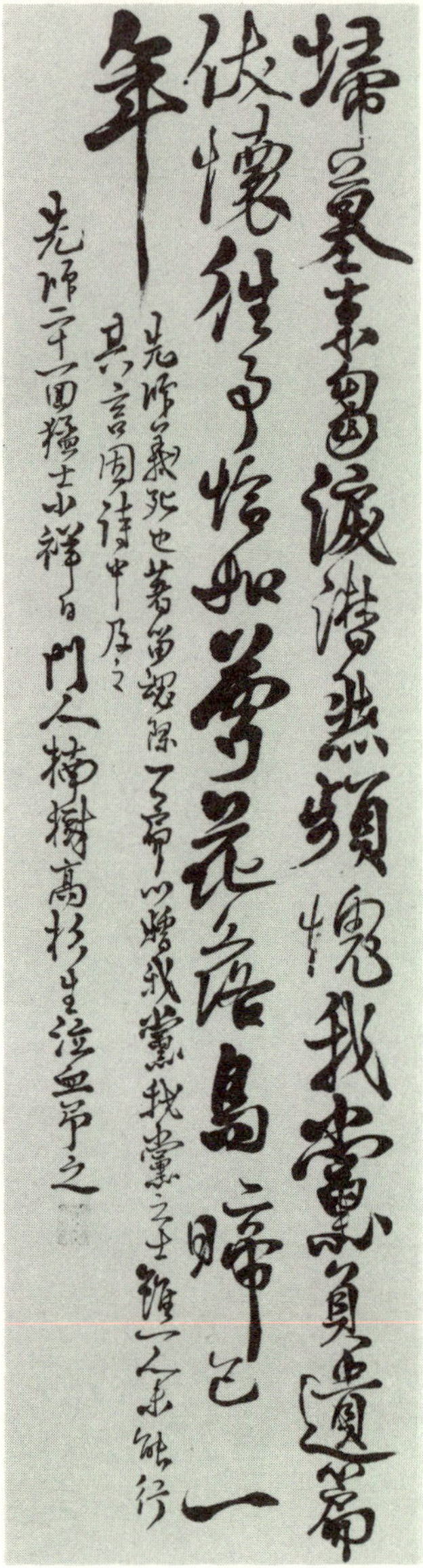

高杉晋作の詩（京都大学附属図書館所蔵）

墓を掃き芻《すう》（刈草）を束ねて涙潜然《さんぜん》（涙が流れるさま）　頻《しきり》に愧《は》ず我党遺篇に負《そむ》くを

伏して往事を懐《おも》えば恰《あたか》も夢の如し　花落ち鳥啼《な》いて已《すで》に一年

先師の義死するや、留魂録《りゅうこんろく》一篇を著わし、以て我党に贈る。我党の士、一人と雖《いえど》も未《いま》だ其言を行う能わず。因《よ》りて詩中之に及《およ》ぶ。

先師二十一回猛士小祥《しょうしょう》日　門人楠樹《なんじゅ》高杉生泣血《きゅうけつ》之を弔《とむら》う。

この詩は、晋作が敬慕していた師松陰の一年忌（小祥日）である万延元年（一八六〇）十月二十七日に賦したものである。晋作はこの日、往事を追懐して痛惜の念をあらわすとともに、いまだ同門の士のなかに一人も松陰の「留魂録」の遺訓を果たす者がいないのを恥じ、覚悟を新たにしてその遵奉を心に誓ったのである。

はしがき

本書の執筆を引き受けたのは、一九五〇年代のことであった。そのころ、京都大学人文科学研究所日本部の坂田吉雄先生主宰の共同研究「日本の近代化」班に所属して、幕末長州藩の軍事面を受け持ち、当時、明治維新《めいじいしん》の原動力ないし性格を究明する重要課題として、学界にクローズ・アップされていた奇兵隊《きへいたい》の問題について、遠山茂樹、井上清、奈良本辰也、E・H・ノーマン氏ら、先学の驥尾《きび》に付して取り組み、隊の創始者であり、長州藩の尊《そん》攘《じょう》討幕《とうばく》運動の中心人物である高杉晋作《たかすぎしんさく》に魅力を抱いていたから、若気の至りで何のためらいもなく引き受けてしまった。

一九五三年（昭和二十八）に「明治維新史における奇兵隊の問題」という論文を、当時の論争の流れとは異なった別の立場から発表し、各氏から手厳しい批判を受けた。その直後から人物叢書の執筆準備に取りかかったが、奇兵隊の場合とは異なり、伝記の場合は、ただ文書記録類をつらねて個人の行跡を叙述するだけでは、どんな貴重な史料をもってしても、伝記のための素材提供にとどまるのではないか、ではどのような叙述形態が、伝記として最もよいのか、と悩み、執筆を引き受けたのを後悔した。

結局のところ、個人の経歴の記述、思想の紹介にとどまることなく、また個人を時代から遊離させたり埋没させることなく、その経歴や思想などに示された個性を、時代の展開のうちにおいて考える―あるいは位置づける―という、伝記をつづるときの一般的な図式に従うことになった。伝記の核心がその人物の個性と時代とにある以上は、晋作こそは過去を背負い、いろいろの制約のなかにありながら、強烈な個性から、予測できない未来に対して、断乎として自己決断を下し、時代を切り拓いた魅力ある人物である、との考えにより執筆を開始したのであった。本書がこのような晋作の伝記というに値するかどうか心許なく思いながら、既成の評価にかかわりなく、わたくし流の明治維新史の解釈のうえに、晋作の経歴・心情を通観するよう試みた。大方のご叱正を得ることができれば幸いである。

晋作には英雄的訛伝《かでん》が数々あるものの、確証のないものが多く、史学の立場から処理するのに困った。その苦労もあって、本書では史料の典拠については、いささかくどいと思われるほど、詳細に明記することとした。読者には読みにくく思われるであろうが、ご理解いただきたい。

訛伝の一つに、明治中期より起こった、高杉晋作と西郷隆盛《さいごうたかもり》との会見・非会見説がある。『大日本維新史料稿本』（元治《げんじ》元年十二月十二日ノ（二））さえも、はじめは会見説をとり、のちには非会見説をとるに至った跡を綱文のうえにとどめている。私もこれについて新見解が得られないかと苦心し、司馬遼太郎氏に話したところ、氏は「鉛筆が倒れた方に書けばいいじゃないか」と語られた。司馬氏の真意は、「史実には限界・欠如があり、故意に消されたものや真実でないものもある。したがって、史家は少し高いところから時代の動向を眺め、自分の想像力を働かせて、史実からだけではわからない人物の心を読み取って歴史を書くところに、歴史叙述の妙味があるのだ」ということであったようである。

本書執筆にあたっては、長年にわたり多くの方々のお世話になった。まず、一九六二年（昭和三十七）三月下旬、東京都三鷹市の井の頭公園近くの高杉家をはじめてお訪ねして、高杉はる氏より快く晋作自筆の書類や遺物一切の史料を拝見・撮影させていただいた感激は、今も忘れられない。そのときの探訪史料写真は、スクラップ・ブック三冊にして保存している。また、長府では長府博物館長椿惣一、堀哲三郎の両先生、山口県文書館の石川卓美先生、萩の市立郷土博物館長脇英夫、防長医学史の田中助一の両先生、福岡県宗像郡宗像町の医師早川浩助先生（筑前《ちくぜん》藩士早川勇《いさみ》の後裔）、吉田の東行庵《とうぎょうあん》主谷玉仙尼様には、たびたびお目にかかり、幾度もご教示の手紙をいただいた。いずれも鬼籍に入られ、今となっては本書を拝呈して謝意を表し、ご批評を仰ぐすべはない。私の身辺の事情から執筆が遅れたことを、ただただお詫びするほかない。ありし日の面影を偲び、ご厚意を有難く思う次第である。

最後になったが、私が本書第一稿を書き上げたのは一九九九年三月十五日で、大阪大学医学部附属病院での手術の前日の晩のことであった。ともかく最後まで書き上げなければという私の思いを、病院の皆様が全面的にご配慮くださり、なんとか書き終えることができた。しかし、そのときの原稿は規定枚数を大幅に超え、八〇〇枚（四〇〇字詰）を超過していた。幸いにも退院することができたので縮小作業に取りかかったが、健康上の理由からなかなか思うようには進まず、日本歴史学会と吉川弘文館にはご迷惑をおかけした。深くお詫びしたい。また、上梓にあたり萩市立郷土博物館長近藤隆彦先生および中田佳子氏にご親切なお力添えを頂いたことに衷心より感謝申し上げる。

＊本書に登場する人物は、いずれも前・後名、通称、号、変名などを多く持っているが、いちいち改名や変名などを年月を追って書きわけず、便宜上、一般に用いられている名称を記し、とくに必要と思われる場合には他人と誤解されないよう、叙述ないし注記した。

二〇〇一年十二月四日
五十三年前のこの日、シベリアより舞鶴に帰還、故国の地を踏む

梅　溪　昇

目次

口　絵

高杉晋作

高杉晋作の詩

挿　図

表

第一　幼少時代

一　出生と家系

誕生

　高杉晋作《たかすぎしんさく》は天保《てんぽう》十年（一八三九）八月二十日、長門国萩《ながとのくにはぎ》城下（山口県萩市）に長州藩士高杉春樹《はるき》の嫡子として生まれた。吉田松陰《しょういん》（寅次郎《とらじろう》）に九つ、木戸孝允《きどたかよし》（貫治《かんじ》、準一郎《じゅんいちろう》、桂小五郎《かつらこごろう》）に六つ、井上馨《いのうえかおる》（志道聞多《しじぶんた》、井上聞多）に四つ、山県有朋《やまがたありとも》（小輔《しょうすけ》、狂介《きょうすけ》）に一つ年下で、久坂玄瑞《くさかげんずい》より一つ、伊藤博文《いとうひろぶみ》（利助、俊輔《しゅんすけ》、春輔、花山春太郎）より二つ年上であった。晋作は通称で、本名は春風《はるかぜ》、字《あざな》は暢夫《のぶお》（野原祐三郎『維新の英傑高杉晋作』にのみ出る読み）、ほかに東一《とういち》、和助（介）、谷梅之助《うめのすけ》（梅之進）などの変名があり、晩年には藩命により谷潜蔵《たにせんぞう》と改名した。号には文久《ぶんきゅう》三年（一八六三）、剃髪《ていはつ》したとき以来、東行《とうぎょう》を用いたが、時により「西海《さいかい》一狂生《いっきょうせい》東行」「東洋一狂生」「楠樹《なんじゅ》」または「楠樹小史」「些々《ささ》生」「致良知《ちりょうち》洞《どう》主人」「東狂」などの号を用いた。

高杉家の系譜

　高杉家の祖先は、毛利元就《もうりもとなり》が安芸国《あきのくに》の吉田郡山《こおりやま》（広島県高田郡吉田町）城主であったころから、毛利氏に仕えた。それ以前には武田と称し、同国高田郡西浦《にしうら》（吉田町西浦）に住んで出雲《いずも》（島根県）の尼子《あまこ》氏に仕え、毛利氏に敵対していた。武田元繁のとき、元就によって破られ、その子武田小四郎《こしろう》春時《はるとき》の代に毛利氏の幕下となり、備後国《びんごのくに》三谿《みたに》郡高杉《たかすぎ》村（広島県三次市）に一城を授かり、ここに移り、以来、領地の高杉を名乗って姓とした。したがって、高杉家は始祖をこの春時とし、その定紋《じょうもん》は武田菱《たけだびし》で、歴代当主はすべて「春時」の「春」の一字を名乗っている（『萩藩閥閲録』二・村田峯次郎『高杉晋作』）。

晋作の祖父又兵衛

春時は慶長六年（一六〇一）五月四日に、八〇歳の長寿で没した。そのあと春光《はるみつ》・春貞《はるさだ》を経て、就春《なりはる》は、二代藩主綱広《つなひろ》に仕えて功績があり、高《たか》一〇〇石《こく》と米五〇俵《ぴょう》を扶持《ふち》せられ、その子春俊《はるとし》に至り、高一五〇石の知行《ちぎょう》となった。続いて春信《はるのぶ》を経て、春善《はるよし》のときは、毛利家中興《ちゅうこう》の祖といわれる七代藩主重就《しげたか》が、積極的な財政改革を行なった時代で、春善は藩財政史上に重要な意義をもった撫育局《ぶいくきょく》の設立に功があった。

次の春明《はるあき》は高杉家の中興といわれ、九代藩主斉房《なりふさ》、一〇代斉熙《なりひろ》、一一代斉元《なりもと》に仕えて重職につき、藩政に著しい功労があった（『要路一覧』乾坤）。春明の養子、春豊《はるとよ》（長沼権之助政順の二男、又兵衛《またべえ》）は晋作の祖父で、右筆《ゆうひつ》・上関宰判《かみのせきさいばん》（山口県熊毛郡）代官・大坂蔵屋敷勤務を歴任し（田中助一『萩先賢忌辰録《きしんろく》』）、二〇〇石を給せられたが（『嘉永《かえい》改正いろは寄　萩藩分限《ぶんげん》帳《ちょう》』）、安政《あんせい》五年（一八五八）四月七日に没した。

父の小忠太

父の高杉小忠太
(東行記念館「高杉家資料」)

母の道

母の高杉道
(東行記念館「高杉家資料」)

この春豊の子、春樹が晋作の父である小忠太《こちゅうた》(以下、小忠太と表記)で、文化十一年(一八一四)十月十三日の生まれである。一二代藩主斉広《なりとお》に続き、一三代慶親《よしちか》(初め教明、天保八年三月十日より敬親《たかちか》、同年八月二十二日、将軍より偏諱《へんき》を受け慶親、元治《げんじ》元年八月二十二日、官位称号取り上げにより敬親)に小姓役《こしょうやく》・配膳役・小納戸役《こなんどやく》・奥番頭《おくばんがしら》・直目付《じきめつけ》役として仕え、また世子《せいし》の定広《さだひろ》(支藩・徳山藩主毛利元蕃《もとみつ》の弟の騄尉《ろくじょう》で慶親の養子。初め広封《ひろあつ》、安政元年三月九日より定広、元治元年八月二十二日以後は広封。のち一四代藩主元《もと》徳《のり》)付きとなり、裏年寄役なども歴任した。維新後、丹治《たんじ》と改名、大監察・山口藩権大参事《ごんだいさんじ》などを勤め、廃藩にいたって退隠し、明治二十四年(一八九一)一月二十七日に七八歳で没した(「高杉小忠太履歴材料」)。

小忠太の妻は、同じ家中の大西要人(将曹)

の次女で道《みち》といい、文政二年（一八一九）八月十九日生まれ、明治三十年（一八九七）一月十三日、七九歳で没した。大西家は禄高《ろくだか》三〇〇石（「安政二年分限帳」）で、高杉家よりも高かった。晋作は、父小忠太二六歳、母道二一歳のときに長子として生まれ、当時、祖父の又兵衛春豊（以下、又兵衛と表記）も健在であった。

大叔父田上宇平太

なお、小忠太には妹の政《まさ》と、義弟に田上宇平太《たがみうへいた》（任準、禄高一六五石）がいた（巻末家系図参照）。宇平太は小忠太の祖父である春明の末子で、同藩士の田上平兵衛の養嗣子となり、田上家を継いだ。したがって晋作の大叔父にあたる。

宇平太は文化十四年（一八一七）に生まれ、弘化《こうか》四年（一八四七）、江戸にある伊東玄朴《げんぼく》の象先《しょうせん》堂《どう》（東京都台東区）に入門して蘭学《らんがく》を修め、のち長崎に留学して西洋軍事学を学び、「海岸砲台略記」（嘉永二・一八四九年）の翻訳もある。西洋学所師範掛《しはんがかり》・長崎直伝習生《じきでんしゅうせい》監督・海《かい》寇《こう》御《お》手当《てあて》御用掛《ごようがかり》などを歴任し、第二次長州征討にも参加、明治二年（一八六九）九月十二日、五三歳で没した。宇平太は高杉家を出て田上家を継いでからも、晋作と密接な関係にあり（沼倉研史・沼倉満帆「長州藩蘭学者田上宇平太と翻訳砲術書」『英学史研究』二〇）、彼の西洋軍事学の知見が晋作に与えた影響は少なくないであろう。

義弟南貞助と南亀五郎

小忠太の妹の政は、長州藩士南杢之助《もくのすけ》（禄高一六〇石余）の妻となり、天保十一年（一八四〇）に嫡子亀五郎（『萩藩給禄帳』）、ついで弘化四年（一八四七）に貞助（百合三郎）を儲《もう》けた。貞助は晋作より八つ年下の従弟である。森谷秀亮は、貞助が文久元年（一八六一）に小忠太の養子となったため、晋作とは義兄弟であったとするが（「南貞助自伝宏徳院御略歴」、『雑誌明治文化研究』三）、分限帳では「小忠太嫡子百合三郎」となっている（「分限帳自安政六年至文久三年」）。

晋作は、従兄にあたる亀五郎へも安政六年（一八五四）正月元日付で年頭の挨拶とともに男子誕生の祝詞を呈しているが（『高杉晋作全集』書簡二一）、とくに貞助とはきわめて親しい間柄であった。晋作は「義弟谷松助」とも呼び、自らの留学の志を継がせるべく、慶応元年（一八六五）には貞助（藩記録には杢之助庶子）を藩の留学生としてイギリスに渡航させている（『高杉晋作全集』下、詩歌二三九）。貞助は慶応三年の秋には西洋軍事学を学んで帰国し、明治二年には政府に出仕した。

以上のように、高杉家は藩祖毛利元就の時代から臣事し、かつ歴代にわたり藩政の要職について功績を挙げた人物を出してきた。このことが晋作の精神上に多大の影響を与えたことは疑いを入れない。晋作が「我はもと吉田以来の士、胸謀《きょうぼう》自づから謂う、他子と異なる」（『高杉晋作全集』下、詩歌一一〇）と言っているのも、常に彼の心底には、栄誉ある高杉の家系に対する責任感と名誉心とが働いていたことを示すものである。

幕末長州藩の士卒の階級区分は表1の通りで、晋作がいわゆる下級武士出身でなく、大組《おおぐみ》（馬廻《うままわり》の士、八組）という、れっきとした中級武士の家柄に属していた。

表1　長州藩の士卒階級

班別		階級名	禄高	人数
士席班	上士	一門	17,000〜6,000石	6
		永代家老	13,000〜10,000石	2
		寄組	6,200〜250石	62
	中士	大組	1,600〜40石	1,378
		船手組	500〜40石	29
		遠近附	105〜13石	216
		寺社組	200〜14石	87
	下士	無給通	扶持方9人　高60石以下	512
		徒士	扶持方5人　高20石(又ハ25)以下	130
		三十人通	扶持方4人　高25石以下	55
		その他	(鷹匠鵜匠、膳夫、陣僧、船頭など)	122
	合計			2,599
準士席班		士雇	扶持方3人　恩米10石以下	118
卒席班		足軽	扶持方1人　現米10石5斗以下	2,958
		中間	扶持方1人　現米7石以下	
		六尺以下の小者	扶持方1人　現米5石以下	

『修訂防長回天史』1(嘉永5年調査)および時山弥八『稿本もりのしげり』(旧長藩士卒階級一覧表)による。班別については谷苔六「藩政時代の防長住民の区別と其待遇(二)」(「防長史学」第3第1号)参照。

なお、小忠太と道夫婦のあいだには嫡子の晋作のほか、武《たけ》（竹、武藤正明の妻）・栄《はえ》（坂円介の妻）・光《みつ》の女子が生まれたが、慶応元年（一八六五）正月十一日には、村上衛門常祐《えもんつねすけ》の第三子の春祺《しゅんき》（半七郎）を養子に迎えている。これは小忠太が、前年の元治元年（一八六四）十二月の晋作の下関挙兵によって、高杉家の家名存続を危惧《きぐ》してのことであった。のちに春祺は光を妻に迎え、明治九年（一八七六）に高杉家を継いだ。

二　時代の新機運

長州藩の天保改革

晋作が生まれた翌年の天保十一年（一八四〇）は、隣国の清《しん》国でアヘン戦争が勃発した年で、長州藩では天保改革が開始された年であった。大国の清国がイギリス近代軍事力の前に敗北したことや、イギリスが戦勝の余勢をかって日本に攻めてくるかもしれないという情報は、わが国の危機と西洋兵器・銃陣《じゅうじん》の優秀さを、識者に明瞭に認識させた。

天保期には徳川封建社会の行き詰まりを打開するため、いわゆる天保改革が幕府・諸藩を通じて行なわれたが、その内容はアヘン戦争以前と以後とでは異なっている。天保初年に始まった水戸・薩摩両藩の天保改革は、藩財政の建て直しが目標であり、アヘン戦争以後に行なわれた長州藩や幕府の天保改革は、外患《がいかん》を考慮して武備充実・兵制改革に重点を置きつつ、財政の建て直しを行なったことに特徴がある。

村田清風と藩政改革

一三代藩主慶親は、江戸当役《とうやく》・用談役《ようだんやく》村田清風《むらたせいふう》を挙げて、天保十一年に藩政改革に着手した。表高《おもてだか》三七万石、実収は八〇万石あったといわれた長州藩も、幕末期には長年の財政難に苦しみ、藩庁と藩士、藩庁と領民との間に対立が生まれていた。天保二年（一八三一）には、国産専売などの問題で六万人の百姓が大一揆を起こし、藩政指導者は深刻な打撃を受けていた。改革に着手した天保十一年の藩の借金は、九万貫《かん》に近かった。

この藩財政を建て直すために採られた方策は、それまでの商業主義から農本主義へ復帰し（天保十一年「流弊改正意見」）、天保十四年の「三十七ヶ年賦《ねんぷ》皆済《かいさい》仕法《しほう》」（『修訂防長回天《ぼうちょうかいてん》史《し》』一）によって、藩内の商業高利貸からの借金で困窮する家臣団を解放しようとしたことであった。単に藩財政の建て直しという点から見れば、きわめて消極的な節倹政策にすぎない。しかし、藩の軍事力強化・武備充実のためには、家臣団給養の基盤である農民階級の反感と衰弱とを防止しなければならず、先の天保二年（一八三一）の大規模な百姓一揆から、農民の怨みをかう従来の藩営の物産取立《とりたて》（専売制）や利貸などの商業主義政策を捨てたのである。

越荷方の拡張と撫育局

以上のような藩内の財政政策を進める一方で、藩外に向かっては積極的な商業主義を展開した。それは「国外の利息を以て国内を培養する術」を強化することであり、下《しもの》関《せき》の越荷方《こしにかた》の拡張がこのときに行なわれた。越荷方の資金源は撫育局《ぶいくきょく》であり、宝暦《ほうれき》九年（一七五九）、七代藩主重就《しげたか》のとき、検地によって得た四万一〇〇〇余石の増高から上がる収益を別途会計として、新田開発・藍《あい》専売・領民への低利貸付資金にあてて増殖を図り、臨時の出費に備えることとし、撫育局が蔵元役所内に設けられた。撫育局の資金は、いかに藩の一般会計が赤字でも、それへの流用が厳禁されたが、貸し付けられた農民の方では、返済に苦しんで土地を失う者が続出したため、村田清風は天保改革でこの貸付法を廃止し、かわりに藩外の商船に貸し付け、「国外の利息」を収めようとした。

下関の越荷方は、北国《ほっこく》や九州から下関海峡を通って大坂方面へ運送される商品（越荷）に対して、その商品を抵当として金融業を営み、あるいは一時貨物の保管にあたって倉《くら》敷料《しきりょう》を徴収するなど、資金の増殖を図った。

長州藩では、このようにして一般会計は破綻状態にありながら、撫育局という他藩には見られない特別会計制度をもち、かつ下関という交通上の要地を押さえていたために、その資金を巧みに用いて莫大な利益を上げた。この蓄積がのちに、外国からの新鋭武器や艦船の輸入などを可能にすることになる。

人材の育成

さらに、天保改革では、士風の刷新・人材登用にも意が注がれた。華美に流れている一般藩士を戒め、武術を奨励し、かつ有為《ゆうい》の青少年を藩外に遊学・修業させる方針がとられ、蘭学も奨励されて外国知識の輸入も図られた。長州藩が文久・慶応期の難局を切り抜けることができたのは、こうして養成された人材によるものである。

一方、対外関係は緊張の度を強め、長州藩でも火器の習熟と西洋銃陣を中心とする兵制改革を図らなければならなくなり、天保改革から弘化・嘉永にかけて、以前は「文七武三」といわれてきた藩政全体の趨勢《すうせい》が、「武七文三」に変わってきていた（村田峯次郎『防長近世史談』）。長州藩毛利家は関ヶ原の戦いに敗れて苦難の道を強いられたから、江戸時代初期には反幕観念は強く、毎年正月元日には、家老の長である当職が藩主に「幕府追討《ついとう》は如何《いかが》でございますか」と問い、藩主が「まだ早かろう」と答えるのが慣例になっていたという。しかし、中期以降は恐幕観念が支配的となり、「兵事を穿議《せんぎ》する」ことはなかった（拙稿「明治維新史における長州藩の政治的動向」）。それが「武七文三」と、武備充実・兵制改革論が藩政のうえに顕著に展開するようになってきたことは、時代の新機運として注目すべきものであった。

三　負けず嫌いの少年時代

晋作の生家の高杉家は、当時呉服町菊屋横丁（萩市南古萩町）にあった。従来、晋作の生家は、南古萩《ふるはぎ》第二三番とその裏にある第二三番の一であるとされてきたが、それは本来の晋作旧屋敷地の南半分で、実際は南古萩第二二・二三の両番地（台帳面積合計四九七坪）に相当すると考えられる（拙稿「高杉晋作の誕生旧宅図」『日本歴史』六二九）。

長州藩では禄高三〇〇〇石以下の者には宅地の標準が定められており、四五〇石以下は四〇〇坪、一五〇石以下は三〇〇坪であった（『修訂防長回天史』二）。したがって二〇〇石である高杉の家は普通の藩士の住宅としては広いといわれ、また家の裏の蔵・庭の築山・竹藪などは、一般の藩士の住宅には見られないものであった（香川政一『高杉晋作小伝』）。

晋作が幼少の頃、どのような日常生活を送ったかを知る史料はなく、推察によるほかない。当時、長州藩の制度として、知行は本来四つ物成（高一〇〇石につき玄米四〇石の実収）であったが、藩財政の窮乏により半知《はんち》の制（知行半分が召上げられる）がしかれていたから、高杉家でも高二〇〇石とはいえ、実際は年に四〇石程度の収入であったろう。そこへ物価高とあっては、生計に余裕があるはずはなかった。長州藩の侍の常として毎日の食物は、朝は雑炊、昼は一汁に漬物、夕は野菜と一汁で、膳の上に魚類を見るのは月に三日、多くは塩物か干物であった。衣類はすべて母や姉妹の手になった木綿物で、極寒でも幼児から足袋《たび》をはくことはなかったというから（『世外《せがい》井上公伝』二）、高杉家でもこれと同じような質素な生活をしていたものと想像できる。

晋作の少年時代の出来事として記しておかなければならないのは、嘉永元年（一八四八）十二月、一〇歳のときに疱瘡《ほうそう》にかかり、一時は重体となったが一命をとりとめたことである。

十二月六日昼過ぎ、晋作が発熱すると、家族は近所に住んでいた藩医青木周弼《しゅうすけ》に来診を頼んだり、平癒《へいゆ》祈願のために萩城内の鎮守宮崎八幡宮の宮司《ぐうじ》白上舎人《しらがみとねり》をよび、疱瘡の式（疱瘡神を祀り、鎮めて送り出す儀式）を行なったという。しかし、なかなか熱が引かず、ひどくもだえ苦しんだので、周弼も念のために能美洞庵《のうみとうあん》（周弼の旧師・藩主の侍医・医学館長）にも診察してもらったほどであった。しかし、十四日以降は回復に向かい、明くる年、嘉永二年（一八四九）正月四日には湯引《ゆびき》（疱瘡が治癒したしるしの清めの儀式）を行なっている。

以上の晋作の病状経過は、父の小忠太が嘉永二年正月五日付で大坂の長州藩蔵屋敷に在勤中の祖父又兵衛に宛てた手紙と、母の道が藩用で萩を出た夫の小忠太に宛てた手紙に、くわしく記されている（二通とも濱中月村所蔵、山本勉彌「高杉晋作の疱瘡」『萩文化』七巻四号・拙稿「高杉晋作の祖母と母の手紙」『日本歴史』六四三）。

イギリスのジェンナーの牛痘種痘法《ぎゅうとうしゅとうほう》が長崎へ伝わったのは嘉永二年六月、長州藩が青木研蔵《けんぞう》（周弼の弟）を長崎へ派遣して種痘法を学ばせたのは同年七月で、藩内に種痘法が実施されたのは十月である（田中助一『能美洞庵略伝』）。晋作が疱瘡にかかったのは、藩内に種痘法が実施される前年であった。

晋作の顔には、鼻梁《びりょう》と鼻翼《びよく》のところに多く痘痕《あばた》が見られ、のちに晋作の妻の政《まさ》（雅・雅子・政子・菊ともいう）が嫁入りしてくる前に、その兄が「おまえのお婿さんは小豆餅《あずきもち》じやぞ」とからかったという。小豆餅とは長州の方言で痘痕のことである（横山健堂『高杉晋作』）。晋作が痘痕を残しただけで一命をとりとめたのも、当時有数の蘭方藩医らの手当の賜物であり、また、彼らの手当をたやすく受けることができたのは、藩主・世子の側近であった父の役目柄によるところ大であった。

明倫館小学舎

さて長州藩では、八歳から一四歳までの藩士の子弟は、明倫館小学舎《めいりんかんしょうがくしゃ》において、孝経・四書（大学・中庸・論語・孟子）・五経（易経・書経・詩経・礼記・春秋）の素読《そどく》と講談を課せられた。講談では、字義の解釈にとらわれないで、経書によって和漢・古今の忠義貞節の美事・善行をやさしく話して聞かせた。時間割は「毎朝卯《う》（六時）の刻から辰《たつ》（八時）の刻まで素読。巳《み》（十時）の刻から午《うま》（十二時）の刻まで習字、未《ひつじ》（二時）の刻から復読と講談とを隔日」にし、講談は講談師が順次勤めた（『萩市誌』）。

私塾にも通う

晋作もこのような内容の初等教育を小学舎で受けつつ、他方、私塾へ通った。晋作が通った私塾には、平安古《ひやこ》の吉松淳蔵の塾、油屋町の羽仁稼亭《はにかてい》の温古堂などがあり、晋作

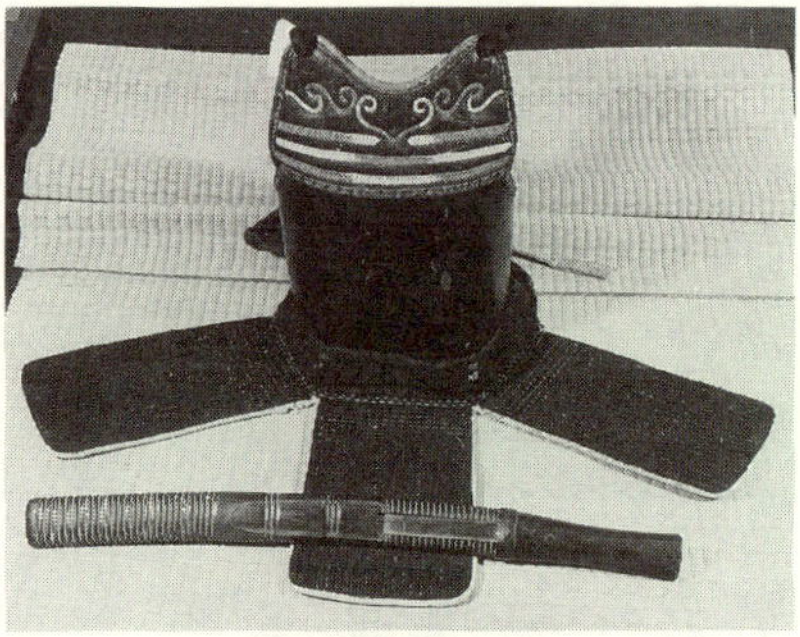

晋作の稽古胴と躾刀
（東行記念館「高杉家資料」）

が一生用いた暢夫《のぶお》（心のびやかな男の意）という字《あざな》は、稼亭の名づけたものという（香川政一『高杉晋作小伝』）。

高杉家伝来の「晋作履歴覚書」（仮称、著者保管）によると、晋作は弘化二、三年（一八四五、四六）、七、八歳のころ、藩校明倫館の小学舎に学び、初発句読（素読）を受け、また手習所《てならいじょ》（寺子屋）へ通っている。嘉永三、四年（一八五〇、五一）、一二、三歳ごろからは兵術を好み、弓・槍《やり》・剣道をも学ぶようになった。小学舎でこれらを学んだほかに、村田峯次郎『高杉晋作』によると、さらに大学に進み、弓術を粟屋弾蔵、馬術を仙波喜間太、剣術を柳生新陰流《やぎゅうしんかげりゅう》の内藤作兵衛、槍術を岡部右内に学んだ。後年、晋作自ら「某《それがし》少にして無頼《ぶらい》、撃剣《げきけん》を好み、一箇の武士たらんことを期す」（「高杉晋作獄中手記」『高杉晋作全集』下、日記）と記しているように、少年のころは無法な行ないもし、負けず嫌いの気質を備えていた。横山健堂『高杉晋作』が伝える逸話には、晋作の凧を踏み破った年賀の客に三本指を突いて謝らせたことがあったという。

不屈の性質

また、萩生まれの三浦梧楼《ごろう》（観樹《かんじゅ》）は、父の小忠太が謹直な人で、忠誠一途《いちず》、温厚な古武士的な風格の持ち主であるのに、子の晋作は親とうって変わった傍若無人、不屈の性質だったので、高杉の「鴉《からす》の白瓜《しろうり》」と長州の評判であったといっている（「天下第一人高杉東行」『日本及日本人』六三九）。

世子定広との対面

さて、「晋作履歴覚書」によると、嘉永五年（一八五二）、一四歳のとき、弓法が好きで、春分の日に世子定広の前で柴矢《しばや》（芝矢。遠矢に用いる稽古矢で、粗雑なカモの羽を竹につけて作る）も手際よく作り、一〇〇本の矢数を九分九厘まで仕上げたので、褒美をもらっている。定広が嘉永四年（一八五一）十一月、藩主慶親の養子となった当初より（当時一三歳）、晋作の父小忠太はその小姓役を勤め、のち、晋作も定広の小姓役を勤めることになるが、定広と晋作は同《おな》い年で、この春分の日が両者のはじめての出会いであった。

四　明倫館大学校に入る

父に従い江戸へ

晋作は嘉永六年（一八五三）、一五歳で元服《げんぷく》したが、高杉家での式の様子は伝えられていない。この年はペリー来航の年にあたるが、「晋作履歴覚書」には嘉永六年について、

十五歳、父に従って東行《とうこう》し、読書教場中にて修行。一日武学拾粋《ぶがくしゅうすい》を読んで兵法に感じ、右本を自ら写し取って苦読せしかと思う。

とある。父に従って晋作が東行した（江戸へ行く）ことは、公務のみを丹念に記録した父小忠太の「高杉丹治編輯《たんじへんしゅう》日記」には見えない。しかし、世子定広が将軍御目見《おめみえ》のため出府し、小忠太が御番手《ごばんて》として御供《おとも》の一員に命じられたのは嘉永六年九月のことで、実際に萩を発ち東行したのは翌安政元年（一八五四）正月十五日、二月十六日には江戸に着いている（「嘉永六年騄尉様御出府之記　天」・「浦日記」）。したがって、この時期に父が東行したのは事実だが、晋作が父に従行したことについては、「晋作履歴覚書」以外に傍証するものを見いだすことはできない。また、晋作の東行が彼自身の自発的意志によるものか、父が世子定広の小姓役としてその上府に際し、世子と同年の息子を何らかの意図で非公式に随行させたのかも想像の域を出ない。

晋作が出た「読書教場」とは、おそらく藩邸内のものと思われるが、そこで『武学《ぶがく》拾粋《しゅうすい》』を読んだのが注目される。この書物は、信州（長野県）高遠《たかとお》藩の星野常富《つねとみ》（葛山《かつざん》）の軍事学書であり、ペリーが浦賀《うらが》（神奈川県横須賀市浦賀町）に来航した嘉永六年（一八五三）十二月、江戸和泉屋吉兵衛らの版行で、外患が現実化した時勢にあった最新のものであった。安政元年（一八五四）初期に江戸に入った晋作が、前年に出たこの書物を自写するまでに熱心に読破しようと取り組んだところに、鋭敏な時代感覚と対外意識の強さをうかがえる。

明倫館へ通う

「晋作履歴覚書」（高杉勝所蔵・梅溪昇保管）

ところで、晋作の江戸滞在はそう長くはなかった。これについて「晋作履歴覚書」は、

十六歳（安政元年）。祖父の命によって国に帰る。それより明倫館大学校に入塾。頗る倜《てき》儻《とう》（他人の束縛を受けず独立の気象のあるさま）にして舎学を屑《いさぎよし》とせず。

と記しており、晋作を江戸から国元の萩へ引き戻したのは、祖父又兵衛であったことがわかる。彼は翌安政二年には七〇歳となるので隠居を考えており、かわいい孫を政治的激動の江戸においておくのが心配で、自分の膝下《しっか》におき成人ぶりを見たかったのであろう。このとき、晋作がいつ江戸を発ち、どのように帰国したかは不明である。

晋作が学ぶ藩校明倫館は、すでに嘉永二

年（一八四九）三月、城内（堀内追廻《ほりうちおいまわ》し）から城下中央の地（江向《えむかい》）へ移り、落成していて、通うのには近かった。館の学科は、経学・歴史・制度・兵学・文章の五科に分かれていて、各人の才質・好尚に応じて講習を受けた。生徒は藩費で、昼夜宿泊するものが居寮生、毎日通学するものが入舎生、一五歳以上二四歳までを通例とし、日々講堂に出て会講するものが大学生であった。したがって「晋作履歴覚書」に「入塾」とあるのは、正しくは「通学」である。

保守退嬰的な学風と山県太華

弘化・嘉永のころ、明倫館には天保六年（一八三五）以来、学頭《がくとう》の山県太華《やまがたたいか》のほか、平田新右衛門・小倉尚蔵らの儒者がいた。太華ははじめ徂徠学《そらいがく》を奉じたが、のち朱子学《しゅしがく》に転じて、今の諸侯は王臣《おうしん》でないという「非王臣論」を説き、「王臣論」を説く吉田松陰は太華の説をきびしく攻撃した（「講孟餘話附録」『吉田松陰全集』二）。そのころ入学していた来《く》原良蔵《はらりょうぞう》も太華に「非王臣論」の撤回を求めて直諫《ちょっかん》し、容《い》れられなかったのでついに退館し、一方、平田・小倉らを卑俗凡庸で才能がないと罵《ののし》っている。また、村田清風の流れをくむ周布政之助《すふまさのすけ》（字は公輔《きみすけ》、雅号に麻田・観山など）を中心に、来原らの同志十数人が時事を論議し、陰に明倫館の学者たちに対抗する形勢もあった（妻木忠太『来原良蔵伝』上）。このような動きは、明倫館の勉学がもっぱら経書の訓詁《くんこ》に終始し、その学風が保守退嬰《たいえい》的で、時勢の論議を圧殺しようとする傾向を持っていたことへの反発・離反にほかならなかった。

晋作が学んだ安政初年ころの明倫館では、山県太華はすでに嘉永三年（一八五〇）に引退していたものの、はじめ太華の養子となった山県半蔵《はんぞう》（のち宍戸《しど》備後助《びんごのすけ》、宍戸璣《たまき》）がその説を踏襲していたため、太華の思想的影響が強く残存し、館の文題に太華の主張「天下は一人の天下に非《あら》ざるの説」が出たり、「今の諸侯は幕府の臣か天朝の臣か」という議論が流行するような状態であった。このような明倫館の思想傾向は、松陰が「講孟餘話」（安政三年六月完成）に主張した、

普天《ふてん》の下、王土王臣《おうどおうしん》に非ざるなく、率土《そっと》の浜《ひん》王臣に非ざるなしと云えば、明かに天下は一人の天下とするなり。　（『吉田松陰全集』二）

と、天皇を尊び皇道国運のために言を立てた国体論とは相容《あいい》れないものであった。安政元年以来、幕府は諸外国の交易要求に屈して開国に踏み切り、開港場を設けるなど時勢は大きく変わってきていた。このような時勢の推移に鋭敏に反応した晋作は、幕府中心主義（幕府権力だけを強くして諸藩・庶民の力を弱くする政治方針）に追随しようとする保守的な明倫館の学風に飽きたらなかった。

父母への手紙と漢詩

さて、晋作は終生父母思いで、父母に宛てた手紙が二〇通ほど残っている。そのうち、大学校時代の晋作が萩より江戸在勤の父に宛てた安政三年七月十日付、同八月十五日付

の二通が最も古く（『高杉晋作全集』上、書簡一・二）、内容は「祖父様祖母様御平安」「子供（妹ら）中相揃《あいそろい》無恙《つつがなし》」と家族の近況を報じて、父の安心を促したものである。前者は、六月二十八日の父からの手紙を受け取って書いたもので、文末に「立秋」と題する詩と、織田《おだ》信長《のぶなが》と柴田勝家《しばたかついえ》の故事を記して、父に添削を乞うている。これは勉学の一端を父に知らせようとする、晋作の気持ちの表れであろう。晋作は志士として教養が高く、かつ文才に恵まれ、短い一生の間に三七〇篇にのぼる詩を遺している。この「立秋」は一八歳のときの習作であるが、詩情豊かである。

父の教訓

父小忠太は、晋作が父に宛てた二通の書簡をつなぎ合わせ、紙背《しはい》に、高杉家の歴代が家風として気質変化の工夫・修業に励み、奉公に努めてきたことを諄々《じゅんじゅん》と説き、「勇気乏敷《とぼしき》気質は念々相はげみ、又、剛気過ぎ候えばそれをおさえ」と記している。温厚誠実な奉公一途の人であっただけに、晋作に不覊奔放《ふきほんぽう》なところがあるのを心配し、晋作が自ら気質変化の工夫に努め、家名に恥じない立派な藩士になってほしいと願い、この教訓を記したのであろう（『高杉晋作全集』上、書簡三）。

第二　吉田松陰に師事

一　松下村塾入り

吉田松陰と松下村塾

吉田松陰《よしだしょういん》は、天保元年（一八三〇）に長州藩萩松本村（萩市椿東《ちんとう》）の藩士杉百合之助《すぎゆりのすけ》常道（家禄二六石）の二男として生まれ、六歳で山鹿流《やまがりゅう》兵学師範《へいがくしはん》の吉田家（家禄五七石六斗）を継いだ。嘉永三年から六年（一八五〇〜五三）まで、九州の平戸《ひらど》（長崎県平戸市）・長崎をはじめ、江戸・水戸、奥州など諸国を遊学していたが、ペリーが安政元年（一八五四）に日米和親条約締結のため再航すると、アメリカ艦での密航を謀り、失敗して、四月に幕府によって江戸伝馬《てんま》町（東京都港区元赤坂）の獄舎に入れられたが、十月に萩の野山獄《のやまごく》（萩市今古萩《いまふるはぎ》町）に移され、翌二年十二月には獄を許されて杉家（父の家）に禁錮《きんこ》の身となった（松陰二六歳）。

人に接することは禁じられていたが、近隣の子弟で密かに松陰に学ぶ者もいた。また、安政三年八月より幽囚室で近親子弟に「武教全書《ぶきょうぜんしょ》」を講義し、門人も次第に増えた。九月ころには、一方で外叔《がいしゅく》（母方の叔父）の久保五郎左衛門《くぼごろうざえもん》の隣家で子弟を教え、松下村《しょうかそん》塾《じゅく》（天保十三年に松陰の叔父の玉木文之進《たまきぶんのしん》が起こしたもの）の名を受け継いで用いるようになり、松陰の声望が高くなった（「吉田松陰年譜」『吉田松陰全集』一）。「晋作履歴覚書」は、このころ晋作が松陰について学ぶようになったとして、次のように記している。

十七歳（安政二年）比と覚ゆ。松下村塾有るを聞いて、父兄に忍び毎々従学して、深く松陰の才学を慕う。
十八歳（安政三年）、明倫館《めいりんかん》塾舎より松下塾往来学《まなぶ》。

松下村塾に入塾

しかし、藩記録によると、晋作が明倫館入舎生を命じられたのは安政四年（一八五七）二月十四日、一九歳のことである（「高杉晋作履歴抜書」）。晋作の松下村塾の入門時期は、松陰の「丁巳幽室文稿《ていしゆうしつぶんこう》」の九月はじめに、すでにその名が出るから（『吉田松陰全集』三）、安政四年八、九月の交と思われる。久坂玄瑞《くさかげんずい》は安政四年十一月、年も同じで家も近く、竹馬の友であった晋作の従兄南亀五郎に宛てた手紙に、

高杉暢夫もと武人、このごろ学校に入り、節を折りて書を読む。而《しか》してまま武場に出入りし、（妻木忠太『久坂玄瑞遺文集　上　尺牘《せきとく》編』）

と書いており、このころの晋作が、武術だけでなく文学の方面にも関心を寄せつつあったことを知ることができる。

晋作が明倫館入舎生の身でありながら松陰に師事するようになったのは、明倫館の守

旧の学問に飽きたらないところに、松下村塾の革新的な学問・教育の評判を聞き知ったからであった。明倫館は藩士教育の場で、士分《しぶん》以下の足軽《あしがる》・中間《ちゅうげん》などの子弟は入学を許されなかったから（陪臣《ばいしん》・足軽・中間・平民のために明倫館所管の敬身堂があった）、身分が低くとも気概のある者は争って松陰の門下に集まり、また、れっきとした士分でも当時の時勢に感じた青年子弟にとっては、魅力ある異彩の学塾であった（表2）。

表2　晋作と関係深い吉田松陰門下生たち

人名	出身階級(家禄)	入門(当時の年齢)
桂　小五郎(木戸孝允)	大組(90石)	嘉永2(17歳)
中谷正亮	大組(180石)	安政3(26歳)
赤根武人	周防大島郡医家	安政3(17歳)
久坂玄瑞	寺社組(25石)	安政3(17歳)
吉田栄太郎(稔麿)	足軽	安政3(17歳)
高杉晋作	大組(200石)	安政4(19歳)
佐世八十郎(前原一誠)	大組(47石)	安政4(25歳)
尾寺新之丞	大組(70石)	安政4(15歳)
岡部富太郎	大組(40石)	安政4(18歳)
品川弥二郎	足軽	安政4(15歳)
野村和作(靖)	足軽	安政4(16歳)
伊藤利助(博文)	中間	安政4(17歳)
福原又市	大組(82石)	安政5(—)
作間忠三郎(寺島)	無給通(70石)	安政5(16歳)
有吉熊次郎	無給通(30石)	安政5(16歳)
入江杉蔵	足軽	安政5(22歳)
山県小輔(有朋)	中間	安政5(21歳)

松陰の門人総数は、約70名であるが、そのうち晋作と関係の深い人物を摘出した（『吉田松陰全集』10所収「関係人物略伝」・『萩藩給禄帳』など参照）。なお、桂小五郎は、松陰と年齢の差はわずかに4歳で、諸書では一般に松陰門下生扱いにしていないが、桂は山鹿流の兵学を学ぶため、早く松陰の門に入り、その後教導を受けて嘉永5年におよび、以来松陰に兄事しているので本表に含めた。

松陰の教育方針

後期水戸学の影響

松陰の教育方針は、自ら記した「松下村塾記」や「士規七則」に見るように、君臣の義と華夷《かい》（皇国と外国）の弁を明らかにするとともに、当時の世界の情勢やわが国情に通じ、各自がその個性と境遇を顧《かえり》みながら、当面の時勢にいかに対応すべきかを考える、活発有為にして気概ある人材を育成することにあった。

松陰の思想と行動を形成・推進したものは、後期水戸学である。前期水戸学の尊王論《そんのうろん》に攘夷論《じょういろん》の加わった後期水戸学の思想は、尊王攘夷論であり、それは幕末志士のバイブルであった会沢正志斎《あいざわせいしさい》の「新論」（文政八年〈一八二五〉脱稿）に結晶していた。松陰は嘉永三年（一八五〇）ごろから「新論」を写本で読み、ついでその著者を水戸に訪ねて感激し、安政四年、刊本が出ると借りてまた読んでいる。

晋作もまた松陰のもとで後期水戸学の影響をうけていることは、安政四年九月、藩主の発駕《はつが》に従って東行する親友の吉田稔麿《としまろ》を送る文に、晋作が「天地ノ正気我ガ神州《しんしゅう》ニ鐘《あつま》レリ」云々と、藤田東湖《ふじたとうこ》の「正気歌《せいきのうた》」（弘化二年〈一八四五〉作）を記していることからもわかる（「送無逸東行序」来栖守衛『松陰先生と吉田稔麿』）。

ここで注意しておかなければならないのは、後期水戸学ないし尊王攘夷論の本来的性格は、御三家の一つ水戸藩に生まれただけに反幕的性格のものでなく、むしろ、解体に瀕する幕藩制秩序の再建を目指すものであったことである。これが水戸藩から全国諸藩へ広がり、とくに嘉永・安政ごろから長州藩に入った尊王攘夷論は、慶応年間に至って討幕のための戦術的スローガンと化し、さらには尊王開国論にまで展開したのである。

晋作が松下村塾で学んだ期間は、安政四年八、九月の交から翌年七月に東遊するまでの、約一年という短いものであった。この期間、松陰と晋作とは師弟関係であるとともに、一方では松陰から同志として扱われていた。このころ松陰は、弘化・嘉永年間の遊歴・勉学期を終え、時勢の推移・展開とともに、すでに政治的実践活動期に入っており、同志の士を求めていたからである（安政五年二月十二日付、『高杉晋作全集』上、書簡四）。

松下村塾への警戒

松下村塾では、講義が終わると松陰が門人と問答し、それはたいてい時勢論であった。松陰は時事に通暁《つうぎょう》し、わが国の安危をもって自分の喜びとも悲しみともする人材の育成に力を入れていたため、村塾に子弟が行くことを警戒する父兄も多く、子弟で行く者があると、読書の稽古であればよいが、政治向きのことを議論してはならない、と戒告するほどであったという（「渡辺蒿蔵《こうぞう》談話」一・二、『吉田松陰全集』一〇）。

吉田松陰（京都大学附属図書館所蔵）

晋作の松陰への師事、松下村塾通いは、祖父や父の監視・警戒の目をくぐって行なわれた。そのころ父の小忠太は江戸で在勤していたが、隠居の祖父又兵衛は家にいて、常に孫の晋作の身を案じ、事あるごとに「何とぞ大それた事を致してくれるな、父様の役にもかかわるから」と申しつけたからである。「実に恥ずべき事ではあるが、祖父の言葉に背くのは不孝となるので、背く心にはなりかねた。しかし、そうもしておられず大いに心中苦しんだ」と東遊後に、晋作は萩の玄瑞ら友人に告白している（『高杉晋作全集』上、書簡二四）。

祖父又兵衛の死

安政五年（一八五八）四月七日の夕飯後、常に無事の成長を願ってくれた祖父又兵衛が亡くなった。七三歳であった。父は江戸にあって不在のことで、晋作が葬儀を出さなければならず、晋作を心配して悔やみの手紙を寄こした松陰に対し、とにかく葬式を営み、十二日に初七日の法事が済めば安心だ、と答えている（『高杉晋作全集』上、書簡六・八）。

このころの松陰と晋作の手紙のやりとりを見ると、晋作ら塾生らは、安政五年に入ると時勢の展開に大きな刺激を受け、一斉に強い実践的態度をとるようになったことがわかる（『高杉晋作全集』上、書簡四～八）。

二　日米修好通商条約の調印問題

アメリカは、安政三年（一八五六）八月二十四日、幕府より総領事《そうりょうじ》ハリスの駐在許可をとり、ハリスを下田《しもだ》に着任させて、先の日米和親条約からさらに踏み込んで、硬軟こもごもの手段を用いて、日米修好通商《しゅうこうつうしょう》条約の締結を迫った。幕府は、条約締結に勅許《ちょっきょ》をえて国内世論を統一しようと、安政五年正月、老中《ろうじゅう》堀田正睦《ほったまさよし》を上京させたが、同年三月二十日、朝廷より条約調印拒否の勅諚《ちょくじょう》が下った。

日米修好通商条約への反応

吉田松陰は通商条約には反対する態度をとっており、四月に入って、このことを在京の久坂玄瑞よりの報によって知ると大いに感激し、時事に関する策問を門人に与えて激励した（「村塾策問一道」『吉田松陰全集』六）。右に答え、晋作が同年五月下旬ごろ作ったと考えられるのが、藩の家老の「弾正益田君（益田右衛門介）に奉《たてまつ》るの書」である（『高杉晋作全集』下、論策）。

その内容は、冒頭でアメリカの通商条約締結要求にただ承諾して従えば、「蛮夷の人の国を取るの常術」に陥り、「呂宋《ルソン》、瓜哇《ジャワ》と共に同じ轍《てつ》」を踏むことになろうと憂い、その「対策」を掲げて、「幕府を諫《いさ》むるの策」「富国強兵の本」「富国の本」「富国の末」「強兵の本」「強兵の末」の数篇にわたり論述している。松陰はこれを読み、洋術（西洋技術）を学ぶ必要とその修得方法を論じて、「強兵の末論の如きは、反覆して益々喜ぶ」と晋作の論策を賞賛している（「戊午《ぼご》幽室文稿《ゆうしつぶんこう》」『吉田松陰全集』四）。

違勅調印

先に朝廷より条約調印拒否の勅諚が下った結果、堀田正睦は老中を罷免となり、代わって四月二十三日、井伊直弼《いいなおすけ》が大老《たいろう》に就任した。井伊は同月二十五日、諸大名に総登城を命じて条約締結の旨を発表し、六月一日には将軍継嗣《けいし》を紀州藩主の徳川慶福《よしとみ》（のちの将軍家茂《いえもち》）と内定、十九日には下田奉行井上清直《きよなお》・目付岩瀬忠震《ただなり》に命じ、勅諚に反して日米修好通商条約に調印させた。これがいわゆる違勅調印《いちょくちょういん》である。

松陰の憤慨

このことを七月に入って知った松陰は、十三日に「大義を議す」、十六日に「時義略論」「兵庫の海防を辞せんことを議す」（「戊午幽室文稿」）などの文を作り藩に出した。いずれも憤慨激しく、幕府に対して違勅の罪をきびしく責め立て、「わが長州藩は奉勅《ほうちょく》の大義を天下に唱え、公武の間に周旋《しゅうせん》して幕府を諫争《かんそう》し、幕府がこれを受け入れない事態になって初めて、全国諸藩とともに朝廷を助け幕府を討つ」という意見を述べるなど、違勅調印を契機に、松陰が激烈な排幕論者となったことを示している。また、松陰は「兵庫の海防を辞せんことを議す」について「此の議原《も》と高杉暢夫に出づ。吾深くその議に服し」と翌日に再書しており、晋作の時勢論が活発になったことが窺える。

三　江戸行

松陰はかねてから天下の形勢を知る必要性を感じ、全国各地の情報を集めるため、門下生を四方に遊学させ、また、彼らが報じた情報や京から来た商人の話などを編纂した「飛耳長目録《ひじちょうもくろく》」という書物を塾中に置いていた。門下の久坂玄瑞・中谷正亮《なかたにしょうすけ》・入江《いりえ》杉《すぎ》蔵《ぞう》（九一《くいち》）・吉田稔麿《としまろ》・松浦亀太郎《まつうらかめたろう》（松洞、無窮）らはすでに遊学中であった。

江戸遊学の内定

春以来、晋作から遊学の周旋を頼まれていた松陰は、安政五年（一八五八）七月五日、先月下旬に新たに右筆《ゆうひつ》役についた周布政之助《すふまさのすけ》に書を送り、晋作の東遊を藩で熟議し、命令書を下して、大坂にいた浜松藩留守居役《るすいやく》岡村貞次郎に晋作を師事させて、砲術を学ばせようとした（「戊午幽室文稿」）。岡村は、当時銃砲を教える尊攘の士で、松陰は俊秀の少年数十人をその塾に入れようと考えていたが、晋作のこの大坂留学は行なわれなかった（『修訂防長回天史』二）。しかし、松陰の周布への請願が奏功して、江戸行の内定の報をえることができた。同年七月六日付で松陰が萩から江戸の久坂玄瑞に宛てた手紙に、晋作の入塾先を考えてほしいとあり、また四日後の七月十日付で同じく江戸の桂小五郎・赤《あか》川《がわ》淡水《あわみ》（直次郎）・玄瑞宛の手紙にも、「高杉晋作二十日出足の筈に御座候。万端仰せ合され、御周旋下さるべく候」と、七月二十日出足のことを書き送っている（以上『吉田松陰全集』六）。

山県半蔵

晋作の江戸遊学については、同道した山県半蔵《やまがたはんぞう》によるところが大きいと思われる。半蔵は晋作より一〇年先輩で（もう一人の同道者の斎藤栄蔵（のちの境二郎）は晋作より四つ年長）、嘉永四年（一八五一）、江戸に出て、昌平黌《しょうへいこう》（東京都文京区湯島）の安積艮斎《あさかごんさい》（奥州二本松（福島県）藩儒者）の門に入り、塾長をつとめ、安政元年より海外情勢を探り、尊攘運動に活動するようになった。その後も艮斎と親交があったため、小忠太が半蔵に、晋作の昌平黌入黌を依頼したものと思われる。

なお、横山健堂『高杉晋作』にも記されているが、安政五年（一八五八）七月十八日付で父の小忠太から、自費をもって「文学修業」のために当秋出足月より往《さき》一二ヵ月の期限で関東に遊学させたいという願書が藩へ提出され、藩庁より七月二十四日付で「万一異《まんいちい》変之節《へんのせつ》ハ御雇《おやとい》被召仕候事」という辞令が、晋作と山県半蔵の二人に下り、同時に稽古料も下された（「部寄」安政五年七月十八日条・二十四日条）。

松陰の「高杉暢夫を送る叙」と出立

晋作は、松陰から七月十八日に「高杉暢夫を送る叙」をはなむけとして贈られ、同月二十日、江戸に向かって萩を出立した。

晋作が松下村塾で松陰に師事した期間は約一年にすぎないが、その間に松陰の「幽室文稿」、「宋元明鑑紀奉使抄《そうげんみんかんきほうししょう》」、三河挙母《ころも》藩の儒医・竹村悔斎《かいさい》（蕡《ふん》）の「奚所須窩《けいしょしゅか》（遺稿）」、唐宋の「八大家文集《はちだいかぶんしゅう》」などを読み、孫子《そんし》・左伝《さでん》などの会読《かいどく》にも加わったと思われ、また論議の間に晋作の得たものは少なくなかった。最も意義のあったのは、松陰の人格とその才学識見に直接触れて傾倒し、強い精神的紐帯《ちゅうたい》を作り得たことであり、また、松陰の見識と愛情によって、よき競争相手として久坂玄瑞を与えられ、彼と切磋琢磨《せっさたくま》しつつ自らの人間的成長をとげるよう教訓・激励されたことであった。そのことは以下の松陰の「高杉暢夫を送る叙」によく表れている。

玄瑞の才はこれを気に原《もと》づけ、而《しか》して暢夫の識はこれを気に発す。二人して相得たれば、吾れ寧《いずく》んぞ憾《うら》みあらんや。（中略）暢夫の識を以て玄瑞の才を行う。気は皆其《そ》の素《もと》より有するところ、何をか為して成らざらん。暢夫よ暢夫、天下固《もと》より才多し。然《しか》れども唯一の玄瑞失うべからず。（「戊午幽室文稿」）

晋作と久坂玄瑞

なお、晋作と玄瑞について、塾中には「久坂と高杉との差は、久坂には誰れも附いて往きたいが、高杉にはどうもならぬと皆云う程に、高杉の乱暴なり易きには人望少なく、久坂の才人望多し」（「渡辺蒿蔵談話」一）とする者があったという。

コレラ流行

さて、この江戸行について、晋作と斎藤栄蔵の二人は盆前に出立し、盆が過ぎてから萩を立った山県半蔵と三田尻（山口県防府市）で合流して、軽尻馬に乗って荷をつけて、コレラ大流行の真っ只中を東上したという（宍戸璣「経歴談」、『防長史談会雑誌』第三巻第二五号）。なお、この江戸行の費用を記した「安政五年 美濃路東海道駄賃帳　長州藩 高杉晋作山県半蔵」が京都霊《りょうぜん》山歴史館にある。

八月十四日付で江戸から吉田稔麿《としまろ》が松陰に宛てた手紙には、

高杉君御地御発足の由、今以て御着きなされず、亦京都へ少々御滞り候わんと愚察し奉り候。（『吉田松陰全集』六）

江戸に到着

とあったが、晋作は八月六日、草津（滋賀県草津市）から中山道《なかせんどう》に入り宮（名古屋市熱田《あつた》区）へ出て、そこから東海道を通り、八月十五日には品川宿《しながわじゅく》（東京都品川区）に着いた。したがって十六日に江戸へ入ったのだろう（「美濃路・東海道駄賃帳」、一坂太郎『高杉晋作の手紙』付録史料）。

大橋訥庵塾に入る

なお松陰は、「益田弾正（右衛門介）に上《たてまつ》る」（安政五年冬）と題して、情報の一つとして記した「八月二十六日松浦亀太郎書抄」の末尾に「高杉君本月十九日、大橋順蔵《じゅんぞう》へ入塾」（「意見書類」『吉田松陰全集』四）と記していることから、晋作は江戸到着早々に大橋順蔵（訥庵《とつあん》）塾に入ったことがわかる。

四　江戸遊学中の晋作と萩の松陰

朝幕関係の悪化

晋作が萩を発ち江戸に着いた安政五年（一八五八）八月前後は、政治的に大きな変動が生じていた時期であった。大老井伊直弼による日米修好通商条約の違勅無断調印および将軍継嗣として紀伊藩主の徳川慶福決定が行なわれたことへの政治的反動であった。六月から七月にかけて、孝明《こうめい》天皇は朝廷首脳に譲位を表明し、朝幕関係は最悪の事態となる。朝廷首脳は事態をくい止めるため、関白九条尚忠《くじょうひさただ》の反対を押し切り、八月八日、天皇が条約締結に不満であるとの勅諚（戊午《ぼご》の密勅《みっちょく》）を水戸藩、ついで幕府に下し、さらにその趣旨を一三藩に伝達するよう命じた。長州藩主毛利家にも、鷹司《たかつかさ》家より極秘に内報が八月二十四日に達していた。

京都の政情不安

このため京都では、尊王攘夷の志士や、将軍継嗣問題に一橋慶喜《ひとつばしよしのぶ》を推して敗れた一橋派が、井伊大老の幕府中心主義による強圧下の退勢を挽回しようと活発に運動していて、長州から中谷正亮も松陰の意を受けて、梁川星巌《やながわせいがん》らと接触していた。江戸にいた久坂玄瑞や赤川淡水（直次郎）らも七月十八日に入京し（『久坂玄瑞遺文集　上　尺牘編』）、在京志士の首領梅田雲浜《うんぴん》・梁川星巌らと結んで、鎖国攘夷の説を唱えて過激な行動に出ようとしていたため、藩は七月下旬、両人に帰国を命じた。淡水は帰国し明倫館都講《とこう》（文学寮生徒全体の取締役）となったが、玄瑞は梅田の居宅におり、そのまま留まっていた。七月二十四日付で玄瑞は、萩にいた松陰に京情を報じ、奔走のための資金にも事欠くこと、かつ「何卒《なにとぞ》高杉・尾寺《おでら》（新之丞《しんのじょう》）など有志之士人に上京これあり度《たく》候」（『吉田松陰全集』六）と記していた。

晋作は萩を発つにあたって、このような京の政情の詳細は知るよしもなく、途中、京都を過ぎて親友二人と嵐山（京都市右京区）に遊び（このとき玄瑞と面会したのか、否かは不明である）、一路江戸をめざしたようである（「瀧川観楓記《たきのがわかんぷうき》」『高杉晋作全集』下、論策）。晋作が江戸入りしてほどなくの九月に入ると、幕府は京都で、水戸藩への降勅運動の首謀者として梅田雲浜らを逮捕し、以後、京都・江戸で尊攘派の志士をつぎつぎと捕え、いわゆる「安政の大獄《たいごく》」の幕開《まくあ》きとなった。

安政の大獄

このような京情のもとで、八月はじめ帰国の藩命を受けた玄瑞は、江戸遊学を願い出て京を発し、九月二十日、再び江戸へ着いた。中谷正亮も九月十三日に江戸へ下っている（『久坂玄瑞遺文集 上 尺牘編』）。

大橋塾への入塾と退塾

江戸での晋作の文学修業は、このような緊迫した政治情勢の推移のなかで始まった。先に触れたように、晋作は江戸入り早々の八月十九日、大橋順蔵《じゅんぞう》（訥庵《とつあん》）塾に入塾した。

当初の目標は昌平黌であったが、書生寮に空きがなく入れなかったため大橋塾を選んだと思われる。訥庵は佐藤《さとう》一斎《いっさい》の門に入って儒学を学び、日本橋（東京都中央区）に思誠塾という私塾を開き、熱狂的な排外主義を唱え、安政四年（一八五七）に『闢邪《へきじゃ》小言《しょうげん》』（嘉永五年序）を刊行して有名だったので、まず入塾したようである。晋作は、大橋塾に入っていた当時の学習記録として、訥庵の攘夷論の著書「性理《せいり》鄙説《ひせつ》」の写本と「訥庵先生講義聞書《ききがき》」を残しているが、二ヵ月ほどで退塾している。松下村塾に比べて、大橋塾が講義や交友関係において内容が空疎であり、入塾がばかばかしく思われたのであろう（安政五年十月六日ごろの松陰宛書簡、『高杉晋作全集』上、書簡一五）。

中谷正亮と同居

大橋塾を去った晋作は、桜田門《さくらだもん》に近い長州藩上屋敷《かみやしき》（千代田区日比谷公園のところ）の西長屋に移り、中谷正亮と同居した。そのころの晋作の主張や心境は、松陰に宛てた第一信のなかで、井伊大老の弾圧政策の前に各藩は「天下一統皆々手をちぢめ」すべて萎縮し、かつ「犬の如く米夷牆《かき》（垣）をくぐり愚民の心を取るを知らぬ面にて見分致し、天の如きの天子様の仰せつけられ候事を打やらかしにした者をよき面拝《めんぱい》す」（『高杉晋作全集』上、書簡一五）と記しているように、アメリカ人がわが国に侵入して一般民衆の心をとらえようとしているのを知らぬふりをし、勅命を守らない今の幕府に追従していると、天下の形勢がますます衰微に向かう、と慨嘆していたことに、窺うことができる。

強硬論の主張と孤立

なお、「この度、水戸勅命（戊午の密勅）を塵の如く致し候故、天下諸侯の中、又々勅の下るは必然」と考えていた晋作は、もし密勅が長州藩に下ったら、わが藩主はまず諸侯へ勅命の趣旨を伝達して、奉命の挨拶のため上京し、さらに江戸に下って、「幕府を助け外夷を打ち払え」との勅が下ったので登城した旨を幕府に告げ、今度のアメリカへの使節に（八月二十三日、幕府は外国奉行水野忠徳《ただのり》らのアメリカ派遣を決定。『維新史料綱要』三）、孝明天皇から「交易を行なってはならない」という命令が下った旨を申し入れさせ、相手が承知しなければすぐさま戦争に及んでよい、という強硬論を主張した。それは「孰《いず》れ天下戦争一《ひと》始り致さずては外患《がいかん》去り申さず」と考えていたからで、晋作は幾度となく藩邸で玄瑞・桂小五郎（八月十日より大検使役として勤務）・中谷らにこの論を主張したが、賛成してくれたのは入江杉蔵ただ一人だった。このように晋作は、江戸の親友と議論しても意見が合わず孤立し、松陰に心の支えになってほしいと訴えるほど思い悩んでいた（『高杉晋作全集』上、書簡一五）。

先に江戸へ出ていた親友たちが、遅れて江戸に着いた晋作の強硬論に賛同せず、これをもてあましていたことは、同じころ中谷正亮が松陰に、

小生も江川（英敏）（講武所教授）入門の積《つもり》に御座候。高杉大鎖国《だいさこく》を発し申候処、桂と共に追々説和《やわ》らげ申候得ども、未だ銃陣を学ぶ程には至り申さず。何卒先生より御諭《おさと》し

祈り奉り候。（安政五年十月十一日付書簡、『吉田松陰全集』六）

と書き送っていることでも明らかで、すでに桂や中谷らの関心は、もっぱら欧米先進諸国の軍事力に向けられ、長州藩も藩をあげて西洋の兵学・銃陣の研究に入ろうとしていた。

松陰に悩みを相談

このような親友の動向に対し、晋作は松陰に宛てた十月末ごろと思われる書信に、「人々私の議論をさして鎖国論と云うけれども、さようでもござなく候が、ただ交易開けるを恐るるのみなり」と自分の心底を打ち明けている（『高杉晋作全集』上、書簡一六）。晋作も西欧軍事力への対応の必要なことは十分に知っていたが、玄瑞ら他の諸友と異なっていたのは、晋作の当時の緊急の重大関心事が対外策であり、幕府のように外国の言いなりに交易をすると、外患のないときには士風は衰え、兵力は弱く、人心も怠惰となり、やがてはいかなる外侮《がいぶ》を受けるかもしれないと憂慮した点で、もとより一時の姑息《こそく》な鎖国論ではなかった。そして、この憂慮すべき日本の国情を打開するには、天朝のために長州藩の国是《こくぜ》（藩としての方針）を確立することが焦眉《しょうび》の急であると考えたのである。

この晋作の心事は、当時、最も松陰のそれに一致していた。晋作の論にただ一人賛成していた入江杉蔵は、江戸を発って十月十八日に萩に帰っていた。おそらく晋作の近情を松陰に伝えたと思われるが、のちに記すように、松陰が晋作に密かに書簡を送ったのは、それより一ヵ月も後のことであった。これは、九月前後から、藩における松陰の立場に大きな変化が起こっていたからである。

戊午の密勅と長州藩

長州藩は、先に同藩にも達していた「戊午の密勅」について密議し、政務役周布政之助を内奏使《ないそうし》として密かに上京させて、九月十四日、藩力をあげて京都警衛にあたり、開国はやむをえないが、外夷切迫のときなので勅諚のとおり公武合体して幕府を輔翼し、人心一和して国内をかため、宸襟《しんきん》を安《やす》んずることを藩主の意見として、朝廷に伝えた（『周布政之助伝』上）。松陰は、密勅が届いたことは十八日にすでに知ってはいたが、周布が上京することは機密に属していたため、松陰は知らなかった。あとで知ることとなり、周布との関係が緊迫した原因の一つとなる。

松陰の対外思想

もともと松陰の対外思想は、「幽囚録」（安政元年）に、

吾が師平象山（佐久間象山）（中略）外寇の議を上《たてまつ》り、船匠・礮工《ほうく》・舟師・技士を海外より傭《やと》い、艦を造り礮《ほう》を鋳、水戦を操し礮陣を習わんことを論ず。謂《おも》えらく、然《しか》らずんば以て外夷を拒絶し国威を震耀《しんよう》（ふるい輝く）するに足らずと。（中略）通信通市は古より之れあり。固より国の秕政《ひせい》（失政）に非ず。（『吉田松陰全集』二）

と記しているように、単純な攘夷論ではなく、また、いたずらに開港通商を非としたわけでもない。条約調印拒否の勅諚が下った直後、松陰は「対策一道」に、

今の航海通市を言う者は能く雄略を資《たす》くるに非ず。苟《いやしく》も戦を免がれんのみ。（中略）宜しく今日より策を決し、（中略）、遠謀雄略を以て事と為すべし。凡そ皇国の士民たる者、公武に拘わらず、貴賤を問わず、推薦抜擢して軍師船司と為し、大艦を打造して船軍を習練し、（中略）海勢を暁《さと》り、然る後往《むか》いて朝鮮・満洲及び清国を問い、然る後広東・咬𠺕吧《カルバ》・喜望峰・豪斯多辣理《オウストラリ》、皆館を設け将士を置き、以て四方の事を探聴し、且つ互市《ごし》の利を征《と》る。此の事三年を過ぎずして略ぼ辨ぜん。然る後往いて加里甫爾尼亜《カリホルニア》を問い、以て前年の使に酬い、以て和親の約を締《むす》ぶ。果して能く是くの如くならば、国威奮興、材俊振起、決して国體を失うに至らず。

（「戊午幽室文稿」『吉田松陰全集』四）

と論じており、「今やわが国は太平に馴れ士気が振わない。そういったときに幕府が外人の脅迫に屈して条約を結び来航を許すのは、国体を辱《はずか》しめ、わが国の衰退・滅亡を招くものである。まず世人を警醒して国力を振興し、進んでわが国より鎖国の陋習《ろうしゅう》を破り、海外との交通を開くべきであり、このためには京都朝廷を奉ずべきである」（『修訂防長回天史』二）としたものであった。

松陰と周布政之助の対立

この松陰の立場からは当時の藩の措置は姑息であり、彼のしばしば行なった上書《じょうしょ》も用いられず、憤激を高めることになった。九月九日には江戸にいた門下の松浦亀太郎《まつうらかめたろう》に、水野土佐守忠央《ただなか》（井伊直弼と結んで将軍継嗣に紀州藩主の徳川慶福《よしとみ》を推した南紀派の人物）の暗殺の策を授ける書を送り（『吉田松陰全集』六）、二十七日には「時勢論」を作って、天勅の降下・義士の招集・外夷撻伐《たつばつ》（撃ち破る）などの急務を論じ、また二十八日、公家の大原三位重徳《おおはらさんみしげとみ》に長州下向と義旗を挙げることを勧める書を作り（「戊午幽室文稿」）、「時勢論」とともに伊藤伝之輔《でんのすけ》の上京に託した。さらに十月上旬には、門下の赤根武人《あかねたけと》（赤禰幹之丞《あかねみきのじょう》）を亡命・上京させ、大和（奈良県）の農民と協力して、梅田雲浜らが捕えられている「伏見の獄を毀《こぼ》つの策」を授けた（肥後藩士某宛、『吉田松陰全集』六）。周布政之助は藩の重職の立場から、時勢上、松陰の動静を危惧し、書生の妄動が止まないときは投獄あるのみ、と松陰に警告した。以後、松陰と藩、ことに周布との対立が激化していった。

晋作、昌平黌に入学

安政五年十月末ごろから江戸では、尾張（愛知県）・水戸・越前（福井県）・薩摩の四藩有志連合での井伊大老襲撃計画が噂にのぼっていたが、晋作はこれをよそに、十一月四日、当初の目標であった昌平黌に入学でき、書生寮に入った。晋作が昌平黌教授の安積艮斎《あさかごんさい》の門に入ったのは（昌平黌「書生寮姓名簿弘化丙午以来」）、先述した関係から山県半蔵の周旋によるものであった。艮斎は思想的には朱子学的であったが、壮年のころ渡辺崋山《わたなべかざん》・高野長英《たかのちょうえい》らと情交篤く、外国事情に通じ、嘉永元年の著作「洋外紀略《ようがいきりやく》」にはアヘン戦争について詳細に記し、大いに国民の対外的注意を促した人物である（石井研堂『安積艮斎詳伝』）。

このようにして入饗した晋作であったが、同藩の親友と語る機会もなく、また、みずからの学問の方向を見出すことができないことを、安政五年十一月十日付の山県半蔵宛に入寮の報告と礼を述べた書簡のなかで、みずから記している（『高杉晋作全集』上、書簡一七）。玄瑞は江戸より松陰に書を送り、晋作が入饗したため議論する機会がないことを残念がっている（安政五年十一月十四日付書簡、『吉田松陰全集』六）。

松陰、老中間部詮勝要撃を謀る

松陰は松下村塾の同志一七名と血盟して、日米修好通商条約の勅許を奏請に入京した老中の間部詮勝《まなべあきかつ》らを要撃しようと謀り、十一月六日付で願書案文を周布政之助・前田孫右衛門《まえだまごえもん》ら藩の要人に示して声援を求め（『吉田松陰全集』六）、かつ父・叔父・兄に宛てて永別の書をしたためていた（「戊午幽室文稿」）。続いて十三日には「己未御参府の議《きびごさんぷのぎ》」を起草して、違勅の幕府に対して、来春（安政六己未の年）の藩主参勤は見合せ、富国強兵・勤王の大本の藩となるべきであると論じた。中旬には間部要撃の策が成り、十二月十五日をもって萩を出発することにした（生田良佐宛、『吉田松陰全集』六）。

そうしたなかにあって、松陰は安政五年十一月十八日付、「他見無用」として、晋作が江戸から二度にわたって出した書簡を反復披閲《ひえつ》し、その所感を晋作に書き送っている。そのなかで、現在の政治状況を打開するには「空言《そらごと》」ではない実行策をとるよりほかにないと決意し、公武合体に立ち幕府を中心にして対外政局にあたろうとしていた藩を代表する直目付《じきめつけ》長井《ながい》雅楽《うた》の公武周旋《しゅうせん》に反対して、すでに決死の覚悟をしていることが、同書簡中に「幸いに十年後まで僕も老兄も無事に存在致し候わば」云々と述べていることからわかる（『高杉晋作全集』上、書簡一八）。この書簡はおそらく十二月上旬ごろ晋作のもとに届いたと思われる。

門下生の憂慮

萩にいる師松陰のこのような動静を知った江戸の晋作・玄瑞らは、十一月二十六日、桂小五郎が来島《きじま》又兵衛《またべえ》とともに江戸を発して帰国の途につくのに際し、幕府による大獄の折柄、松陰に過激な議論を中止してもらい、幕府から嫌疑を受けることのないように、桂に師の保護を頼んでいる。桂は十二月十八日に萩に帰着し、同二十四日、すでに玉木家に厳囚中の松陰を訪れている（『松菊木戸公伝』上）。そして、桂が松陰に自粛を求めたところ、松陰は不快感を露《あらわ》にし、しばしば激論に及び、ついには不興を買い、その後は文通も得られなくなったと、桂自身がのちに記している（明治元年九月二十一日条、『木戸孝允日記』一）。当時の門下生の師を思う熱情がよくうかがわれる。

五　吉田松陰の思想とその最期

松陰、厳囚の身となる

先に松陰から過激な間部《まなべ》詮勝《あきかつ》要撃策を示された周布は憂慮し、これを中止させるため、

松陰の「義旗一挙」策

藩が近く採ろうとしている勤王策を松陰の友人や門下生を通じて伝えようとしたが、周布の言うところに一貫性がなく、長井雅楽《うた》の言うところとも一致しないことから、松陰は周布政之助に欺《あざむ》かれるのではないかと疑心暗鬼となった。知己《ちき》であった両者の間に疎通の道は絶え、ついに周布は藩主に請い、松陰の厳囚《げんしゅう》を図るに至った（玖村敏雄「吉田松陰伝」『吉田松陰全集』一）。そこで藩は、松陰を「学術不純にして人心を動揺す」を理由に、安政五年（一八五八）十一月二十九日、叔父の玉木文之進の家の一室に厳囚にした。

ところで、松陰は門弟たちの憂慮をよそに、厳囚の身となる五日前の十一月二十四日付で、江戸にいる晋作・玄瑞・飯田正伯《いいだしょうはく》・尾寺新之丞・中谷正亮の五人の門弟に重大な内容の書を送っていた。師の書を十二月十日に受け取った五人は、翌十一日付で熱血をそそいだ文面を連名でしたため、おのおの花押血判した書を松陰に送っている。松陰の出した書簡の原文は伝わらないが、五人の返書から、松陰が、長州藩が古来からの勤王の藩として先の密勅をうけて「義旗《ぎき》一挙《いっきょ》」を行うという策を江戸の門弟にも伝えたことが明らかである（『高杉晋作全集』上、書簡二〇）。

また、松陰が、翌安政六年の藩主の参府反対論（「己未御参府の議」）を主張していたのに対しても、「義旗一挙」の策と同様に江戸の同志らは賛成しなかった。この晋作ら五人が、藩に害が及ばないよう形勢観望・自重《じちょう》を勧めた書簡は、おそらく十二月末か安政六年はじめには松陰のもとへ届いたであろう。

松陰、野山獄へ入牢

藩では十二月五日、借牢願出《ねがいいで》の形式によって野山獄に松陰を入れる命を下したが、父百合之助の看護のため投獄が延期され、松陰の入獄は十二月二十六日となった。松陰は投獄令が出た直後の十二月八日付で江戸の晋作に書を送り、「小生投獄は関係少なきに非ず。国家の為に付き、老兄早々御帰国の手段はこれなきや」と帰国を促し、「厳囚《げんしゅう》紀事《きじ》」（安政五年十二月三日）を同志より貴地へ送るので、同志中で評議してほしい、と書き添えている（『高杉晋作全集』上、書簡一九）。「厳囚紀事」は主として松陰が周布政之助の「反復変詐《へんさ》」（繰り返し嘘を言う）をきびしく論難したもので、松陰は「僕《やつがれ》切腹か、周布を撃果《うちはた》すかの両条に落ち付き候所」と佐世八十郎《させやそろう》（前原一誠《まえはらいっせい》、狷介《けんすけ》、彦太郎）に書き送るほどに憤激していた（安政五年十二月十四日付書簡、『吉田松陰全集』六）。晋作は松陰より帰国を促されたが、答えに窮し、返書は書いていないと思われる。

さて、年が改まった安政六年（一八五九）の元旦を江戸昌平黌の寮で迎えた晋作は、萩にいる従兄の南亀五郎へ年頭の賀詞とともに、「聖堂（昌平黌）に入寮して読書勉強しているが、晩学不才なのでなかなか成果があがらない。江戸へ出てから剣術試合はしていない」と近況を記したあと、「一たび修行と申候て国を去り候えば、固《もと》より学問成就仕《つかまつ》り申さず候ては、国へは罷《まか》り帰り申さず」と一応決意を述べている（『高杉晋作全集』上、書簡二一）。

晋作、江戸にて焦燥

やがて、親友の玄瑞・中谷正亮も藩から帰国を命じられ、二人とも安政六年正月下旬ごろ帰郷してしまうと、江戸に一人とり残された晋作は、うつうつとして日々を送っていたのであろう。二月中旬ごろ、松陰が「また聞く、暢夫江戸にありて犬を斬るの事あり。これらの事にて諸友気魄衰茶《きはくすいでつ》（疲れ衰える）の由を知るべし」（『高杉晋作全集』上、書簡二三）と手紙に書いていることで、察することができる。

松陰と門下生との溝

一方、萩の松陰もまた、旧臘《きゅうろう》、入獄の二日前（十二月二十四日）の夕方、桂小五郎の来訪を受けて、諸同志と絶交するよう説かれた。しかし、松陰は諸同志との絶交を守りきれず、安政六年正月十六日の岡部富太郎宛の書には、「中谷・高杉・久坂らよりも観望の論を申し来たり。ことに思慮ある高杉さえもが同論とは合点《がってん》がいかない。諸君は皆、濡れ手に粟をつかむつもりか」と不満を記し（『吉田松陰全集』六）、野山獄にあって門下生が自分の心事を理解せず離れて行くのに、悶悶《もんもん》としていた。また、安政六年二月上旬（十五日以前）に獄中から江戸の晋作に、

> （前略）老兄（晋作）ならでは聞いてくれる人なし。故に一言をこの世に留むるなり。哀し哀し。平生無二《へいぜいむに》の知己なる来原・桂さえ、僕《やつがれ》が心事を知る能《あた》わず、（中略）忠義の種は最早《もはや》絶滅と思《おぼ》し召《め》さるべく候。（『高杉晋作全集』上、書簡二二）

と、思い詰めた自らの心事を記した書簡を入江杉蔵から極密に送らせている。

松陰脱囚計画

晋作の海外遊学希望

三月下旬まで晋作と萩にいる諸友との間には交信はなかったが、晋作は国元の玄瑞に三月二十五日・四月一日・十三日と、立て続けに三通の書を送った。いずれも晋作の重要な心境の変化を伝えるものであった。注目すべき点のみをあげると、まず、第一の三月二十五日付書簡では、「殿様《(毛利慶親)》が着府なされたら、関東修行を願い出て作間《(佐久間象山)》、加藤有隣《ゆうりん》などを尋ね、帰国後は松下村塾先生《(松陰)》の脱獄議論をしたい」(『高杉晋作全集』上、書簡二四)と述べている。晋作の松陰脱囚論を知った松陰は、晋作と他の門下生へ自分の脱囚周旋をやめるよう書き送っている(『吉田松陰全集』六)。

第二の四月一日付書簡は特に注目されるもので、「これまでの「文学修業」が馬鹿なことだと気づいた。少しでも「御主人様《(藩主)》」のためになる学問をしたい。また、「御国の兵制」が確立するよう勉強している」(『高杉晋作全集』上、書簡二五)と記している。第三の四月十三日付の書簡では、「この間より少々「方外《ほうがい》の志《こころざし》」を起こし、心中が動揺して困っている」(『楫取《かとり》家文書《け》』一)と告白している。先の第二信に、晋作は藩主のためになる学問をしたいと書いたが、その表れとも思える志望を五月二十四日付で藩の要路にいたと思われる人物に宛てて、「先日お願いの洋行修業に少しでも早く取りかかりたく、外遊ができれば、東京《トンキン》(ベトナム北部地方)へ行きたい」と訴えている(『高杉晋作全集』上、書簡三〇)。この手紙から、玄瑞宛第三信の「方外の志」とは、この海外遊学のことと思われる。ともあれ、晋作が海外遊学先に東京を希望したことは、注目すべきことである。

当時フランスは、一八五六年（安政三）に広東《カントン》で起こったアロー号事件で、イギリスとともに広東から大沽《タークー》（中国天津市東部）へと軍事行動に出るかたわら、翌一八五七年二月には宣教師の殺害事件を口実に南方の西貢《サイゴン》（ホーチミン市の旧称）を占領し、一八六二年（文久二）には第一次サイゴン条約で、南ベトナムの三省（コーチシナ）を獲得する。

この遊学願いは実現しなかったが、後年の晋作の上海行より三年も前に、このような英仏のアジア侵略の及んだ地方に遊学を試みようとしていたことがわかる。

松陰の佐久間象山への手紙

これより先、藩主慶親は参勤のため、安政六年四月五日に江戸に着駕《ちゃくが》し、晋作は先の三月二十五日付の玄瑞宛書簡に記したように、早速、関東修業を出願したらしい。そのことを耳にした松陰は、四月二十五日、獄中から佐久間象山《さくましょうざん》に書を送って、晋作のために、

先生、若《も》し未だ僕を棄てられずんば、願わくば僕に語るものを以て、此の生に語られよ。（「己未《きび》文稿」『吉田松陰全集』四）

と紹介文を送っている。なお、晋作が象山を訪れたのは、松陰没後の翌万延《まんえん》元年（一八六〇）九月のことである（後述）。

松陰の「草莽崛起」論

さて、松陰は、入江《いりえ》杉蔵《すぎぞう》に続いて杉蔵の弟の野村《のむら》和作《わさく》（のち靖之助、靖《やすし》）までもが岩倉《いわくら》

獄《ごく》（萩市今古萩町）に投ぜられた三月下旬から、しきりに時事を憤り、門人・知友に書を送って賜死《しし》の周旋を頼み、また、四月ごろ、晋作にも突き詰めた心事をもらすほどになっていた（『高杉晋作全集』上、書簡二七）。四月に入って松陰の門人・知友への書翰にとくに目立つのは、「今の幕府も諸侯も最早《もはや》酔人《すいじん》なれば扶持《ふち》の術《すべ》なし。草莽崛起《そうもうくっき》の人を望む外、頼みなし」という「草莽崛起」論の頻出である（四月七日付北山安世宛書簡、『吉田松陰全集』六）。すでに幕府にも公卿にも藩にも失望した松陰が、唯一望みをかけたのが「草莽崛起」、すなわち民間の志士による直接行動手段であり、それを門下生たちに期待したのであった。しかし、彼らはこの段階では松陰についていけなかった。彼らが師の志を継いで草莽として崛起するには、時勢の転換が必要であった（坂田吉雄『明治維新史』）。

江戸へ護送される松陰

やがて幕府は、京囚の訊問《じんもん》から、松陰を公武合体に反対する梅田雲浜らの仲間と見たらしく、安政六年四月十九日、松陰を江戸へ護送するよう長州藩に内命した。その報は長井雅楽が江戸から萩へもち帰り、五月十四日午後、兄の杉梅太郎《すぎうめたろう》（民治《みんじ》）から松陰に告げられた。

五月十五日以後、多くの門下生が獄を訪れて別れを告げ、二十四日、正式に江戸への護送の命が下り、松陰は杉家に帰って父母親戚に訣別《けつべつ》し、翌二十五日、錠前附網掛りの駕籠《かご》に腰縄をつけられ、萩を出た。

松陰への訊問

松陰は、六月二十四日に江戸に達し、桜田の藩邸内（長州藩上屋敷）の牢に入り、七月九日、幕吏の訊問《じんもん》を受けるため伝馬町《てんま》の獄に入り、その日のうちに、評定所《ひょうじょうしょ》ではじめて訊問を受けた。この訊問直後に松陰は、その内容をこまかく晋作に報じた。そのなかで、自ら進んで「死罪二《ふたつ》あり」として、未遂に終った間部詮勝《あきかつ》詰問《きつもん》策（「要撃」とはいわなかった）と大原三位重徳《しげとみ》の長州下向策を告白したことを述べ、また「呼金《よびがね》」（獄内規定があり、獄吏らに手渡すと獄中の待遇がよくなった）三圓（両）ばかりを飯田正伯や尾寺新之丞らと相談して、急ぎ用意してほしいと記している。この二件は幕吏の知らないことであったにもかかわらず、自ら罪状として告白したのは、国情を幕吏たちに説き、改悟させようとしたためであった。奉行は、「汝《なんじ》が心、誠に国の為にす。然《しか》れども間部《まなべ》は大官なり。汝之を刃《やいば》せんと欲す。大胆も甚《はなはだ》し。覚悟しろ」と述べ、揚屋《あがりや》（牢獄）入りを命じた（『吉田松陰全集』六）。松陰の、伝馬町西奥の揚屋での獄舎生活は三ヵ月余に及んだが、その間、晋作や飯田・尾寺らの門下生は、師のために金子《きんす》のほかにも書籍・文具の差入れから書簡の仲介などに尽力した。

松陰の死生観

また晋作は、先に述べたように三〜四月ごろ、玄瑞に心事不安定であることを告白していたが、七月中旬ごろ、獄中の松陰にも、自分の将来や長州藩の今後のありようなど相談していた。そのなかでとくに注意しておきたいのが、晋作が「丈夫《じょうぶ》、死すべきと

ころ如何《いかん》」と松陰へ問うたことである。これに対し松陰は、

死して不朽《ふきゅう》の見込みあらばいつでも死ぬべし。生きて大業《たいぎょう》の見込みあらばいつでも生くべし。僕が所見にては生死は度外におきて唯《ただ》言うべきを言うのみ、

（『高杉晋作全集』上、書簡三七）

と答えている。これは、晋作の死生観に強い影響を与えることになった（「高杉晋作獄中手記」元治元年四月十一日条、『高杉晋作全集』下、日記）。

ところで晋作は、萩の玄瑞からの、江戸での師松陰の様子の問合せに八月二十三日付で、「面会は成りがたく、これのみは残念至極《しごく》にござ候」（『高杉晋作全集』上、書簡四〇）と答えたのに続けて、自分の近況について、

僕もこの間、御前講仕り候。（藩主への講義）もとより天朝に御忠節、幕府を助けなされ候が国是建つ本源と講じ候が、またこの節相考え候に、中々御国の勢にては、かくの如きは出来かね、[1]それ故我一身にて致すより手段これなく、一身にて致す時は大軍艦に乗り[2]込み、五大洲を互易するより外なし。それ故、僕も近日より志を変じ軍艦の乗り方天文地理の術に志し、早速、軍艦製造場処に入り込み候らわんと落着《らくちゃく》仕り居り候。

と述べている。傍線1の文には「中々講尺（釈）などで口で論じたり理で詰めて只今は行かぬく」、また2には「一身の見付極めて妙」と、いずれも松陰の筆で書く。好着眼《よきちゃくがん》々々」と、いずれも松陰の筆で書

き込みがあることから、発送前に松陰の閲覧を乞うたものと推測される。

西洋諸学の奨励

当時、幕府では時勢の変化に対応して、安政二年（一八五五）、長崎に海軍伝習所を開設、また同年、江戸九段坂下に開いた洋学所を翌三年に蕃書調所《ばんしょしらべしょ》と改称し、西洋文明の諸学の修学を奨励して他藩士の入学も許した。これに応じて長州藩も同じく安政二年に西洋学所を開設し、また、藩士に航海運用技術を練熟せしめるため、長崎へも派遣した。長崎で海軍術を修めた藩士は帰国後は西洋学所出役《しゅつやく》とし、軍艦製造場出勤を兼任させた（『修訂防長回天史』二）。晋作もこのような藩の趨勢《すうせい》にそって「文学修業」をやめ、玄瑞におくれて西洋学・海軍術を目指すようになった。

玄瑞、西洋学所舎長になる

藩命により安政六年二月に江戸から萩に戻っていた玄瑞は、西洋学所の官費生となり、七月には西洋学所舎長となった。このころ玄瑞は、盛んに和蘭《オランダ》文典の習読・輪講に励み、軍艦運用会・艦砲会などに参加していた。玄瑞が七月二十一日に晋作に送った書にはこうした近況が報じられていたと思われ（「九仭日記《きゅうじんにっき》」、福本義亮『松下村塾偉人久坂玄瑞』）、晋作が志を変じたのも玄瑞の勉学ぶりに触発されたためであろう。

晋作への帰国命令

やがて十月十二日、晋作に藩から帰国命令が下り、ついで十月十七日には「今日ここもと出足《しゅっそく》、差し下され候」（「高杉晋作履歴抜書」）との藩の許可を得て、昌平黌を退き帰国することになった。「晋作履歴覚書」には、二十歳(二一歳の誤り)、去年祖母死す、□(臨カ)終、孫児の居《お》らず悲《かなしむ》故に、母より早く帰省して墓省を命ず。已《や》む事を得ず帰省す。

と記されているが、おそらく父の小忠太が、祖母の死を機に、江戸での晋作と松陰との密接な関係を憂えて配慮したのであろう。小忠太は、松陰の江戸着とほぼ同時期の安政六年六月二十六日、世子定広帰国の供をして江戸を発し、七月七日には萩に帰っていたが(「高杉小忠太履歴材料」)、江戸の様子は耳に入っていたと思われる。

昌平黌時代の晋作

晋作の昌平黌時代は、安政五年十一月より翌六年十月まで一ヵ年で、後半は文学修業から洋学への志向を見せたが、文学修業に努めていたことは、「学宮秋試　王者不治夷(狄)論」「持(足利)氏之叛志云々」「答某論遊学書」「読米彼理(ペリー)日本紀行」「擬護良《もりなが》親王獄中上書」「送田中子復序」「送原応侯序」「都府楼瓦硯記《とふろうがけんき》」「癩狗記《らいくき》」「読千慮策」「十春闘詩序」「跋軍艦団《ばつぐんかんだん》」「墨水観雪記《ぼくすいかんせつき》」「瀧川観楓記《たきのがわかんぷうき》」「随筆」などの論策を残していることにも明らかである(『高杉晋作全集』下、論策)。

この昌平黌時代の晋作について、晋作と同年に入学した加賀藩(石川県)出身の野口之《のぐちゆき》布《のぶ》(斧吉、犀陽《さいよう》、加賀藩家老横山氏の陪臣)は、昌平黌時代の晋作は酒量が少なく、たった小盃三杯で酔うありさまで、晋作自ら「酒楼が学黌に近いときは、帰黌時に酔いから醒めず、ほろ酔いで相手と激論を戦わすのが最も痛快だ」と語ったといい、また晋作が演劇が好きで、たびたび野口らと学則を犯して観劇し、役者では四代市川小団次（俳名米升）の芸を一番好んでいたという逸話を語っている（野口之布著・永山近彰編『犀陽遺文』）。また年長だった三島毅《みしまつよし》（中洲《ちゅうしゅう》）は、晋作がよく酒を飲み、外出から帰ると寮中で喧噪《けんそう》極まりなく、自分は粗暴の一少年とひそかに考えていたとも後年語っている（佐田白茅「紀二高杉東行事一」中洲三島毅翁評『史談会速記録』第一七〇輯）。

獄中からの松陰の手紙

ところで、獄中の松陰は、晋作が急に帰国する由を知り、十月六・七・八日と連日晋作に書簡を書いている。六日の書には、「小生の落着は未だ知ることができないが、帰国できれば相談したいことがあり、国にて拝面したい」と心中を披瀝《ひれき》した。また、七・八日の書には、京都鷹司家《たかつかさけ》の諸大夫《しょだいぶ》で捕らえられて、同獄中で近く遠島《えんとう》になる小林民《みん》部《ぶ》（良典《よしすけ》）に関する松陰の書簡を、帰国途中京都に立ち寄って小林の知人に届けること、京情を聞き取って飯田正伯・尾寺新之丞を通じて自分に届けることを頼んでいる。なお八日付の書の「追啓」によると、松陰自身は遠島に処せられるものと考えていたようである（『高杉晋作全集』上、書簡四五・四六）。

松陰の処刑

松陰を訊問して作成された十月十六日の口上書《こうじょうしょ》（供述書）では、老中間部詮勝に対する申し立てについて、「もし取り上げられないときは刺違《さしちが》えて死し、警衛の者が守ったときは切り払う意志であった」とされたため、松陰は反論し、「刺違」「切払《きりはらい》」の二語は消去されたが、結局、「公義に対し不敬の至り」という末文は変更されなかった。その結果、安政六年（一八五九）十月二十七日の朝、長州藩江戸藩邸の公儀人小幡彦七も呼び出されたうえで罪状の申し渡しがあり、松陰は午前のうちに伝馬町の獄舎で死刑に処せられた。享年三〇であった（「井原日記」）。

松陰の死を知る

十月十七日に江戸を発った晋作は、途中、二十六日に、江戸に行く来原良蔵《くるはらりょうぞう》と三河国の西端の池鯉鮒《ちりゅう》（愛知県知立市）駅の木綿屋《もめんや》で会ったが（『来原良蔵伝』下）、そのとき二人は互いに松陰の死を予想だにしていなかったであろう。松陰刑死の報は、十月二十九日付で江戸藩邸より国元へ通報された（「関係公文書類」『吉田松陰全集』九）。この公報がいつ萩に達したか詳かではないが、早飛脚なら一〇日ほど、並飛脚なら一四日ほどで届いたものと思われる。十一月二十日にも松陰の処刑を報じた飛脚が萩に到着している（「久保清太郎日記」『吉田松陰全集』一〇）。江戸を発つときから、国元での師松陰との再会に一縷《いちる》の望みを抱きつつ、十一月十六日の夜に萩に帰った晋作が、この報に接したときの無念と憤激ぶりが想像できる。晋作は松陰の刑死と藩地の近状について、江戸にいる周布政之助宛に次の書簡を送り、その率直な心情を伝えている。

私今十六日夜、帰萩仕り候間、（中略）承り候ところ、わが師松陰の首、すでに幕吏の手にかけ候の由、防長の恥辱口外仕り候も汗顔《かんがん》の至りに御座候。（中略）萩中、共に謀る者なく、只々《ただただ》知己玄瑞に相対し豪談仕り候のみにござ候。何卒、大兄(周布)御帰萩の上、僕頑愚《がんぐ》のところ御引立御議論下さるべく候よう願い上げ奉り候。明二十七日は、吾が師初命日ゆえ、松下塾へ玄瑞と相会し、わが師の文章なりとも読み候らわんと約し候位《くらい》の事にござ候。（『高杉晋作全集』上、書簡四九）

＊『吉田松陰全集』六では、十一月十六日付書簡について、「今十六日夜、帰萩」および差出日の「十一月十六日」は、書簡中に「明二十七日」と記されていることから、いずれも「二十六日」の誤りかと注記している。仮に二十六日に帰萩したとすれば、帰萩当夜にこの書簡を書いたことになる。しかし、文中の中略部分に藩地の近況が報じられていることと、先の江戸での文学修業行の際に下付された御添状を翌十七日に藩に返上している事実からみて（「部寄」安政六年十一月十七日条）、帰萩は「十六日」のことで、差出日は「二十六日」の誤記と考える。

かつて師松陰が周布を批判していたにもかかわらず、このような書簡を晋作が送っているのは、藩の軍政改革を進めていたのがほかならぬ周布であり、晋作自身がかつて「軍艦の乗り方、天文地理の術に志し、早速、軍艦製造場処に入り込み候らわんと落着仕り居り候」（『高杉晋作全集』上、書簡四〇）と記していたように、松陰の死を契機に実行に移そうと考えたためではないかと思われる。

松陰の志を継承

玄瑞は翌十一月二十八日付で、岩倉獄中にあった入江杉蔵に書を送って松下村塾の復興のことを議し、「何《いずれ》も先師の非命を悲しむこと無益なり。先師の志を墜さぬ様肝要《かんよう》なり」と記している。訃報に接した直後の松門の双璧《そうへき》である晋作と玄瑞の覚悟は、先師の志の継承であった。さしあたりは命日の際に、遺文の会読によって門人の精神的結束を固め、塾の再興を企てた。玄瑞は入江に先師の遺文の収集を、晋作にはその年譜の作成を託している（『吉田松陰全集』六）。このときの「安政己未十二月三日　松陰先生年譜草稿門人高杉晋作源春風著　先生著書記行（ママ）抜抄」が現存する。

晋作の松陰年譜作成

「留魂録」

この十一月下旬ないし十二月初旬ごろに、先にも触れた江戸にいた飯田と尾寺が十一月十五日付で晋作・久保《くぼ》清太郎《せいたろう》（松太郎、のち断三《だんぞう》）・玄瑞に宛てて出した、松陰の埋葬一件のくわしい書簡（「葬祭関係文書」『吉田松陰全集』九）と、松陰が辞世《じせい》にあたって自らの心境と希望を門人に伝えようとして記した「留魂録《りゅうこんろく》」や、父兄親族への遺書とが届いた。「留魂録」の冒頭には辞世の句、

身はたとひ　武蔵《むさし》の野辺《のべ》に朽《くち》ぬとも
留置《とどめおか》まし　大和魂《やまとだましい》　十月念五日　二十一回猛士
（『吉田松陰全集』四）

があり、またそのなかには、

吾《われ》の祈念を篭《こむ》る所は、同志の士、甲斐〳〵しく吾《わが》志を継紹《けいしょう》して尊攘の大功を建てよかしなり。

と書かれていた。これを読んだ門人らの感動、悲憤を思いやることができるであろう。

六　結婚

井上政と結婚

こうした折、晋作には一方で婚礼の準備が進められていた。晋作を急ぎ帰国させた両親は、縁談を用意していたのである。父の高杉小忠太より、井上平右衛門の次女、政《まさ》（雅・雅子・政子・菊ともいう）を晋作の婦《よめ》に迎えたいという申し入れが先方に対して行なわれ、十二月に入って両家合意のうえ「御出合《であい》の儀、来たる（万延元年）正月十八日（中略）同日、吉辰につきご結納《ゆいのう》の験《しるし》御取り交《か》わし、（中略）その節、三献《さんこん》、御内婚御整《おととの》いなされ候」ということに決まった（「出合ノ儀ニ付演説」『高杉晋作全集』上、書簡五一）。

井上平右衛門は、高杉小忠太と同じ大組《おおぐみ》の繁沢組《はんざわぐみ》に属し、年は一つ上、家禄二五〇石（「安政二年分限帳」）と高杉家より高禄で、江戸藩邸の留守居役《るすいやく》を勤めていた。政は平右衛門の嫡子権之助の妹で、弘化二年（一八四五）八月生まれ、晋作より六つ年下であった。

両家協議のとおり、晋作と政は、翌万延元年（一八六〇）正月十八日に、見合いをし、同日、結納を取り交わし、さらにその日のうちに婚礼の式をあげた。当日の列席者を記した「晋作縁女出合入嫁一件控」が残されており、高杉家の親族関係や出入りの者を知る

妻の政（東行記念館「高杉家資料」）

ことができる（『高杉晋作全集』上、書簡五二）。晋作は二二歳、政は一六歳であった。藩の結婚許可は同年閏三月六日に下りている。晋作の結婚日については、『高杉晋作全集』下巻の年譜記事をはじめとして、万延元年正月二十三日説が知られているが、のちに政自身が媒酌人《ばいしやくにん》佐伯源右衛門《さえきげんえもん》の名とともにその結婚日を語っているように（『新聞集成大正編年史　大正五年版』上、東京朝日五月九日）、万延元年正月十八日のことである。

「晋作履歴覚書」には「廿一（廿二の誤り）歳、父母の命によつて井上平右衛門女を娶《めと》る」とある。

多忙な新婚生活

帰国に引き続いて結婚も、安政の大獄期の不穏な時世に、嫡子晋作の平穏な生活を願う両親の配慮によることは明らかで、晋作も素直に従っている。政は萩で評判の美人で、方々から申し込みがあったので井上家では選択に困り、婿の名を書いた籤《くじ》を彼女に引かせた結果、晋作に当たったといわれる（横山健堂『高杉晋作』）。

このように新妻を迎えた晋作ではあったが、師松陰の刑死によって激嘆していたから、とても世間なみの平穏な新婚生活にひたる状況にはなかった。すでに見合い・挙式を旬日の後にひかえながらも、正月七日には久坂玄瑞の肝煎《きもいり》による松下村塾の開講に出席したり、結婚以後、三月にかけての松陰の遺文・伝習録《でんしゅうろく》・孟子《もうし》などの約一〇回の論講《ろんこう》にもよく参会している（「江月斎日乗庚申」、『松下村塾偉人久坂玄瑞』）。

「伝習録」を読む

このころ晋作は「伝習録後に書す」と題して詩を詠んでいるように、王陽明《おうようめい》の「伝習録」を熱心に読んでいる（『高杉晋作全集』下、詩歌一七）。これは、師の松陰が嘉永三年（一八五〇）、二一歳のとき、西遊して平戸の葉山鎧軒《はやまがいけん》のところで繙《ひもと》いて、知行合一《ちこうごういつ》を説いた会心の文字を日記に抄録したもので、晋作もまた陽明学に心酔して良知を発揮し、世事を忘れ、安逸に世を送ることをせず、行動を起こそうとしていた心境がうかがえる。

松陰の墓碑建立

また、当時晋作と玄瑞の二人が昼夜を問わず互いに訪問しあった要件の一つは、師の墓碑建立であった。正月二十八日、二人は石工《いしく》のところへ墓碑を頼みに行き、墓碑が二月十五日の夜できあがると、早速に玄瑞・晋作・岡部富太郎は村塾に行って、夜遅くまで相談している（「江月斎日乗庚申」）。二月七日、杉家（松陰の実父の家）で松陰百日祭が行なわれ、晋作ら門弟十数人が会し、団子岩の吉田家墓地（萩市椿東）に松陰遺言の「松陰二十一回猛士」とだけ彫った墓をたて、師の前髪などを収めた。墓前の石灯篭《いしどうろう》には門人の名が刻まれていて、そのなかに「高杉春風」の名がある。幕府の嫌疑を受けかねない当時にあって、門人らは先師の名を不朽にとどめようと立派に墓を建て、公然と門人である旨を墓前に表示したところに、覚悟のほどを知ることができる。

桜田門外の変

やがて、三月三日に桜田門外で大老井伊直弼が暗殺されたという報が十六日に伝えられ、十九日には水戸の浪士の挙であることもわかった。玄瑞はこの日、杉家に行き、日記に「先師の霊に告ぐるに関東の報を以てす」「今関東の快事を聞き、惰夫《だふ》と雖《いえど》も誰か興起感奮《こうきかんぷん》せざらんや」と記している。この前後、晋作・中谷正亮はじめ、松陰門下生らの往来会合がしきりであるが（「江月斎日乗庚申」）、おそらく桜田門外の変後、幕府がどのような対朝廷態度に出るか、それにともない松陰の遺志をどのように継承していくかが、中心問題であったであろう。

晋作はこの直後の三月二十三日、世子《せいし》定広《さだひろ》の供をして萩を出立し閏三月二十三日に江戸についていた父小忠太に、閏三月八日付で書を送り江戸の情勢を尋ねている。一方、父の小忠太は、晋作が他の松陰門下生らと謀って師の汚名をそそぐようなことをしないよう戒め、彼らと絶交するよう命じていた。晋作は、「寅次郎《(吉田松陰)》事にては一言一行も致すべきようの志はござなく候」、また、幕府も藩もともに動揺している時節だけに、黙心読書に努める覚悟である旨を伝えている（万延元年閏三月十五日付、『高杉晋作全集』上、書簡五六）。

さて、安政年間から洋式兵学の振興に意を用いていた長州藩は、万延元年（一八六〇）正月から藩地での銃陣訓練を奨励し、行政諸務に従事する者にも公務の間に、「入込稽古《いれこみけいこ》」と称して小隊訓練を実施した。晋作も結婚後まもない二月十一日に、明倫館練兵場の教練御用掛《ごようがかり》を命じられたが、三月二十日には、藩庁は晋作の練兵場入込を取りやめ、明倫館舎長を命じた。

藩より航海用稽古を命じられる

しかし当時、藩重役の間では晋作の人材を見込んであれこれと思惑《おもわく》があったらしく、また海軍士官の養成も急務であったから、藩は同年閏三月七日、航海科の三人、艦砲小銃科の三人と同時に、晋作ほか尾寺新之丞・笠原半九郎の三人を海軍の蒸気科修業のため、江戸の幕府軍艦教授所（安政四年〈一八五七〉築地講武所に開設、のち軍艦操練所と改称）へ行くよう正式に命じた。なお、この江戸修業の命令とは別に、藩は閏三月三十日には、晋作たちに航海運用稽古のため、軍艦丙辰丸《へいしんまる》に乗って江戸行を命じた（「高杉晋作履歴抜書」）。一方、玄瑞も四月七日、桂右衛門《かつらうえもん》とともに英学修業のため、江戸に派遣されることになり、萩を出発した（「久坂玄瑞先生年譜」）。

七　軍艦操縦術の習得と挫折

丙辰丸にて江戸へ

晋作らが乗り込んだ軍艦丙辰丸《へいしんまる》は、ペリー来航により幕府が打ち出した大船建造解禁令をうけて、長州藩が最初に建造した洋式の君沢型帆船《きみさわがたはんせん》であった。この建造には、ロシアのディアナ号が沈没した際にスクーナ型（二本以上のマストをもつ縦帆装置）軍艦の代船製造に加わった伊豆の戸田《へた》（静岡県田方郡戸田村）の船大工らを萩に迎えて、安政三年丙辰（一八五六）、小畑浜《こばたはま》（萩市椿東）の恵美須《えびす》ヶ鼻《はな》（今の戎《えびす》が鼻）造船所で着工、翌四年二月に完成したもので、着工の年にちなんで命名された。丙辰丸は軍艦とはいうものの、二本マストの木造帆船で総長八丈一尺（約二四・三メートル）、幅二丈一寸五分（約六メートル余）、備砲は左右両舷に二〇〇目玉筒各一、船首に一貫五〇〇目玉短砲一という、今日から見るとまことに貧弱なものであったが、その製造費額は四〇〇〇両ほどにのぼるといわれ、当局者の精一杯の努力の結晶であった（『修訂防長回天史』二）。

建造が成った丙辰丸の艦長には、幕府の長崎海軍伝習所で航海術を学んだ松島剛蔵《まつしまごうぞう》が任命された。剛蔵は、かねてから田原玄周《たはらげんしゅう》とともに近海や内海の航行のみでなく、遠洋航海の修練の必要を上申していたが、それが許可されたのが、万延元年の晋作らの江

「東帆録」を記す

戸行航海だった。晋作はこの丙辰丸での江戸行記録を「東帆録《とうはんろく》」と題して残している(『高杉晋作全集』下、日記)。

晋作の江戸行にあたり、親戚の者から遠州灘は天下の難所で危険であり、いまだ藩士で誰一人も通ったことがないから断った方がよい、と反対論が出たという。しかし、晋作はかねてから海外渡航を希望していたから、勇み乗船した。このとき、藩は丙辰丸の乗組員を松島剛蔵・高杉晋作・波多野藤兵衛・梅田次郎・長嶺豊之進・平岡兵部ら士分六人と、水夫一五人で編成した(小川亜弥子『幕末期長州藩洋学史の研究』)。

晋作の航海日誌によれば、丙辰丸は大要表3のように萩から下関へまわり、瀬戸内海を通って紀淡海峡から外洋へ出て、熊野灘・遠州灘・相模灘を航行して、江戸品川沖に無事六月三日ごろに到着した。約六〇日間の航海練習であった。しかし「東帆録」の記事は、五月二十三日の「これより遠州大洋に及ぶ。此の日船百里の洋を走る」で終わり、この後の品川沖に着くまでの約一〇日の記事がない。この事情は明らかではないが、晋作はのち上海行きのときに、「予病中と雖も、敢て酔わず」(「航海日録」文久二年五月朔日条、田中彰校注『日本近代思想大系1　開国』)と記しているから、遠州灘で難航したとしても、船酔いのためではなく、何らか別の事情によると考えられる。晋作はのちに十一月、平岡とともに「丙辰丸航海運用稽古慰労料」として三〇〇疋を藩から受けている(「丙辰丸製

表3 「東帆録」万延元年（一八六〇）の航海日誌

日付	記載内容
四月 五日	恵美須岬（戎ヶ鼻）港碇泊の丙辰丸に乗船。
六～十二日	積雨逆風のため、船出ず。
十三日	朝後、恵美須岬発、越が浜にしばらく碇し、相島（萩市）に至る。
十四日	未明に蓋覆島（下関市。蓋井島ともいい、長府領。萩城より海程三十三里）に着く。
十五日	赤間関（下関）に入る。
十六日	下関の本陣・豪商の伊藤静斎を訪問。十九日まで停泊。
二十日	下関出航、終日動揺。
二十一日	早朝、三田尻龍口港に入る。二十三日まで停泊。同行の平岡兵部の家を訪問、宿泊（二十二日）。昌平黌時代の友人鈴木織太郎（松前）のため、西浦の医師柳多熊を訪問。
二十四日	三田尻を出航。雨しきり、野島（防府市、三田尻より三里）に碇泊。
二十五日	昼に野島発。日暮れに室津港に入港。
二十六日	小舟で室津に相対する上関に上陸散歩し、室津に戻る。
二十七日	午後、室津港を出航。六～七里のところで夜に入り、風雨が強く室津港へ戻る。
二十八日	早朝、室津港を再出航。強風のため進まず、夜に入って来島海峡中の伊予国馬島岬（今治市）に至り、風速港に碇泊（行程七里）。
二十九日	朝、風速岬を出航。逆潮にあい、夜に安芸国御手洗港（広島県豊田郡）に入る（行程七里）。風雨のため、五月一日まで停泊。
五月 一日	御手洗、上陸散歩。
二日	大風雨、のち御手洗港を出航。順風、讃岐国多度津港（香川県仲多度郡）に入る。
三日	朝から夕まで十三～十四里航行する。琴平（香川県仲多度郡）の金毘羅参拝。日柳燕石を訪問しようとするが、同行者があり、やめる。
四日	暁に多度津港を出て、一里ほどのところで潮待ち。讃岐国大槌島（高松市）に碇泊。
五～七日	播磨国小豆島洋中を漂泊。七日昼、淡路島洋に碇泊。小舟で淡路島に上陸。（この間、記事なし）

二十二日	早朝、坂井港(和歌山県日高郡南部町堺。『明治文化全集』二十三所収の「大日本航海細見記」に「みなべより一里坂井のみなと」とある)を出航。風弱く逆潮かつ浪高く、二〜三里の間、動揺して進まず。夕暮れより風が起こり、少し船走る。大島(和歌山県西牟婁郡)近くで夜明けとなる。
二十三日	朝晴天、西風起こる。海上より熊野山名知(那智)の滝を観る。紀州大島沖を走り、絶景。夜、西風が強く、紀州海岸の形勢左面に高い熊野灘を通り、遠州大洋(遠州灘)に向かう。本日一〇〇里航行。
六月一〜三日	(この間、記事欠く)
	江戸湾に入り、品川沖に碇泊。翌日、浦賀に入る。
四日	江戸着。

造沙汰控」五)。

丙辰丸の盟約

なお、晋作らが下船したあとの七月二十二日、この丙辰丸で桂小五郎と水戸藩士西丸帯刀《にしのまるたてわき》らとの間で幕閣の改造、幕政の宿弊一掃《しゅくへいいっそう》についての密約が行なわれた(いわゆる丙辰丸の盟約、『松菊木戸公伝』上)。

江戸到着と母への手紙

晋作は、江戸到着早々の六月四日付で、国元の母に宛てて、江戸に無事着船し、妻政《まさ》の父井上平右衛門方に滞在して世話になっていること、航海途中で父小忠太と会ったことも述べ、さらには新妻の政が高杉家の家風に早くなれるように、と母へ配慮を頼んでいる。おそらく小忠太は、藩主の帰国(万延元年四月二十六日江戸発駕、同年六月十一日萩帰駕)に随従して東海道から伊勢路をとり、佐屋(愛知県佐屋町)から桑名(三重県桑名市)間は舟行(三里)であるから、おそらく丙辰丸も桑名か佐屋へ入港し、そのときに父と子は会ったのであろう(『高杉晋作全集』

上、書簡五七）。

さて、幕府が「万石以上以下の陪臣」の軍艦操練所入学を許したのは、万延元年六月十七日のことで（『維新史料綱要』三）、そのころ江戸に着いた晋作であるが、実は幕府の軍艦操練所へ入所した確証が、現存する操練所関係史料から得られない。また、八月に江戸から北陸へ遊歴に出るまでの二ヵ月を、どのように過ごしたかも不明である。晋作はこの遊歴の日誌「試撃行日譜《しげきこうにちふ》」の冒頭「小序」（『高杉晋作全集』下、日記）に、「航海運用術の修業の藩命を受け、軍艦丙辰丸に乗って江戸に着きこれから習得しようとしているが、自分は素質が粗雑で細かい精微な術を修めることができない。自分自身に怒りを覚え、志望を変えて文学や撃剣の修業での江戸逗留へ変更したい旨を藩に願い出たが、許可が降りない」と書いており、先の母宛て書簡に「私儀も爰元《ここもと》滞在仕候やら、帰り候やら、わかり申さず候。先ずは帰り候方にござ候」（『高杉晋作全集』上、書簡五七）と記していることから推察して、軍艦操練所には入所しなかったと考えられる。

軍艦操練所には入所せず

先に見たように、晋作は安政六年（一八五九）四、五月のころの昌平黌時代に、従来の文学修業をやめ、洋学を修業、東京《トンキン》への外遊も志望していたが、その志望に近づく航海運用術の修業の命を受けながら、あえてその機会を捨てて、再び文学や撃剣修業に立ち戻ろうとした。これには、後述するように「藩の士気を鼓舞《こぶ》し、国是の確立を図るのが藩

航海運用術の精微さに向かず

に尽くす道である」という玄瑞の議論に共感したことが考えられ、くわえて航海運用術の重要性を認めながらも、自分には適任ではないと決断したためと考えられる。

しかし、自ら航海運用術に向かないと記しながらも、晋作は「航海測量新考」を書き写している（全二五丁、京都大学附属図書館尊攘堂文庫所蔵）。この表紙には、品川弥二郎の自筆で「高杉東行真蹟《しんせき》やじ書（品川弥二郎）　航海測量新考」と書かれている。この「航海測量新考」は、享保十三年（一七二八）に松宮俊仍《まつみやしゅんじょう》が著した「分度余術《ぶんどよじゅつ》」の末尾に記された航海のことを発展させたもので、「輿地図説《よちずせつ》」「測度法」（測北極出地法）「測恒星法」や「測日晷《にっき》法」（太陽の影を全円儀《ぜんえんぎ》や象《しょう》限儀《げんぎ》で測る）、「赤道径緯度里数」「行船測法」、「行船方向」（鍼盤《しんばん》で測る）、「航海略則」（伊豆下田港からカリフォルニア港へ、下田港からヨーロッパへ）を順次収めている。さらに「附法」と題して、その測定の方法を述べ、今日の船の航走距離を測る手用測定儀（hand log）のようなものを解説し、長崎祝島《いわうじま》（伊王島《いおうじま》）南辺から開帆して南京河口に至る間を例示し、最後には「大星位分《たいせいいぶん》」（「天径或問」所載）を表示している。

この「航海測量新考」がいつ、誰によって書かれたのは不明である。また、晋作が筆写した年次も不明だが、万延元年（一八六〇）六月はじめの江戸着より七・八月までの二ヵ月のあいだに成ったものとすれば、晋作は軍艦操練所には入所しなかったものの、いちおうは航海運用ないし航海測量に関心を持ち続けていたことになる。

玄瑞は英学修業

ところで、このころ久坂玄瑞は先にもふれたように四月七日、桂右衛門とともに英学修業のため出府を命じられ、晋作より一ヵ月早い五月九日、陸路で江戸に着き、麻布《あざぶ》（東京都港区）の藩下屋敷より毎朝、小川町（千代田区）の蕃書調所教授方堀達《ほりたつ》（辰）之助《のすけ》のところへ通っていた。玄瑞は五月十九日付で萩の佐世八十郎・入江杉蔵に宛てて近況を伝えるとともに、桜田門外の変後の幕府・諸藩の情勢、特に水戸藩の士気勃興を伝えていた。横浜が「夷人」の巣窟《そうくつ》となり、御殿山《ごてんやま》（品川区北品川）へ商館建築が取り沙汰されていて将来が心配だと記し、萩にいる松陰門下生に松陰の継志を訴え、晋作の江戸来着を待望していた（『久坂玄瑞遺文集　上　尺牘編』）。この玄瑞の書翰には「尾寺氏（新之丞）帰国故云々」とあって、尾寺もこの年、晋作同様、軍艦操練所に入らず帰国したようである。

玄瑞は七月五日付の入江杉蔵宛書中で、江戸着の晋作および桂小五郎と絶えず議論しているが、窮極「国是建たずしては器械も銃陣も一向に無益に御座候」と記し、桜田門外の変後の幕政の動向にともない、藩政のあり方について批判的であったことがわかる（『久坂玄瑞遺文集　上　尺牘編』）。このような玄瑞の議論に対して晋作は強く共鳴し、水戸藩のように藩の士気を鼓舞し、「国是」の確立を図るのが藩に尽くす道である、との覚悟を強くしたのであろう。ついに帰国することを決心した。先の「試撃行日譜」の「小序」に、「家大人卿の書至り、頻《しき》りに帰省を促がさる。予因《よ》って已《や》むを得ず、帰国の策に決す」と記しているから、そのころ父小忠太も晋作を早く帰国させようと考えていたようである。

八　関東・北陸遊歴

関東・北陸遊歴へ出発

航海運用術修業の藩命を果たさず帰国することを決めた晋作の心境は複雑で、せめて帰国にあたって諸国を巡歴して地方の偉士にも交わり、得るところがあれば、少しは公命を果たしえなかった罪を補えるものと考えていた。そこで晋作は万延元年（一八六〇）八月二十八日の早朝、桜田の江戸上屋敷にあった舅《しゅうと》の井上平右衛門の住居をあとに、関東・北陸遊歴に出発した。途中、小塚原《こづかっぱら》（東京都荒川区南千住）の松陰の墓に参り、千住では見送りにきた桂小五郎・玄瑞・楢崎弥八郎《ならさきやはちろう》・南亀五郎・三浦音祐《みうらおとすけ》らに別れを告げて常州道へ入った。やがて土浦《つちうら》城下（茨城県土浦市）を経て、九月二日、笠間《かさま》（茨城県笠間市）に泊まり、三日、同地の加藤有隣《かとうゆうりん》を訪問している。

加藤有隣

有隣は水戸（茨城県水戸市）に生まれ、会沢正志斎《あいざわせいしさい》の門に入り、和漢の書や経済にくわしく、笠間藩（譜代・八万石）藩主に愛され藩政にも従ったが、その尊王思想が藩の俗論家と相容れなかったため四一歳で致仕《ちし》し、自分の書斎「十三山書楼《じゅうさんざんしょろう》」を建てて、地方

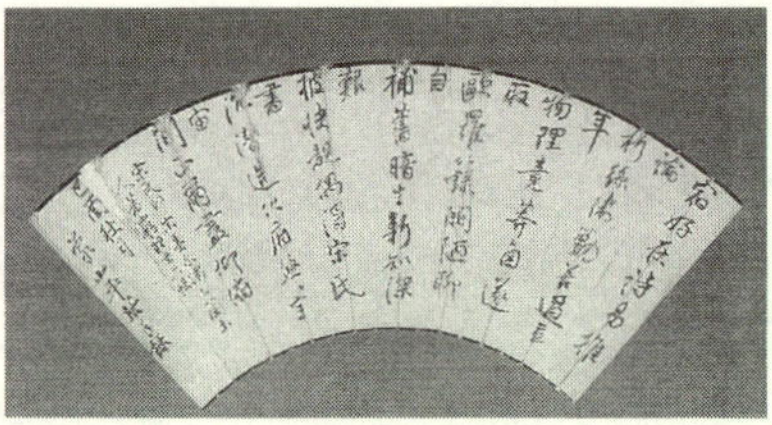

佐久間象山の扇面
（東行記念館「高杉家資料」）

の有志と交わった。松陰より一九歳年上で、晋作が訪れたときは有隣五〇歳であった。有隣は快く晋作を書斎に招き入れ、自分の近作の詩文稿を示し歓待したので、晋作は非常に感激した（「試撃行日譜」『高杉晋作全集』下）。翌四日、晋作は再び有隣を訪れ長時間論談した。このとき、晋作が有隣から深い影響を受けたことは明らかである。

他流試合

晋作は笠間を出立すると、途中、壬生《みぶ》（栃木県下都賀郡壬生町）藩の聖徳太子流、上田藩（長野県上田市）の新当流・直心影流・神道無念流、松代藩（長野市）の小野派一刀流などの門人らと他流試合をした（晋作は長州藩柳生新陰流内藤作兵衛門人であるが、この遊歴中に他流試合をした人名については「高杉晋作他流仕合名帳」に記されている）。

佐久間象山

また、九月二十二日の夜半には、晋作は信州松代の佐久間象山を訪ねている。このころ象山は門人松陰のアメリカ密航失敗事件に連座して国元に蟄居を命じられていたから、ひそかに訪問したのである。このとき、晋作は象山から漢詩の末尾に、

宋氏、即《すなわち》宋墨爾《ソンメル》（天文学者 Sommer）、独乙蘭土《ドイツランド》人著《じんのちよ》、窮理書六帙（嘉永二年）己酉秋月　象山平啓手録

と書いた扇面を貰ったとされている（『東行生誕一五〇周年記念　高杉晋作と奇兵隊』）。しかし、その確証は見出せない。ただし、高杉家伝来の品であり、かつ嘉永二年の作であることに注目すると、あるいは象山に深く師事した松陰が貰ったものが晋作に譲られたのかもしれない。

なお、晋作は帰萩後、江戸にいる玄瑞に宛てた書簡に加藤有隣や横井《よこい》小楠《しょうなん》（平四郎）の人物評を記しながらも、暁に及んだ象山との対談内容に何一つふれず、その人物評も記していない。象山は性狷介《けんかい》、尊大で人を見下す癖があったといわれるから、晋作の性に合わないところがあり、言及しなかったのかもしれない（『高杉晋作全集』上、書簡五八）。

それより松代を発して善光寺へ参詣し、信越の国境を越え、高田城下（新潟県上越市）に入った。この高田から長浜（新潟県上越市）、糸魚川（新潟県糸魚川市）、親不知《おやしらず》（新潟県西頸城郡青海町）、泊（富山県下新川郡朝日町）と西へ向かい、九月晦日と十月朔日は福井に滞在した。泊より以西は「試撃行日譜」に省略が多く、福井滞留中の記事も見えない。しかし、先の帰萩後の玄瑞宛ての書簡に「横井（小楠）はなかなかに英物、有一無二の士と存じ奉り候」と記しているように、福井で横井小楠に面会している。晋作の『春風雑録』三巻に収められた「兵法問答書」末尾には、

横井小楠

予去歳《よきょさい》、越前に遊び、肥後（熊本）人横井小楠の堂を訪う。豪談一日、益を得ること少しと

せず。則ちこの書を塾生に得、写して記行中に入る。帰りて今亦《ま》たその散乱を恐れる也。別に写して一冊となす。然るに元本頗《すこぶ》る誤字多く、文中解し難き句ありと雖も、其の意は則ち洞然《どうぜん》として炬《たいまつ》の如し。丈夫の読書はその意を解得するのみ。何ぞ字句文辞に関せんや。文久辛酉（元年）初夏楠樹小史識《しる》す（原漢文、東行記念館「高杉家資料」）

と晋作の識語がある。これは、横井小楠が安政二年（一八五五）に著した「兵法問答」（のち「海軍問答」が出るに及んで「陸兵問答」と改題、『小楠遺稿』）と、題名と字句に多少の相違があるものの、内容はまったく同じである。また、晋作の「学校問答書」も尻切れとんぼになっていることを見ても、小楠の「兵法問答」と「学校問答」（嘉永五年著）をこのときに写したものと考えてよかろう（『東行先生遺文』および『高杉晋作全集』下、論策には「兵法問答書」「学校問答書」を収録するが、ともに晋作の著作ではない）。

その後、十月十日、衣川《きぬがわ》駅（滋賀県大津市）を発って大津を経て伏見に着き、真夜中に乗船して十一日早暁に大坂へ入り、富海《とのみ》船で帰国した。大坂を発った日も、帰萩した日も定かでないが、先の江戸にいる玄瑞に宛てた万延元年（一八六〇）十一月十九日付書簡に「道中五十日余り」と書いているので、十月十八日ごろには帰萩したと思われる。その書簡で、当分は読書生として雄飛の時を待つつもりであることを報じ、藩庁の現状にあきたらない感慨をもらしている。さらに書きついで次のように記している。

此節、作間忠（忠三郎）より貴兄（久坂玄瑞）上書請取申し候。孰《いず》れ近日の内策を下す落着なり。僕も此間より又明倫館入塾、尾寺（新之丞）も居り候故、先《まず》はこらえ頃にて御座候。上文拝読し奉り候。御議論感服し奉り候。（『高杉晋作全集』上、書簡五八）

ここに晋作が「上書」と記しているのは玄瑞の「士気作興に関する建白書」（『松下村塾偉人久坂玄瑞』）をさすものと思われ、次のような文言がある。

士気の盛衰は社稷《しゃしょく》の起伏に係り、学校（明倫館）の興廃は国家の盛衰に係り候者にて、幾重《いくえ》にも士気の衰えぬ様、学校の衰えぬ様、精々御作興遊ばされずては相済まざる事と、恐れながら存じ奉り候。

明倫館御講暫役

先の玄瑞に宛てた十一月十九日付書簡でも言及しているように、晋作は十一月八日付で御賄《おまかない》支給で再び明倫館入込を命じられた。同日付で、舎長再入と廟司暫役を仰せ付けられ、さらに十二月十日付で明倫館御講暫役に進んでいる（『高杉晋作履歴抜書』）。この万延元年が、晋作にとって、はからずも修学時代の終わりとなった。

第三　世子小姓役

一　出　仕

世子小姓役拝命

文久《ぶんきゅう》元年（一八六一）二三歳となった晋作は、同年三月十一日付で明倫館《めいりんかん》勤務中より、

> 嫡子御雇《おやとい》にて手廻組《てまわりぐみ》へ相加えられ、若殿様御小姓《おこしょう》召し仕えられ候条、その節《せつ》を遂《と》ぐ可き旨の事。

という命を受けた。これが晋作の藩政への関与の始まりである。

先に記したように、父の小忠太《こちゅうた》は世子《せいし》定広《さだひろ》が支藩徳山毛利家から藩主慶親《よしちか》の養子として入った当初から小姓役を勤めたが、晋作がそのあとをうけ、父子二代に渡って近侍を勤めることになった。そのうえ、世子と晋作とが同年齢であったことは相互に深い親密・信頼関係を生み、その後の世子の政治的活動も積極的であっただけに、晋作の政治活動は陰に陽に世子に支えられるところが大きかった。この晋作の世子小姓役拝命は、その生涯に重要な意味を持ったといえる。

初出仕と「暬御日誌」起筆

晋作は三月十三日、はじめて出仕し、上司・同僚への礼廻りに赴き、この日より「致《ち》良知洞《りょうちどう》主人」と自ら称して、「暬御日誌《せつぎょにっし》」（『高杉晋作全集』下、日記）を起筆している。「暬御」は近侍《きんじ》の役の意である。このときに新しく世子の御小姓役になったのは、「御表五人廻り」の五人と「新御殿」付きの晋作と飯田余之助（大組《おおぐみ》、繁沢組《はんざわぐみ》、飯田猪之助の嫡子）の二人、計七人であった。「新御殿」は、藩主慶親が世子の居館として、とくに明倫館内に建てたもので、成美堂《せいびどう》とも呼んでいた。

晋作は三月二十八日、「御目見《おめみえ》下習」（予習）のうえ、藩主慶親に御目見を済ませた。小姓は見習いが済んでから諸稽古を行なうことが許されるしきたりのところ、このころ世子定広は江戸に在府中だったため（万延元年閏三月二十八日江戸着、桜田邸にいた。江戸発駕は文久二年四月十三日）、見習いができず、稽古願を出すのを免じられている。晋作は世子不在であったが、小姓役が世子の雑用を弁ずる一方で、その善導・補佐にあたる役であると自覚して、専心文武の修業と精神修養に努めていた。

長州藩主　毛利慶親
（『訂正補修 忠正公勤王事績』より転載）

文武修業と精神修養

毎朝神社参拝をし、世子に関係ある忌日命日《きじつめいにち》には亨徳寺《こうとくじ》（萩市北古萩町）に代参した。三月下旬には三度にわたり、山口常栄寺《じょうえいじ》（臨済宗東福寺派《りんざいしゅうとうふくじは》、山口市宮野下）僧祖溟《そめい》に面会して禅論を試み、精神を鍛えることにも努めた。四月はじめより余暇があれば、晋作は明倫館の撃剣場《げっけんじょう》に行き、時には一〇本に及ぶ撃剣勝負を怠らなかった。なお、明倫館講堂で日本紀講釈を聞いている。また算術や書を学び、読書にも努めた。国体・国史などに関するものとして、紀維貞《きこれさだ》の「国基《こっき》」（天保八年刊）や本居宣長《もとおりのりなが》の「霊能真柱《たまのまはしら》」「馭戎慨言《ぎょじゅうがいげん》」、頼山陽《らいさんよう》の「日本外史《にほんがいし》」、熊沢蕃山《くまざわばんざん》の「集義和書《しゅうぎわしょ》」、経学《けいがく》に関するものとして「論語集註《ろんごしゅうちゅう》」、王陽明《おうようめい》の「伝習録《でんしゅうろく》」、兵学に関するものとして長沼宗敬《ながぬまそうけい》の「兵要録《へいようろく》」（安政二年刊）、林子平《はやししへい》の「海国兵談《かいこくへいだん》」、そのほか詩文和歌に関するものや、松陰の遺著などを読んでいる。このように、読書・撃剣と静かに心身の修養に努めていた晋作ではあったが、その意中には藩内外の情勢に関する強い政治的実践意欲の高まりが見られた。それを示す一、二の事実がある。

長井雅楽と「航海遠略策」

その第一は、文久元年三月二十八日、藩が直目付《じきめつけ》長井雅楽《ながいうた》の建策に基づき、諸藩に先駆けて公武周旋《こうぶしゅうせん》の議を決し、その具体策として「航海遠略策《こうかいえんりゃくさく》」を藩論と決めたことに関してであった。この策の起草は、手元役《てもとやく》周布政之助《すふまさのすけ》によるもので、

公武合体して藩内の一和《いちわ》を図り、我より航海して外国の事情を探り、其《その》長所を採っ

てもって彼を制せん。

（『周布政之助伝』上）

という内容であった。

すでに大老《たいろう》井伊《いい》直弼《なおすけ》の暗殺により、幕府の朝廷に対する態度は弾圧から懐柔に切り替わり、大老在職当時からの和宮《かずのみや》降嫁《こうか》問題も、当時は幕府が朝廷に強要したものが、今は懇請に変わり、公武合体の内容も幕府優位から天皇優位へ移りつつあった。この時代の動きに「天朝《てんちょう》に忠節、幕府に信義」を標榜する長州藩が、真っ先に公武周旋を買って出ようとしたわけであるが、「航海遠略策」は公然と幕府のかつての積極的開国策を支持・推進し、朝廷に対してその策を説得し、攘夷《じょうい》の放棄を迫るものであった。

「航海遠略策」への反対

長井雅楽

文久元年三月上旬より江戸で、薩摩《さつま》藩士樺山《かばやま》資之《すけゆき》（三圓《さんえん》）と長州・薩摩・水戸の三藩義盟に関して談合を進めていた久坂玄瑞《くさかげんずい》は、長井雅楽の建策に反対し、早くも三月二十五日、政務役中村九郎（道太郎）に書を寄せて、「航海遠略は其説《そのせつ》愉快《ゆかい》なるも、一時の窮策にして他に講究すべき大急務あり。水薩に尊皇攘夷の大義」を奪われないよう訴えた（『周布政之助伝』上）。なお、

玄瑞は六月十四日夜、着府の長井雅楽と議論したことを六月二十二日付で入江杉蔵《いりえすぎぞう》に報じたなかで、

公武合体も幕吏をして天勅《てんちょく》を遵奉《じゅんぽう》さする様なれば当然にも候得共、幕を助け天朝を抑《おさ》へ候に相成候ては、何とも相済まざる事と懸念《けねん》仕り候。（『松下村塾偉人久坂玄瑞』）

と記しているところに、玄瑞の、長井の建策に対する反対論の本領がよく示されている。晋作も長井の行動には反対で、父の小忠太にそれを告げたところ、長年にわたり長井と親密であった父に「黙観すべし」と命じられたため、玄瑞のように要路へ意見を出すことは差し控えた（「暬御日誌」文久元年四月十八日の条）。

第二は馬関論《ばかんろん》に関してである。当時の下関《しものせき》（馬関）は、新地《しんち》町、伊崎浦《いざきうら》の一部が長州藩（本藩）領で、その他は長州藩の支藩である長府藩《ちょうふはん》と、清末藩《きよすえはん》の飛地《とびち》（竹崎・伊崎）であったため、その防備が問題となっていた。

文久元年二月朔日《さくじつ》、ロシア軍艦一隻が下関に来泊して、港吏に石炭一〇万斤を請求するという事件が起こった。この艦は二月三日に始まったロシア軍艦「ポサドニック」の対馬《つしま》滞泊事件に関係して、対馬に往来した一艦であることは明らかであった。また、四月下旬から五月朔日にかけて、イギリス船があわせて五隻（うち四隻は軍艦、一隻は商船）が来泊した（『修訂防長回天史』三）。

対馬はわが国近海の要衝で、その地理的位置から極東に野心を有する列強、とくにロシアやイギリスが野望を抱いた地であった。対馬事件発生により、地理的に対馬に近い下関は、艦船の石炭やその他物資の補給基地として列強から重視されるところとなった。

建白書の提出

五月二日には、香港から帰る途中のイギリス公使オールコックも下関に入り、また四隻のイギリス船が門司《もじ》港（福岡県北九州市門司区）に碇泊して港の内外を測量するという行動に出たため、物情騒然となり、長府藩・清末藩の二つの支藩からも警備兵を出し、対岸の小倉《こくら》（北九州市小倉北区・南区）藩も出兵した。これらの状況は、五月六日に軍艦庚申《こうしん》丸《まる》に乗って萩より下関に入港した軍艦製造用掛・密用方の山田亦介《またすけ》・長嶺豊之助《ながみねとよのすけ》らによって本藩へ報告された（『修訂防長回天史』三）。この報はただちに松下村塾《しょうかそんじゅく》門下生同志に伝わったと見え、下関の形情不穏をめぐり、同志たちが五月九日夜、晋作の家に集まってその対策を議論した。同月十六日、尾寺新之丞《おでらしんのじょう》は周布政之助を訪問し、晋作は、先にイギリス人の動勢を探るべく下関に派遣していた作間忠三郎《さくまちゅうざぶろう》を伴って政務役の中村九郎の家に至り、自ら執筆の「馬関論」を建白書として提出するなど、藩政の要路に積極的な働きかけをしている（「暬御日誌」）。晋作が自ら「愚策」という「馬関論」の内容は詳かにすることはできないが、すでに前年万延元年（一八六〇）七月頃より、さかんに外国船の下関入港、石炭などの購買要求、外国人上陸の事実があり、また幕府による下関開港の風説もあったから、下関の警衛・防備問題に関する対策であったものと思われる。

晋作のこのような動きを見ると、かつて玄瑞が「僕曾て暢夫に力を経済（経世済民）に尽し国政を変革すべしと云ひし事あり」（安政六年（一八五九）九月晦日付入江杉蔵宛久坂玄瑞書簡、『吉田松陰全集』六）と期待したものが、いよいよ発動する時期に入ったといえる。

江戸御番手役の拝命

晋作は六月十日、寺内外記《てらうちげき》（暢三《ちょうぞう》）・飯田余之助とともに「江戸御番手《ごばんて》として差し登《のぼ》され候事」という沙汰を受けた。江戸へ出発までの間に、野村和作《のむらわさく》、寺島（作間）忠三郎、有吉熊次郎《ありよしくまじろう》ら、松陰門下の数人がしばしば来談し、とくに六月十三日条には玄瑞からもたらされた書状の次に示す内容について、晋作は同志らと議論したようである（「暬御日誌」）。

一、先達《せんだつ》て天朝より幕府への詔諭《しょうゆ》、左の通り。
一、姫宮（和宮）御縁組《ごえんぐ》みの儀、関東より内願の通り、御許容《ごきょよう》遊ばされ候につき、来春大樹（家茂）公在らせ候事。
一、兵庫・大坂開港については、万一皇都《こうと》の地、洋夷の汚穢《おわい》にふれ候ては、天祖《てんそ》に対され、相済まざるにつき、遷都《せんと》これあるべし。相応の場所、申し上げらるべき事。
一、邪教の国、親睦いたすべきにあらずの事。
右の条々なり。

「初番手行日誌」起筆

これらの内容は、おそらく江戸の尊攘派のあいだで流布《るふ》していた風聞であろう。晋作は七月四日には、「右御番手仰せつけられ候につき、早々出足、惣《すべて》陸廿日道中にてまかり登らる事」という差紙《さしがみ》を受けた。その後、金二四両余を藩から支給され、従行を頼んだ有吉熊次郎と供の者を従えて、七月十日、萩を出立した。晋作は、「暬御日誌」をこの日で擱筆《かくひつ》し、あらためて「辛酉《しんゆう》（文久元年）七月発程　初番手行《はつばんてこう》日誌」を七月十日から書き始めた。こちらは十月二十四日の記事で終わっている。

二　江戸番手役

御番手と小姓役を兼任

晋作は文久元年（一八六一）七月三十日、江戸に着いた。江戸番手役《えどばんてやく》は藩邸にいて、当番が廻ってくると御殿に出仕して役務を執るものである。晋作は御番手《ごばんて》となったが、根役《ねやく》の新御殿小姓役を免ぜられたのではなく、御番手と兼ねていた。当時、藩主慶親は在国で、世子定広は江戸桜田藩邸にいたから、晋作は江戸に来てはじめて世子に近侍することになった。晋作は通常、桜田藩邸内の固屋《こや》（小屋）に居住したが、時として門外の宿に下ったこともあった。「晋作履歴覚書」には、

廿二才（二十三歳の誤り）、世子君之執（暬）御となり、東行江戸に在り。

世子　毛利定広
（福井市立郷土歴史博物館所蔵）

と記している。晋作は、江戸到着早々、八月朔日より七日間、御番手の見習いを命じられ、八日より隔日に当番に付いている。当番の日には世子の御前に出るほか、書経御会、剣術御覧もあり、玉川あたりへの遠乗り、毛利家墓所の一つの瑞聖寺《ずいしょうじ》（東京都港区白金台）御参詣の供をしたり、夕飯後にも御殿で御座敷事の練習などもしている。非番の日にはたいてい有備館（桜田藩邸内）で撃剣をしたり、読書をした。日本橋あたりで買い物、寿司店に入ったり、京橋あたりで遊んで帰ったのは、わずか二回に過ぎない。八月二十九日付で晋作は故郷の母宛に江戸での近況を、「この節は御役《おやく》繁用で、そのほかの色々の用事も出来《しゅったい》し難渋しているが、気分よく勤めている」と報じている（『高杉晋作全集』上、書簡六三）。

しかし、文久元年八月から九月にかけての時勢の進展は、晋作を右に見たような御番手および世子小姓役の枠内に留めておかなかった。

激派攘夷論者の活発化

八月三日には、老中安藤信正《ろうじゅうあんどうのぶまさ》は長井雅楽より長州藩建白の趣旨の説明を聞き、幕府として朝廷の攘夷論を緩和するために、長州藩に朝廷の説得方を依頼した。八月五日には、朝廷が和宮の関東下向の期日に関する幕府の要請を容れ、期日の決定も間近かになったため、諸藩の激派攘夷論者が公然と「尊王攘夷」を叫び、活気を取り戻すようになった。

諸藩の激派攘夷論者たちは、孝明天皇があくまで攘夷を願っているのに、幕府が外国に対する恐怖から朝廷に圧力を加えたために和宮降嫁に及んだものと解釈し、尊王のために断然攘夷を行わなければならないと考えた。しかし、激派攘夷論者の数はどの藩でもきわめて少なかったので、直接行動に訴えるため、江戸に集まって同志的結束を固めた。中心になったのは吉田松陰門下生で、もはや藩の力を頼るのではなく、松陰の遺志をついで草莽《そうもう》の志士となって幕府権力に抵抗しようと決意していた。

松陰門下生の動向

江戸にいる門下生のなかでは、とくに桂小五郎・久坂玄瑞の活動が顕著であった。桂も玄瑞も、すでに「航海遠略策」が藩論に決まった三月頃から、共に幕府優位になるような公武周旋・公武合体に反対の意見を同じくし、水戸藩の岩間金平《いわまきんぺい》、薩摩藩の樺山資之らの志士と交際して対策を協議した。また、藩命によって晋作より少し早い七月二十一日に江戸に入った参政の周布政之助も、桂・宍戸左馬介《ししどさまのすけ》（九郎兵衛《くろべえ》）らの周旋でしばしば水戸藩士に会見して、江戸の形勢が藩地での想像と大いに異なり、長井雅楽の建策がすでに時宜《じぎ》に適しないことを悟っていた（『松菊木戸公伝』上）。

晋作は八月六日夜、兄事する桂と会い、桂が、公武周旋のために長井雅楽が出府して幕吏と謀議するのを非難し、長州藩主の参勤時期を延ばし、将軍が上洛して諸藩主と共に奏請して国是《こくぜ》を定めるべきとする自らの意見を、江戸に向かう途中の周布に六月十一日付で開陳したことを聞いた（『松菊木戸公伝』上）。晋作は、それに触発されたとみえ、翌七日には桂宛に書を送り、藩政の要路へ自らの意見を建白しようと図っている（『高杉晋作全集』上、書簡六二）。その後もしばしば晋作が桂と往来して提議したことが、「初番手行《はつばんてこう》日誌」に記されている。九月朔日条には「この夜ひそかに水人岩間某（金平）、さつ人（薩摩人）かば山（樺山資之）に、大和（弥八郎）の固屋《こや》に会す」と晋作は記しており、桂はかねてから水戸・薩摩両藩の志士と交際していたから、長州・水戸・薩摩三藩の義盟に関する謀議に加わっていたことも窺える。

楢崎弥八郎

玄瑞や、かつて大橋順蔵《おおはしじゅんぞう》（訥庵《とつあん》）塾でその気風を学び固陋《ころう》になった楢崎弥八郎《ならざきやはちろう》は、長井雅楽の周旋を不可とするばかりでなく時事への憤激を欝積《うつせき》させ、和宮関東下向の期日の切迫により暴発寸前だった。晋作は「初番手行日誌」八月十七日の条に、「この頃、大議論起こる。非番。委曲《いきょく》胸中にあり」と記している。「大議論」の内容は、玄瑞や楢崎らと互いに謀議し、事を挙げようとしていたことを指すのであろう。

すでに七月二十二日江戸着の周布および桂は、共に玄瑞や楢崎の行動を案じつつ、これら気概のある人物の援護に努めていた。桂は晋作が軽挙して策を誤らないよう憂慮し、慎重に熟考・自重するよう忠告した。晋作は八月十五日付で桂宛に、「近日より愚物に相成」り、時勢を観望する旨を伝えた（『高杉晋作全集』上、書簡六二）。

周布政之助と久坂玄瑞の西上・帰国

一方、玄瑞は八月末日、周布に嘆願書を出し信州（長野県）に遊学の許可を請うた。表向きは佐久間象山《さくましょうざん》に師事することであったが、実は伏見で藩主の駕《が》を待ち、和宮関東下向の遮止《しゃし》に尽力されるよう建白するためであった。周布は熟慮の末、気概の士を救護しなければと考え、九月七日、桂・玄瑞を伴って世子に謁して時事を議した後、自己の所懐《しょかい》を披瀝《ひれき》し、かつ玄瑞の意見書をも上達しようと玄瑞とともに江戸を発ち、二十二日、伏見に着き、鈴木善兵衛の宅に投宿した。周布と玄瑞は、しばらく留まって藩主を迎えようとしたが、萩発駕の藩主が、途中で病気のため花岡駅（山口県下松《くだまつ》市）にて数十日滞留したため、二人は目的を達することができなかった。やがて周布は十月二日、入京して正親町三条《おおぎまちさんじょう》（のち嵯峨《さが》）実愛《さねなる》に謁して西上した理由を述べ、和宮東下《とうげ》の日程など朝廷の情勢を探聞して、三日、再び伏見に戻り、玄瑞とともに西下して、五日、鞆《とも》港（広島県福山市）に着いた。

その後、長井雅楽はじめ藩主の駕に随従の重臣たちは、玄瑞の建白を容《い》れず、かつ周布が西上したことを「僭越《せんえつ》」のこととしたため、玄瑞は十月九日帰国を命じられて宿志を遂げることができなかった。周布もまた、江戸での要務を放擲して西下したことについて、十月九日に待罪書を、翌日に辞表を出し、十一日、帰国を命じられた。やがて十一月二十八日に至り、辞職が聴許され、隠退を覚悟した（『周布政之助公伝』上）。

萩に帰った玄瑞は、十二月朔日、松下村塾の同志の間で、将来、非常時の用意に写本などしてわずかの蓄えを積み立てる「一燈銭申合書」を発議し、二〇余名が名を連ねた。江戸にいた晋作・桂・伊藤利助（俊輔）らもこれに加わった（『伝家録』・「一燈銭申合帳」、『吉田松陰全集』一〇）。

「一燈銭申合書」

周布と玄瑞がともに江戸を発って西下してからまもなく、晋作には思いがけない海外行の内命が下された。

三　外国行の内命

長州藩は、機会あるごとに藩士を海外に出すことに熱心な藩であった。安政元年（一八五四）には松陰の兵学《へいがく》門下の山県半蔵《やまがたはんぞう》の北蝦夷地（樺太）行、本格的な外国行として万延元年（一八六〇）には、幕府の遣米使節の従者として長崎海軍伝習生《かいぐんでんしゅうせい》あがりの北条源蔵のアメリカ行、ならびに世界一周があり、文久元年（一八六一）四月には、幕府の亀田丸船将北

杉孫七郎を遣欧使節に同行

岡健三郎のロシア領方面派遣に、桂右衛門と山尾庸三《やまおようぞう》（要蔵）の二人が随行している（「忠正公伝」第十二編第六章「藩士の海外視察」第一・二節）。

　さて、藩主慶親が参勤のため萩を出発する文久元年九月十六日より以前、当時江戸にいた周布政之助は、幕府が十月を期して開市・開港延期のため使節を英仏両国に派遣し、さらに軍艦をアメリカより購入しようとするという噂を耳にした。周布はただちに藩地に書を送り、俊秀の藩士を選んで幕吏に随行して外国視察に赴かせるよう建言した。周布の書は、東勤途中の花岡駅で滞留・療養中の藩主に達し、藩主は十月六日、小姓役杉《すぎ》孫七郎《まごしちろう》（徳輔、重華）に内容を告げ、急ぎ東上させた。前述したように、周布はすでに玄瑞と西下しており、江戸藩邸公儀人の小幡彦七《おばたひこしち》（高政《たかまさ》）が長州藩出身の蕃書調所《ばんしょしらべしょ》教授の手塚律蔵《てづかりつぞう》に頼んで、外国奉行調役《しらべやく》で遣欧使節一行に加わる岡崎藤左衛門に懇請した結果、ようやく会計方伊勢屋八兵衛の雇人《やといにん》新助という名義で、小使として杉孫七郎一人同行の許諾を得ることができた（「忠正公伝」第十二編第六章第三節「杉徳輔の欧州行」）。

　ところで、幕府使節の出発はしばらく延期となっていたが、当時江戸にいた世子定広は、幕府の遣欧使節派遣の議が伝えられた当初より、小姓役の晋作を使節一行に同行させようとする内命を与えていた（「初番《はっぱん》手《て》行《こう》日誌」九月九日条）。このような世子の内命が晋作に下った背景には、晋作が軽挙の策に出ることのないよう心配した桂小五郎が、世子付きの直書役《じきしょやく》兼勤方役《つとめがたやく》奥平《おくだいら》数馬《かずま》（正路）と計って、晋作を海外視察へ出そうという配慮が働いていた。

世子の強い内意があったので、江戸藩邸では岡崎藤左衛門に同行一人の追加を懇請した。岡崎も晋作のため周旋したが、幕府の許諾を得ることができなかった（「忠正公伝」第十二編第六章第四節「高杉晋作の上海行」）。このため晋作の遣欧使節同行は実現せず、杉孫七郎一人が同行することになり、杉は十二月二十四日、横浜を出航、翌文久二年正月九日、長崎をあとにして訪欧の途にのぼった。

晋作同行は許されず

晋作は、今度のヨーロッパ行に大きな期待を抱いていたので、杉一人同行と決まり――おそらく藩主江戸着（十一月十三日）前後のことであろう――、失意のほどがうかがわれる。しかし、その晋作を活気づける好機の到来は案外早かった。

晋作の上海行が決定

幕府は文久元年四月から貿易視察のため、幕吏を上海および香港に派遣しようと、長崎奉行岡部《おかべ》長常《ながつね》に命じて傭船《ようせん》や派遣員の調査・銓衡《せんこう》にあたらせていた（『維新史料綱要』三）。十二月頃に至って幕府が勘定吟味役根立《ねだて》助七郎《すけしちろう》、小人目付役《こびとめつけやく》塩沢彦次郎を近く上海《シャンハイ》に派遣しようとしているという説が伝わった。藩では、晋作を根立助七郎に随行させようとして、公儀人小幡彦七を塩沢彦次郎のもとへ遣わし、晋作を一行に加えるよう懇請し、幕府の許可を得ることができた。こうして晋作の上海行が決まった。十二月

二十三日、晋作は世子よりじきじきに、

幕府吏をして支那諸港に互市《ごし》すと聞く。汝《なんじ》幕吏に随い、ひそかに支那諸港に渡り、彼の形勢情実と彼の諸夷を御する所以《ゆえん》を探索せよ。しこうして我が国に帰り報ぜよ。

と命じられた。晋作はこの命に感激して早速、当時藩主東勤に随従して麻布の藩邸にいた父小忠太へ報告に赴いた。父は非常に喜んで、晋作に向かい、「予を以って念となさず、死を以て君命を奉ずべきなり」と激励した。このため晋作は、

君父の言すでにかくの如し。某《それがし》、まさに海外万里の国に赴くべきなり。疎才及ぶ能わずといえども、勉強して以てこれを補えば、すなわち願わくは君命の万一を奉ずるにたらんか。（以上「遊清五録《ゆうしんごろく》関係の一紙」『高杉晋作全集』下、日記）

と奮起した。同日、晋作は御手廻頭《おてまわりがしら》から、「根役《ねやく》（若殿様御付）現勤差し除かれ、航海術修行のため、他国へ御暇《おいとま》差し免され候」との藩命を差紙をもって伝達された（「高杉晋作履歴抜書」）。

単独で長崎へ出発

十二月二十五日、藩主の命により藩の留守居役が塩沢彦次郎のもとに出向いて、江戸よりの晋作の随行を頼んだが断られたので、晋作は貿易船が出航する長崎へ単独で出発することになった。翌文久二年（一八六二）正月二日、江戸を出立する前日に藩主・世子おのおのの引見を許され、世子より五郎丸形付き袷小袴《あわせこばかま》を賜り、藩主より訓諭を与えられ

た。

御用処において当役益田《ますだ》右衛門介《うえもんのすけ》（弾正《だんじょう》）より仰せ渡された訓諭は、

此度《このたび》、御内思召《おぼしめし》これあり。公儀御役人へ随従、外国へ差し越され候に付いては、容易ならざる事柄、辛労の至りに候え共、外国の事情形勢、なお制度器械まで、なる丈《た》け見分に及ぶべく、帰国の上申し出候は、一廉《ひとかど》国家の御裨益《ひえき》に相成るべく候条、何によらず心を留め記憶仕り候様、精々心掛け肝要に候。

（「高杉晋作履歴抜書」）

というもので、晋作にとって重大な負託であった。

四　上海行

幕吏の上海行に同道

文久二年（一八六二）正月三日朝、晋作は幕吏（勘定吟味役根立助七郎、御小人目付役塩沢彦次郎・犬《いぬ》塚鑅三郎《づかえいざぶろう》ほか）の上海行に同道すべく、長崎に向け江戸桜田藩邸を出発し、麻布邸を訪れ、父に告別した。出立以後、長崎着までの記録がなく、西下道中の晋作の動静を知ることができないのは残念である。ただ、晋作は海外へ赴くにあたっても国事を憂え、

江戸出足のみぎりも〔人〕払いにて儲君（世子定広）へ御周旋の大害たる事を述べ、長雅（長井雅楽）の姦たる所以を諫言《かんげん》し奉り候。浪華《なにわ》にて宍翁（宍戸九郎兵衛）へ御周旋の御国家の大害たる事を論じ候ところ、宍翁にも同意につき安心仕り、

（前原一誠宛書簡、『史料墨宝』）

「遊清五録」の執筆

宣教師ウィリアムズとフルベッキ

と記していて、大坂藩邸（蔵屋敷《くらやしき》）に立ち寄っている。幕吏らは悠々たる旅をして、おそらく二月九日ごろ長崎に着いたと思われ、江戸―長崎間をおよそ四四日間も費やしている（中村孝也『中牟田《なかむた》倉之助伝』）。晋作がいつ長崎に着いたか詳らかでないが、おそらく幕吏一行より少し早く、二月はじめには到着していたと思われる。

晋作は、上海行に関して「遊清《ゆうしん》五録」、すなわち「航海日録」「上海淹留日録《えんりゆうにちろく》」「外情探索録」「内情探索録」「崎陽雑録」（晋作自身の「遊清五録序」草稿による）を上海から帰国した文久二年の夏、長崎の客舎で書き記したものを残している（以下、これら「五録」の内容の題名・引用は、田中彰校注の『日本近代思想大系1　開国』所収本による）。

晋作が二月初旬ごろに長崎へ到着した後、四月下旬に上海へ出発するまでの動静は、「長崎淹留雑録」にうかがうことができる。それによると、長崎崇福寺（長崎市鍛冶屋町）に滞在して日本語を学ぶアメリカ人宣教師のウィリアムズとフルベッキの二人を訪問して、アメリカの社会制度や国産品のことを質問したが、しきりに相手がキリスト教のことを語るので嫌気がさし、「彼らが日本語を学ぼうとするのはキリスト教を日本に広く布教するためであるから、要路の人は予防されたい」と排耶《はいや》的態度を示している。また、ポルトガル領事兼フランス領事代理ルーレイロや大浦のアメリカ領事、国学者でかつオランダ通詞兼シャム通詞である森田市太郎などに会っている。

中牟田倉之助の英語学習

この幕吏上海行に参加した佐賀藩士の中牟田倉之助は長崎滞在中、数学をアメリカ人フルベッキに、また、英語を長崎伝習所時代以来旧知の通詞三島末太郎について学んでいた（『中牟田倉之助伝』）。のち、上海のアメリカ商館のチャルス（すでに横浜に三、四年在留していた）を訪問したとき、晋作は、「中牟田英語を解して談話分明す。（中略）弟（晋作）、近日英書を読むも、未だ談ずるを得ず。日夜勉強して他日再び逢い、兄（チャルス）と談ずるを得んと欲す」と記している（「上海淹留日録」）。晋作も少しは長崎滞在中に英語にも触れたであろうが、英書を繙《ひもと》くようにまでなるのは上海に着いてからのようで、長崎では諸外国の形勢事情などへの関心が強かったようである。

「長崎互市之策」

とくに日本と外国との貿易事情には関心があったようで、「御国益」にもなりそうな「愚案」を「長崎互市《ごし》之策」として（桂小五郎・久坂玄瑞か）「両大兄」宛に書いた一文が注目される（「長崎互市之策ほか覚書」）。要旨は、

長州藩の物産は長崎へも売り払われているが、とても「大国之御利」にはならない。私の策の大綱としては、まず長崎の土地を買い上げ、大坂の蔵屋敷のような蔵を五、六も建てて、国元より品物を運び込み、売ることである。長崎を根会所《ねかいしょ》として、ここより船積みし、広東・定（上）海・香港、あるいは英のロンドン、米のワシントンにも至らせると、大変便利がよい。御国産売払場所は、大坂より当地の方が便利がよろし

い。勤国と申しても、富国強兵のことである。強兵とはすなわち富国のことである。というものである。この「長崎互市之策」は、長崎貿易の利益を独占する幕府と衝突するものであることは晋作は百も承知で、長崎に漂う世界史進展の方向を感受し、かつ現実に展開しつつある薩摩・越前両藩の外国貿易を見て、規模壮大な長州藩の富国強兵を目的とする具体的な長崎貿易振興策を立案・進言したもので、彼が開明的な開国論への道を歩み始めるようになっていたことを示すものである。

なお、右の「長崎互市之策」のあとに、○印を付した（長崎で筆耕家へ頼んだ分）次の書類名があがっている。

○奏准天津新議通商条款《じょうかん》、○通商税則善後条約、○金陵癸甲摭談《せきだん》、○粤匪《えつひ》紀略《きりゃく》、○太平詔書、○資政新篇、○盾鼻《じゅんび》随聞録

晋作がすでに長崎において、中国の通商貿易の規則、および「金陵癸甲摭談」「粤匪紀略」「盾鼻随聞録」などの、太平天国の関係書目を筆耕させているところに、彼の渡航前における関心の所在と勉強ぶりを察することができる。

妻政への手紙

ところで、晋作は長崎滞留中、四月十三日付で、萩で留守を守る妻政《まさ》に手紙を書いている。それは二月二十三日付の夫人の手紙に対する返事で、同じ手紙の裏に書かれている（大宰府天満宮所蔵、一坂太郎『高杉晋作の手紙』所収）。この手紙から、晋作が政の注文を聞き

入れて、長崎から唐嶋、呉絽服《ゴロフク》、帯地、緋唐金などを贈り、しかもその代銀もかなりであって、渡航のためにもらった藩費の一部も割いたことがわかる。品物が舶来物であったため晋作も憚《はばか》るところがあって、このことを親類にも内密にし、人前にそれらを着て出てはならぬ、と注意している。また、こうしたことができるのを、「士の女房」として藩の御恩であると心得るよう諭している。

坂下門外の変

ここで、晋作が文久二年（一八六二）正月三日に上海行のために江戸を発ち、二月初旬、長崎に着いて出帆を待つ間に起きた二つの事件にふれておく。一つは、晋作がまだ長崎への旅中の正月十五日、和宮降嫁を推進し、かつ孝明天皇廃立計画の首謀者と噂された老中安藤対馬守信正《つしまのかみのぶまさ》を、水戸藩士六人が要撃し、負傷させた坂下門外《さかしたもんがい》の変《へん》である。

寺田屋騒動

その二は、長井雅楽が唱えた「航海遠略策」を藩論として公武周旋に乗り出した長州藩に強い対抗意識をもやし、公武合体運動の主導権を握ろうと、一〇〇〇余名の藩兵を率いて江戸へ赴こうとする薩摩藩主の父・島津久光《しまづひさみつ》が入京し、諸藩の激派とともに義挙をあげようとした同藩の激派有馬新七《ありましんしち》らを、四月二十三日に上意討ちにした伏見寺田屋《てらだや》騒動である。久光の上洛・参府の目的は幕政の改革で、幕府の顚覆《てんぷく》ではなかった。

坂下門外の変については、晋作がいつその報を受けたかはわからないが、少なくとも長崎に着いて聞いたにちがいない。寺田屋騒動は晋作が上海へ渡航のため乗船する四日前のことで、もとよりその報は耳に入らず、五代才助《ごだいさいすけ》（のち友厚《ともあつ》）の国からのたよりに「京摂《京都・大坂》の間に少しく変あり、長州藩も関わる」というのを、上海ではじめて聞いて心配している（「上海淹留日録」）。

やがて四月下旬になって、上海行の出発が迫った。幕府は、すでに長崎・上海間の貿易に従事していたイギリス商人ヘンリー・リチャードソン所有の帆船アーミスチス号を洋銀三万四〇〇〇ドル（日本の金一九万両）で買い入れて、その船は長崎奉行高橋美作守《みまさかのかみ》和貫により千歳丸《せんざいまる》と名づけられた。晋作は高橋のことを、坂下門外の変で辞任した安藤閣老の一派の俗物と聞き、その名づけた船号によっても俗人であるのがわかると記している。おそらく、不安定な政権のなかにありながら「千歳」と名づけたことへの皮肉であろう。

今回の幕吏の上海行は清国への出貿易《でぼうえき》の第一回めであった。晋作はこの出貿易の内実を、長崎商人らが高橋に賄賂《わいろ》を使って私利を謀ろうとするものと考えており、「江戸から来た幕吏も高橋党の俗物で、貿易の事は長崎商人や長崎地役人にまかせ切りで何も知らず、商人は通詞《つうじ》を味方とし、通詞は何事によらず外国人に相談するので、結局、英商人に愚弄《ぐろう》されるだけだ」と記している（「内情探索録」）。

いよいよ四月二十七日、上海行の幕吏・従臣、従僕ら日本人の全員五一名が千歳丸に乗船することになった。これより先、長崎に麻疹《はしか》が流行し、晋作も中牟田もこれに罹《かか》り、発熱し医師に診察を受けていた。晋作は病が治らず、夜になってからようやく本船に乗った。当時、長崎に留学していた木（来）島亀之進（来島《きじま》又兵衛の子）と半井《なからい》春軒（長州藩の世医）の見送りを受けた。「晋作履歴覚書」には、

廿二《（三の誤り）》才、役中より洋行の内命を蒙る。幕船に故障有て、果たさず、冬上海行の命あり。笈《きゅう》を負《おい》て長崎に至り、麻疹を病《やむ》。辛うじて上海へ行。

各藩からの随行者たち

とある。幕吏一行にはさしたる人物はいなかったが、従者に各藩その他の有為の人物が加わっていた。晋作は十人目付犬塚鑅三郎の使者として加わり、乗船してはじめて昌《しょう》平黌《へいこう》での同学、浪速《なにわ》の処士伊藤軍八（支配勘定金子兵吉の従者）と奇遇した。また、佐賀藩から幕吏の従者として前出の中牟田倉之助はじめ、納富介次郎《のうとみかいじろう》・深川長右衛門《ふかがわちょうえもん》・山崎卯《う》兵衛《へえ》の四人、水夫として、薩摩藩士の五代才助と同藩の船手の忠之進《ちゅうのしん》の二人、そのほかに浜松藩の名倉予何人《あなと》（「いなた」とも読む。儒官、のち日清修好条規の締結に随行、台湾に渡り経済活動を行なう）らが乗船していた。

貿易品と乗組員

千歳丸には貿易品として石炭二五万斤、人参五〇〇〇斤、煎海鼠《いりこ》、乾鮑《ほしあわび》、干藻《ほしも》、昆布、塗物《ぬりもの》が積み込まれ、江戸商人も同乗していたことが注意される。船の航行は船長リチャードソン、按針役《あんじんやく》一、第二按針役一、大工一、酒食預り一、賄方《まかないかた》一、水夫六、若

者二、以上の英人一四名がすべて司《つかさど》り、ほかにオランダ商人一人が商法方として乗り組んでいた（『中牟田倉之助伝』）。

長崎出航

四月二十九日早暁に長崎港を出た。四月三十日、船針は西西南の間を向き、早暁五島列島沖女島《めしま》（長崎県福江市浜町）の南側を通過して東シナ海に入った。夜に入り颶風《ぐふう》にも巻き込まれ、船の動揺は激烈となった。晋作は五月朔日の記事に、

船の動揺する毎に、行李《こうり》（荷物）人と与《とも》に転倒す。船に酔うの人猶《なお》酒に酔うがごとく、体を臥《ふ》すこと殆《ほとん》ど死人の如し。終日閑黙し、敢《あえ》て談を発する者なし。予病中と雖《いえど》も、敢《あえ》て酔わず。因《よ》りて強人党に入るを得たり。夜半、風稍《やや》静まり、諸子大いに喜ぶ。（「航海日録〔A〕」）

と記している。翌二日には「船主度数を測量するに、船の所在は上海を去ること百二十里（英国里法なり）。船主云《い》わく、明朝必ず上海の山を看《み》るべし」と記している。五月三日には、イギリス人水夫より「日本人は未だ航海を習わず」と船中での水の乱用を注意され、その使用を厳禁されている。同日、晋作ははじめて同船の薩摩藩士五代才助と会談し、「一見して旧知の如く、肝胆《かんたん》を吐露《とろ》し、大いに志を談ず」と記している。才助は長崎で晋作の寓舎《ぐうしゃ》を訪ねたものの、晋作が病中にあり会談できなかったものである。五月四日夕方、舟山列島の北方部分の鞍島（サードル島、上海より四〇余里）を見て、翌五日、

五代才助との出会い

呉淞江《ウースン》（上海市北部）に碇泊。五月六日午前には、川蒸気船に曳かれて、ようやく上海港に到着した（「航海日録（A）」）。

上海港到着

幕吏は上海到着の午後、上陸してオランダ館に赴き、五月八日には幕吏全員上陸して上海道台《どうだい》（知事）を訪問し、さらに九日には、行李および積荷の漆器物品を陸揚げして、オランダ館の隣の宏記《こうき》洋行の七、八畳の間、四室を家賃一ヵ月一三〇ドルで借り受けた。そのうちの勘定方《かんじょうがた》・日附方《ひづけかた》らの幕吏が別室、晋作・中牟田・名倉らが一室を寓居とした（『中牟田倉之助伝』）。

幕府貿易の失敗、帰国

幕吏らは、五月十二日、フランス館に、翌十三日にアメリカ、イギリス、ロシアの各商館に挨拶に出かけ、五月二十三日には道台がオランダ館へ来て幕吏がこれに応接し、オランダ領事クールスが仲介をしたが交渉は進捗《しんちょく》せず、結局、積荷は捌《さば》けないまま幕府貿易最初の試みは失敗に終り（『中牟田倉之助伝』）、六月二十七日、「売余《うりあまり》の荷物」を官船（千歳丸）に返すに至った。そして、七月五日の午後に上海を出発し、夕方、呉淞江に到着。七月七日、千歳丸は呉淞江を発し、一路帰国の途についた。

以上のように、千歳丸の上海行は、文久二年四月二十九日、長崎を出航してより、同年七月十五日の帰着まで、足かけ四ヵ月、七七日間におよんだ。この幕府の上海への貿易船派遣は、寛永《かんえい》の鎖国《さこく》以来はじめてのことではあったが、上海貿易そのものは失敗に終わり、単なる外国貿易の瀬踏み以上には出ず、貿易史ないし経済史上さしたる歴史的意義はなかった。

植民地化する清国の実見

しかし、この千歳丸の上海行は晋作はじめ、中牟田・五代ら、長州・佐賀・薩摩らの西南雄藩の有為の士が同行し、日本人として、アヘン戦争さらにアロー号事件後の列強による植民地化が進んだ清国を実見した点で、大きな歴史的意義があった。

五　清国植民地化の衝撃

太平天国の乱

一八五一年（嘉永四）、農家に生まれた洪秀全《こうしゅうぜん》が広西省《こうせいしょう》（中国華南地区西部）で挙兵し、満州民族の清を倒して漢民族による政府をつくろうと呼びかけて、貧しい農民たちに支持されて大勢力となり、一八五三年には揚子江《ようすこう》の中・下流一帯を占領、南京《ナンキン》を首都とする太平天国《たいへいてんごく》という国を建てた。この反乱は太平天国の乱とよばれ、一八六四年（元治元）までの一四年にわたった。この乱が数多くの農民に支持されたのには、イギリスとのアヘン戦争（一八四〇～四二年）以後、清国は南京条約（一八四二）によって香港の割譲、上海など五港の開港のほか、多額の賠償金の支払いなど半植民地化を強いられたため、国民に重税がかかり、またアヘンの輸入による銀価の値上りなど社会不安が生じ、民衆の反政府運動や反地主の気運が高まったという社会的要因があった。占領地の人民には民族主義の立場から清朝の弁髪《べんぱつ》を禁じて長髪を強制したので、清朝側は彼らを「長髪賊」とよんだ。

列強の軍事力

一方、イギリス・アメリカ・フランスなどの諸国は、この内乱に乗じて、まず上海の税関を支配下におさめた。また、一八五六年（安政三）、広東《カントン》でイギリス・フランスと清朝との間で起こったアロー号事件を契機に、軍事力を行使して清国を屈服させた。そして一八五八年（安政五）に天津《テンシン》条約、一八六〇年（万延元）に北京《ペキン》条約を結んで、列国による清国の植民地化が一段と進んでいた。

文久二年（一八六二）、晋作らが渡航したときは、太平天国軍の勢いが盛んで、浙江《せっこう》（中国華南地区南東部）を侵し、上海にも危険が迫っている時期であった。

晋作は五月二十一日の条に、

> 上海の形勢を観るに、支那人は尽《ことごと》く外国人の便役と為れり。英《イギリス》、法《フランス》の人街市を歩行すれば、清人皆傍《かたわら》に避けて道を譲る。実に上海の地は支那に属すると雖も、英仏の属地と謂うも、又可なり。（中略）我邦《わがくに》の人と雖も、心を須《もち》いざるべけんや。支那の事に非《あらざ》るなり、（「上海淹留日録」）

と上海における外国勢力の浸潤、清国の衰微に悲壮の感をもらし、日本人といえども他人事の状況ではないと結んでいる。このように、すでに外国勢力が押し寄せている上海

の現実を実見して、晋作は日本の将来に思いを寄せ、

予君命ヲ奉ジテ幕吏ニ随従シ支那上海港ニ至リ、又彼地ノ形勢及北京ノ風説ヲ探索シ、我日本ニモ速《すみやか》ニ攘夷ノ策ヲ為サズンバ、遂ニ支那ノ覆轍《ふくてつ》ヲ蹈《ふ》ムモ計リ難シト思シナリ、

（「支那上海港ノ形勢及北京風説大略」）

との強い危機意識を意中に固めた。ここで晋作のいう「速ニ攘夷ノ策ヲ為」すとは、単に外国人を打ち払うということだけではなく、外国によって植民地化されることのないような策を講ずるべきであるという主張であり、幕府のように外国勢力に依存しようとする姿勢は、いずれ日本の植民地化につながることであり、むしろ国の独立を保ちつつ、西欧列強に対抗していく策を探らなければならないと考えるようになった。

西欧列強への危機観

晋作にとって、ヨーロッパへは行かずに隣国清国の上海で経験したことは、大きく分けて三つの点で、のちの彼の行動に大きな影響を与えることになったように思われる。

第一に、日本が清国の轍《てつ》を踏まないようにするための、軍備充実と民族独立の精神の高揚である。晋作は「清国は政治指導者たちが西欧列強への危機感を持たず、精神的衰弱に陥り、軍艦や大砲なども自国で造ることもせず、軍備の必要性を唱える書物を読ませなかったことが、今の衰微をもたらしたのだ」といい、長崎に帰国直後、独断でオランダへ蒸気船を注文してしまった（後述のように長州藩内で問題視されることになる）。

佐賀藩の中牟田・薩摩藩の五代

第二に、佐賀藩の中牟田倉之助、薩摩藩の五代才助との親交を通じて、晋作個人の活動や、また帰国後の藩の活動にも裨益《ひえき》するところが大きかったことである。当時、西洋の先進技術の導入に積極的だった佐賀藩、長崎その他の密貿易で利益を得ていた薩摩藩における各俊才との出会いは、のちの相互の活動に大きな影響を与えることとなった。晋作は、中牟田や五代と交際して、佐賀・薩摩の両藩が長崎・上海間航路および上海貿易事情の調査、さらに蒸気船の購入などに積極的であるのを知らされ、自藩の立後れに焦慮したのである（「内情探索録」）。

「航海日録」

第三には、晋作はこの上海行に関して、長崎から上海に至る間の詳細な測量記「航海日録」を残していることである。夜半の推測をはじめ、航行里数（英里）、地点の経・緯度、船向、風向のほか、附録にその時々の風の強弱、船の動揺状況などをくわしく記録している。同じく千歳丸に乗船した日比野輝寛《ひびのてるひろ》が記した「贅肬録《ぜいゆう》」（『文久二年上海日記』所収）の測量記が旧来の十二辰刻《しんこく》、日本里数を用いているのに対し、晋作の記録は毎日午時（十二時）より翌日午時まで二四時、里数に英里（マイル）を用いる外国式であった。千歳丸は英船ゆえ、コンパス（船針）、時鐘、風向計、寒暑計などを有しており、船主が度数を測量して船の所在を晋作らに告げているから、晋作は千歳丸でイギリス人の船長や按針役《あんじんやく》らが作成した航海日誌にならって、この「航海日録」を作成したと思われる。

また、ヂュブ《（帆の名）》（jib）、ミッズン《（帆の名）》（mizzen）、トップセールス《（帆の名）》（topsail）などの、帆の操法を附録に記しており、航海技術についての晋作の関心がうかがわれる。このように航行中、英人の船長・按針役、あるいは中牟田らから船位の決定、操船、その他観測について実地に学び、その成果がこの「航海日録」であったと見ることができよう。後日、晋作が第二次長州征討《ちょうしゅうせいとう》で海軍総督として活躍できたのも、この体験が役立ったといえよう。

拳銃を入手

なお、晋作は上海のアメリカ商店で七穴銃（七連発銃）と、オランダ館で短銃とを入手した。二挺の拳銃のうち、一挺は帰国後、下関を訪れた坂本龍馬《さかもとりょうま》（変名、才谷梅太郎）に贈っている。晋作が一度も使用せず、高杉家の遺品中にあった一挺は、靖国神社遊就館に寄託されていたが、敗戦後、占領米軍に接収され所在不明となった（高杉勝「曾祖父晋作のピストル」）。このほか、上海土産のアルバム、グラス、鞄などが東行記念館に寄託されている。

蒸気船購入の議

さて、長州藩内では文久二年七月四日、幕府が諸藩の自由な艦船購入を許し、諸大名へ海軍の興起を奨励したため、辺防のための蒸気船購入の議が起こっていた（『修訂防長回天史』四）。このため、晋作が長崎で独断でオランダへ蒸気船を注文したことは問題とされたものの、藩は晋作の専断の罪を免じ、さらに購入資金捻出のための会議に、途中から桂右衛門に代わって晋作も参加することになった。

八月朔日には、撫育金《ぶいくきん》より代価の半額三万両の支出を決定した。そして、結局、ギャーヂンマヂソン商社所有の汽船二隻が横浜に入り、そのうちの一隻フィリーコロス号を薩摩藩が買い（永平丸と改名）、閏八月二十七日、他の一隻ランスフィールト号を、長州藩が洋銀一一万五〇〇〇ドルで購入を約した。これが九月二十五、六日、授受を終えた壬《じん》戌丸《じゅつまる》である。当時は、蒸気船を買い入れても、その運用にあたる乗組員に乏しかった。壬戌丸購入の任にあたった兼重慎一《かねしげしんいち》や藩当局者たちは、他藩と競って軍艦蒸気船の購入に努める情勢のなかで、壬戌丸一隻の購入にとどまらず、晋作の締約した蒸気船の購入を熱心に考えていたようである（『修訂防長回天史』四）。九月二十日には、周布政之助が藩地に書を送り、「壬戌丸代料支払も思うように進まないが、晋作が長崎で注文してきた汽船も購入すべきで、もし金銭の不足などの理由で中止するようなことがあれば、これから取り組もうとする海軍の大成に阻害をきたすので、断然買い入れるべし」との意見を述べていた（『周布政之助伝』下）。しかし、やはり財政上の問題から購買を中止せざるをえず、晋作の目論見《もくろみ》は実現しなかった。

第四　英公使館焼打ち事件

一　「攘夷而後開国」

坂本龍馬の来訪

晋作が上海行を命じられ、文久二年（一八六二）四月二十九日に長崎を出航して、七月十五日に長崎に帰着するほぼ三ヵ月の間に、長州藩内事情は大きく変化していた。

久坂玄瑞《くさかげんずい》は周布政之助《すふまさのすけ》とともに、前年の文久元年十月、長井雅楽《ながいうた》の公武周旋《こうぶしゅうせん》策に反対する建白を行なったが、藩には容れられず、帰国を命じられて萩に戻ってきていた。文久二年正月十四、五日になって、土佐藩（高知県）の同志武市半平太《たけちはんぺいた》（瑞山《ずいさん》）の書を携えた坂本龍馬《さかもとりょうま》の来訪を受けた玄瑞は、正月二十一日付で早速武市宛の手紙を龍馬に託した。そのなかで次のように述べている。

此度《このたび》坂本君（龍馬）、御出浮《ごしゅっぷ》あらせられ、腹臓《ふくぞう》なく御談合仕り候事、委曲《いきょく》御聞取り願い奉り候。ついに諸侯恃《たの》むに足らず、公卿恃むに足らず、草奔（莽）志士糾合義挙《きゅうごうぎきょ》の外には迚《とて》も策これなき事と、私共同志中申合せ居り候事に御座候。失敬ながら尊藩も滅亡して大義なれば苦しからず。　（『松下村塾偉人久坂玄瑞』）

松陰門下生らの血判

またこれより先、正月元日には薩摩藩士樺山資之《かばやますけゆき》が周布政之助および玄瑞宛の書に、薩長両藩相結んで義挙に出ようと促してきていた。このような情勢の進展により、玄瑞首唱のもと、二月二十七日には血盟書を作り、松陰門下生らが血判した。薩摩藩の島津《しまづ》久光《ひさみつ》の上京を機に諸藩の志士が京坂の地に集まり奮起しようとしているとの情報をえて、玄瑞は同志堀真五郎《ほりしんごろう》（義彦）を薩摩に出して探索するとともに、脱藩して京・大坂に赴き、諸藩の志士と行動を倶にすべきであると主張した。閉居謹慎中の周布はこの玄瑞の熱誠に共鳴して、四月八日付で藩主宛の上書《じょうしょ》を起草させた。

周布の藩主宛上書

その論旨は、「御当家は数百年来尊王の門閥にかかわらず、このたび薩摩藩に大義を譲られるのは残念である。すみやかに藩公には江戸御引取りを、世子公には江戸より京への西上を嘆願したい。そうすれば義挙が起ころうとも、伊勢（三重県）美濃（岐阜県）路あたりまで上洛途中であれば処置ができ、国元《くにもと》より御家老方が出張《しゅっちょう》されれば、年来の勤王の盛業も貫徹するであろう」というものであった（『松下村塾偉人久坂玄瑞』）。

長井雅楽の弾劾書

逼迫《ひっぱく》した京情に備えて三月下旬、長州藩は玄瑞ら少壮気鋭の士を京坂に送り、彼らは上府の途中滞京の周布らの庇護を受けて、尊攘運動の策動を続けた。着京後、玄瑞・佐《さ》世八十郎《せやそろう》・中谷正亮《なかたにしょうすけ》・久保清太郎《くぼせいたろう》・楢崎弥八郎《ならざきやはちろう》らは、四月十九日付で「長井雅楽公武周旋弾劾書《だんがいしょ》」を藩主および藩の要路に提出した。それは、公武合体の周旋をやめ、純然たる勤王の処置をとるために長井雅楽一人に責任を負わせ、かつ長井の罪状一二ヵ条をあげて切腹に処すべきであると述べたものであった。要は、藩に薩摩藩に対抗して強力な反幕運動を起こさせようとしたものである。

長井雅楽の暗殺計画

玄瑞ら在京の志士は、長井を弾劾したばかりでなく、六月晦日《かい》と七月朔日の両日、草津・守山・伏見あたりで西下の長井を斬ろうとしていたが、長井が察知して守山より伊勢路へ道を転じたため果たさずに終った。この長井暗殺を玄瑞ら長州藩士にけしかけたのは、ほかならぬ薩摩藩の西郷吉之助《さいごうきちのすけ》（のち隆盛《たかもり》）であった（木場伝内《こばでんない》宛西郷書簡、『大西郷全集』一）。

長井の罷免と「即今攘夷」「破約攘夷」

周布政之助

（妻木忠太『偉人周布政之助翁伝』より転載）

島津久光上京（四月十日大坂着、十六日入京）の報によって尊攘論が京摂（京都・大坂）を風靡《ふうび》した。朝廷でも四月七日、勅旨を廷臣に下して、和宮の降嫁は公武一致・外患掃攘の叡慮より出たもので、七、八ヵ年ないし十ヵ年以内に攘夷を必ず断行するとの幕府の誓約があることを指摘するところがあった（『維新史』三）。こうした京都情勢の変化を背景に、桂小五郎《かつらこごろう》は藩主の命を受けて江戸を発し、五月二十二日に入京していた。長州藩は六月五日、他藩の尊攘派からも排斥をうけた長井雅楽の中老格《ちゅうろうかく》をはぎ、帰国謹慎を命じた。ついで七月はじめ、藩主や周布ら入京の直後、河原町藩邸（京都市中京区）で世子以下、益田弾正（右衛門介）・周布・桂ら藩首脳陣が数日討論を重ね、ついに七月二十四日、従来の公武合体、「航海遠略策」を放擲《ほうてき》して、もっぱら叡慮を遵奉《じゅんぽう》し、攘夷実行の藩論を決定した。当時この藩論は、「即今攘夷《そっこんじょうい》」あるいは「破約攘夷」とも呼ばれた。

晋作が上海行を果たして帰萩した文久二年七月下旬ころは、このように長井が退けられ、「航海遠略策」は棄てられ、藩情は大いに変わって、知友の桂・玄瑞らが京都で活動していたのである。

「攘夷而後開国」

やがて九月十日、周布は小幡彦七《おばたひこしち》・桂小五郎とともに老中板倉勝静《いたくらかつきよ》の邸に赴き、京都の形勢を告げて、幕府締結の条約を破棄して攘夷の画策を謀り、国是《こくぜ》を確立して叡慮を安んじるよう、「破約攘夷」の主旨を幕府側に説いた。当時、周布は、「癸丑（嘉永六）以来外国より押し開かれ、忌戦《きせん》の俗情」で「違勅の御処置を開国と心得」た幕府の「因循《いんじゅん》開国」を否定し、「御国体凛然《りんぜん》として相立ち、開鎖の権皇国に御執り成され候上は御国是開国のほか、これあるまじく」「真に開国と中意に帰着」すと記している（「勤王江戸日載」『周

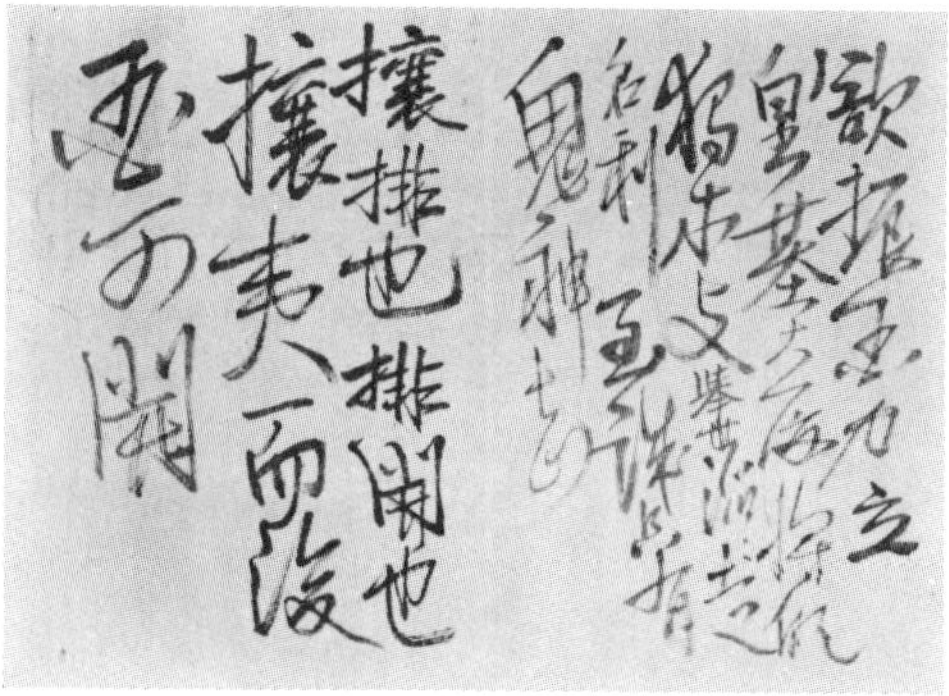

周布政之助筆「攘夷而後国可開」
（妻木忠太『偉人周布政之助翁伝』より転載）

布政之助伝』下）。周布や桂らの強烈な民族意識と、世界史の発展方向に対する的確な見識を看取できよう。周布は、さきに「即今攘夷」の藩論を決定したときに、

攘排也、（攘は排《はい》（おしひらく）也）
排開也、（排は開也）
攘夷而後国可開、（攘夷而《しか》して後《のち》国開くべし）

と書き遺している。この周布の「攘夷而後開国」説の源流は、いうまでもなく長州藩激派を育て、叡慮絶対論を説いた吉田松陰にその淵源があり、玄瑞・晋作にも見られる思想である。

二　「学習院一件御用掛」の任務と藩邸出奔

晋作が上海から帰萩した直後の文久二年（一八六二）七月二十七日、藩主父子のうち一人

は京都に駐在し、一人は江戸に下り、叡慮の貫徹に周旋するよう朝命が下り、八月十一日、世子の江戸下向が決まった。同日、晋作へも江戸差遣の藩命が下り、当時藩主在京中であったので京都へ立ち寄るよう命じられた。晋作は直ちに萩を発し、二十二日、大坂に到着、入京後の二十八日には藩主に謁して清国の形勢物情の諮問を報告した（『修訂防長回天史』三）。

その前々日、八月二十六日付で、江戸の桂宛に、上海より帰国直後オランダへ独断で蒸気船を発注していたので上京が延引し、八月二十四日に上京した旨を報じている。そして、まず上海に渡っている間に天下の形勢、藩情が一変したことには驚き、大兄（桂）や周布翁・玄瑞・大和国之助《くにのすけ》（弥八郎《やはちろう》）らの尽力によって「今日の盛挙」に立ち至ったと称え（『高杉晋作全集』上、書簡六四・六五）、公武周旋を打ち切って長州藩が藩をあげて独立攘夷に専念すべきであるという考えを示した。

学習院一件御用掛拝命

しかし、晋作は、翌月の閏八月二日「学習院一件《がくしゅういんいっけん》御用掛《ごようがかり》」として江戸在勤で周旋事務に従事を命じられ、御小袴を拝領した（「高杉晋作履歴抜書」）。学習院は弘化四年（一八四七）、京都に設けられた公家の学校であったが、尊攘激派の台頭とともに政治的集会場となった。長州藩では公武周旋事務を学習院事務と称し、担任者を「学習院用掛」といった（『修訂防長回天史』三）。

つづいて閏八月六日には早々に江戸行を命じられ（「高杉晋作履歴抜書」）、晋作は急いで京都を発った。おそらく同月十五日前後には、江戸に到着していると思われる。すでに世子は「勅使《ちょくし》大原重徳《おおはらしげのり》の東下《江戸下向》を薩摩と同心合力して輔翼《ほよく》尽力するように」との朝旨《ちょうし》をうけて、前月の八月十九日に江戸桜田藩邸に入っていた（『周布政之助伝』下）。桂も七月末ごろ、山田亦介とともに学習院用掛を命じられ、世子の東下のあとを追って京都を発し、八月十六日には江戸に入っていた（「木戸孝允公年譜」）。

江戸到着

晋作は、みずからは公武周旋に反対する考えを持ちながら、藩命により周旋事務に従事しなければならないことに不満であったのであろう。江戸に着くと早速、直目付《じきめつけ》林《はやし》主税《ちから》（のち良輔）・毛利登人《のぼる》に周旋反対の意見を説いたが、同意は得られなかった。晋作は一人、藩邸内の住宅で沈黙苦思していたが、閏八月二十七日、ついに小姓役の身でありながら世子にあえて極言《きょくげん》するに至った。要旨は次の通りであった。

世子に極言

是非とも周旋するというのであれば、防長《ぼうちょう》二州（周防・長門）をなげうっても幕府の罪を糺明《きゅうめい》し、討幕の師《いくさ》を起こさなければならない。しかし、一戦するには時機が早い。今の公武周旋は国力を費消するのみである。この際、長州一国ではその任には堪えられないと朝廷に願い出て周旋をやめ、君公父子ともに帰国され、富国強兵の政治をして、藩独力で天下のことをなすがよろしい。（前原一誠宛書簡、『史料墨宝』）

脱藩亡命

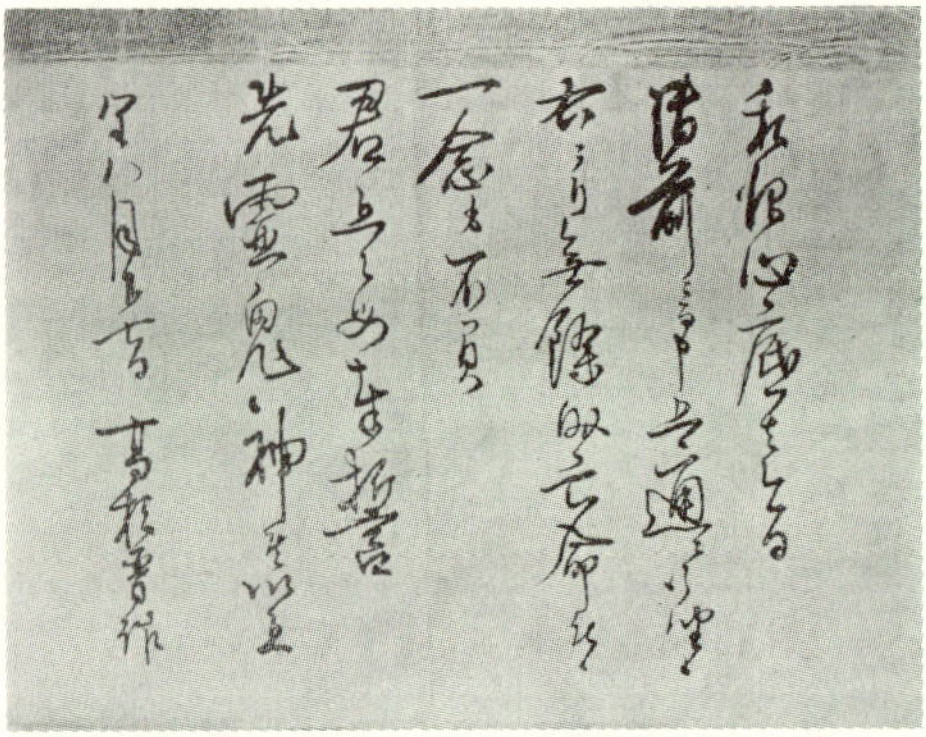

水戸へ脱藩の際の書跡（『防長史談会雑誌』28より転載）

そして「臣、一身の儀は今日より逆境に陥り、外より御家の御為苦忠し奉る」と衷情《ちゅうじょう》を訴え、即刻桜田藩邸から亡命した。亡命にあたって同日付で郷里の父に宛てて、「私儀、この度国事切迫につき、余儀なく亡命仕り候」との書を寄せ、また、「一念も君上に負《そむ》かざる段、先霊鬼神に誓い奉り候」と記した同日付の亡命誓書を藩邸に遺した。

晋作は亡命当日が吉田松陰の忌日《きにち》にあたるので小塚原《こづかっぱら》の墓を弔い、竹輿に乗って帰る途中で、たまたま品川弥二郎《しながわやじろう》に出会った。その際、「予は今より常陸《ひたち》（茨城県）に走り、笠間《かさま》より水戸《みと》を訪《と》い、志士と謀るところあるべし。足下《そっか》決して他言するなかれ」と言ったという。品川は堅く言約を守り、亡命のことを他言しなかった（村田峯次郎『品川子爵伝』）。

加藤有隣を訪問

さて、突然晋作の来訪をうけた笠間の加藤有隣《ゆうりん》は、九月三日付で桂小五郎・山県半《やまがたはん》蔵《ぞう》・小幡彦七に宛てて、わが子鳳吉《ほうきち》に託して一書を急報している（『高杉晋作全集』上、書簡参考一三）。それには、晋作の奮発に敬服しながらも、その企図には必ずしも賛成せず、むしろ帰藩を説得したことが記されている。さらに、誰か腹心の一人の来訪を切に希望し、かつ当人も願っているから、晋作のために藩主・世子との関係が首尾良く行くよう周旋されたいとある。三人のうち誰が有隣を訪ねたか否かは、明らかではない。

一方、晋作もこの笠間亡命中に桂に書を送って、

狂挙《（亡命）》の義は在京の節より決心致し居《お》り候事なれども、老翁《（桂）》の心を労せんを恐れ、差し控え口外仕らず候。（中略）去歳《（文久元年）》七月東行《とうこう》の当分（初番手として江戸行の事があってから少しの間）亡命の志起り候ところ、新小姓の進退談式は朝夕を厭《いと》わざる事につき、（中略）遂にその志を遂ぐる事能《あた》わず。（中略）今にして思えば、去歳狂挙致しなば、二国《（防長二州）》を今日の窮処には置かぬものをと、ひそかに落涙仕り候。

と後悔し、「今や天朝の御趣意が破約攘夷と決まった以上は、我君上にも今日より二国を勤王のため抛《なげう》つと御決心遊ばされ、防長二国の四民全部が必死の時と決心できなければ「真の勤王」ではない」と述べている（『高杉晋作全集』上、書簡七二）。

結局、晋作が水戸藩士らと謀ろうとした亡命企図は、水戸の藩内事情にもくわしい加藤有隣の帰藩の勧めもあったらしく失敗に終わり、いくばくもなく笠間の有隣のもとを去り、九月半ばには江戸へ帰ったようである。

父に咎めなし

これより先、父小忠太は、先月二十七日に嫡子晋作が出奔したのは示教の不行届《ふゆきとどき》として、「差し控え」（自宅謹慎）を願い出たが、九月十一日付で「その儀に及ばず」（『高杉晋作履歴抜書』）と許され、桂らの周旋で晋作の亡命についても咎《とが》めはなかった。笠間から再び江戸に帰った晋作は、毎日「ぶらぶらしてひさごに未だ酒を入れぬ時の如く座りも悪《あ》しく、又しめくくりも無」いと桂に訴えるほど、不安定な精神状態になっていた。周布や桂は晋作の去留《きょりゅう》が定まらないのを憂慮し、当時起こっていた対馬《つしま》藩の問題に参画させようと考えたようである。

対馬藩と長州

長州藩世子は対馬藩主宗義和《そうよしなり》の姻戚《いんせき》であるうえ、地理的にも両藩は関係が深く、対馬藩の継嗣問題および武備充実問題のため、多数の脱藩志士が長州藩の助力を求めてきていたときであった。桂は九月二十五日、対馬藩士大島友之允《おおしまとものじょう》・樋口謙之亮《ひぐちけんのすけ》・多田荘蔵《ただしょうぞう》らに晋作を会わせた。以後、晋作は対馬藩志士のことを懸念し、桂に西上してもらって京の長州藩邸員に謀り、同藩のために尽力を促そうとした（以上『高杉晋作全集』上、書簡七三）。桂も周布とともに先の対馬藩士三人を柳橋《やなぎばし》（東京都台東区）の川長楼に招き、晋作の去留について相談したが（『木戸孝允文書』一）、その後、桂の上京の期が迫り、この件は進展しなかった。

さて、晋作の江戸帰来後も依然として長州藩の周旋は盛んに行なわれていて、十月に入り三条実美《さんじょうさねとみ》・姉小路公知《あねがこうじきんとも》の二卿が勅使《ちょくし》として東下し、攘夷の決を幕府に迫ることになり、同月十一日には世子定広に、勅使を補佐して叡慮の貫徹に尽力するよう朝命が下った。

長州藩の周旋の継続を早く打ち切るべきであると考えていた晋作は、十月十九日付で、桜田藩邸にいる知友の長嶺《ながみね》（渡辺）内蔵太《くらた》に「今日の第一の急務は若殿世子の補佐のことである。この議は周布政之助・毛利登人《のぼる》両翁へ相談のうえ、藩主へ言上されたい」との提言をしている（『高杉晋作全集』上、書簡七四）。これより先、長嶺は志道聞多《しじぶんた》・八木隼雄らとともに、七月二十五日、世子小姓役として江戸に下っていた。

勅使二卿の江戸入り

十月二十八日、三条・姉小路の両勅使の江戸入りを迎え、世子は毛利登人を遣わして勅使に物を贈り、また周布以下も勅使の旅館（馳走所）に伺候して安着を祝った。勅使の到着を迎えて十一月二日夜、周布は中村九郎、山県半蔵のほか、晋作をも芝（東京都港区）の朝陽亭に集めて会飲して互いに国事を談じ、その翌日、周布は九郎らと登営前の世子に会い、機務を進言した（『周布政之助伝』下）。

世子定広は、老中はじめ、一橋慶喜《ひとつばしよしのぶ》、松平慶永《まつだいらよしなが》（春嶽《しゅんがく》）、山内豊信《やまのうちとよしげ》（容堂《ようどう》）らを歴訪して、すみやかに幕府が勅旨を遵奉するよう周旋に努めたが、幕府は奉命に苦慮し、将軍家茂《いえもち》が麻疹《はしか》にかかり、勅使に親謁できないなどの理由で、十一月に入っても勅使を営《えい》中《ちゅう》（将軍の居所）に迎え入れようとはしなかった。

三　御殿山の英公使館襲撃

長州藩への悪評に憤慨

ところで、当時江戸では、「長州藩は初め航海の開国論を唱えながら、たちまち切迫の攘夷論に急変して朝廷に阿諛《あゆ》している。世間を惑乱《わくらん》するもので、その攘夷論も口先ばかりで信ずることはできない」との長州藩への悪評が広がっていた。晋作はこれを聞いて、「本来攘夷の先鋒《せんぽう》たるべき長州は、すでに生麦村《なまむぎむら》（神奈川県横浜市鶴見区）でイギリス人を斬り攘夷の実を挙げた薩摩に先を越されている（文久二年八月二十一日、生麦事件）。いまだに長州人は麻の裃《かみしも》をつけて〝御周旋、御周旋〟とぐずぐずしているから、悪評がわいてくる」と憤懣《ふんまん》に堪えず、また幕府が逡巡《しゅんじゅん》躊躇《ちゅうちょ》して攘夷の勅諚《ちょくじょう》を遵奉しないのを憤慨していた（中原邦平「東行先生略伝」・前原一誠宛書簡、『史料墨宝』）。

攘夷の実行を計画

当時英学修業の命を受けて、君側の実務に服さず、藩邸外にいることが多かった同志の長嶺内蔵太・志道聞多《しじぶんた》・大和弥八郎（のち国之助）らに向かって晋作は、

今やわが藩が速やかに攘夷の実を挙げなければ面目が立たない。我ら同志の手で夷人を斬り殺して攘夷の端を開き、その決意を世間に示すとともに、幕府および藩首

脳の決断を促したい。

と謀り、直ちに一同の同意を得た。これは、長州藩の士気を作興して尊攘の実をあげるという考えから起こったものであるが、強い自藩意識ないし薩摩藩への対抗意識が働いていたことは否めない。

公使襲撃を謀る

たまたま志道聞多は、十一月十三日の日曜日に某公使が武州金沢《かねざわ》の名所（神奈川県横浜市金沢区）に遊ぶことを聞き出し、これを公使刺殺の好機会としてはかると、晋作・長嶺・大和らは賛成し、その後、久坂玄瑞・寺島忠三郎《てらしまちゅうさぶろう》・有吉熊次郎《ありよしくまじろう》・品川弥二郎・白《しら》井《い》小助《こすけ》・赤根武人《あかねたけと》・堀真五郎・松島剛蔵《まつしまごうぞう》・山尾庸三《やまおようぞう》らも加わり実行に移すことになった。

決行にあたり、まず密議の場所として使った品川の妓楼《ぎろう》土蔵相模《どぞうさがみ》の勘定や金沢行の旅費および用意金の資金調達について、十一月十一日、晋作・志道・長嶺・大和の四人は、同志とともに新橋（東京都港区）の朝陽亭で協議した。調達の任にあたった志道が、口実をもうけて桜田藩邸の来島又兵衛《きじままたべえ》自身の予備金五〇両と、山県半蔵から五〇両を調達した。山県から取り出した金は、世子の番頭役《ばんがしらやく》として江戸に在勤していた晋作の父小忠太が、帰国にさいして世子の侍儒《じじゅ》である山県半蔵に、「愚息晋作は世子の小姓役を勤めながら亡命したのは不埒千万《ふらちせんばん》である。かく不肖の子であるが、他日前非を改悛《かいしゅん》して帰国する場合にはこの金子《きんす》を与えてほしい」と託していたものであった。

決行の前日、晋作と玄瑞とが、この公使襲撃の件について可否を論じているうちに大激論となった。玄瑞は、今回の企図のような無謀の挙に出るよりは、同志が一致して正々堂々の態度をとり、真の攘夷を実行するのが上策であると論じ、晋作は玄瑞の論を迂闊《うかつ》とし、かならず企図を実行しなければならぬと主張して譲らなかった。玄瑞の「真の攘夷」とは、一人一殺主義のような攘夷ではなかったから、まして遊山中の公使を殺傷する方法に反対したのであろう。一方の晋作も、玄瑞の考えは承知していたものの、薩摩藩より出遅れたことへのあせりが強かったから、あとには退けなかったのだろう。結局、志道の仲裁で翌十二日の夜、神奈川宿の旗亭《きてい》下田屋に会合することを約して散会した（『世外井上公伝』一）。

勅使、襲撃の中止を勧告

いよいよ十三日払暁《ふつぎょう》、一同金沢に向かって出発準備をしていた折、山尾庸三が旗亭前を幕兵が徘徊・監視しているのを一同に告げた。そのうちに勅使三条実美・副使姉小路公知の使者の松延六郎が下田屋へ来て、「君らがもし攘夷の企図を断行すれば、朝旨貫徹の妨害となり、かつ幕吏に逮捕されて有為の志士を失うのは国家のために甚だ遺憾であり、外人襲撃の計画を止めるように」という両勅使が玄瑞らに宛てた書簡を示した。晋作は使者に鄭重《ていちょう》に応対し、委細拝承の旨を返答して帰らせ、その後、同志と進退を協議した。

そのころ、すでに幕兵が旅店の前に集合して晋作らの行動を監視していたから、もし計画を強行しようとすれば幕兵と決闘しなければならない状態で、今回の計画は中止して、代々木《よよぎ》（東京都渋谷区）にある斎藤弥九郎《さいとうやくろう》（神道無念流剣術指南）の別荘に潜行し、再挙をはかろうということになった。晋作ら一同が代々木に赴こうとして神奈川宿の端に着いたところ、今回の企図を知った世子定広が鎮撫《ちんぶ》のため単騎大森《おおもり》（東京都大田区）まで出張し、世子より「一同を招致してくるように」と命じられた山県半蔵・寺内外記《げき》が出向いてきた。そこで一同は、山県ら両人に導かれて大森に赴いた。

世子の諭言

世子定広は、大森よりさらに南下して蒲田《かまた》（東京都品川区）の梅屋敷（別荘）に着いていたので、晋作らはその前の民家に入って召命を待った。定広は晋作ら一同を召してその理由を問い、

（汝《なんじ》らが）攘夷の策、逼切《ひっせつ》よりして此の挙に出たる其の志は察したり。我も亦同じ志なれば、激励の益を得たり。然れども其の時にあらず。姑《しばら》く鎮静して待つべし。

と諭した。定広みずから馬を馳せ鎮静にあたったのは、人数をもって制圧すれば必ず薩摩の伏見寺田屋騒動の二の舞になり、忠義の士を殺戮《さつりく》する失策を免れないと考えたからであった（「世子奉勅東下日記《ほうちょくとうか》」『周布政之助伝』下）。志道ら一同は定広の諭言に涙を垂れて黙然としていたが、晋作のみは一滴の涙も流さず、昂然《こうぜん》として今回の挙に及んだ趣旨を

くわしく具申《ぐしん》したという（『世外井上公伝』一）。

周布、山内豊信に失言

やがて晋作ら一同は、定広の前を退き、別席で酒を賜わり、周布政之助および晋作・玄瑞以下が会談した。このとき、前土佐藩主山内豊信の命を受けて、晋作らの挙を制止するため遣わされた豊信近侍の四人の藩士も同席していた。その酒宴の席からの帰りがけに、馬上から周布が「容堂《(豊信)》侯は尊王攘夷をちゃらかし《(ちゃらんぽらん)》になさる」と発言したため、近侍四人が刀に手をかけ、周布を刺そうと迫る事態が起こった（「世子奉勅東下日記」十一月十四日条）。晋作はその間に入り、「拙者が抜打ちにする」といって周布を斬ろうとした。これは、晋作がそうでもしないとその場がおさまらないと考えてやったのだが、玄瑞が背後から晋作を制したところ、刀の切っ先が馬の尻に触れたため馬が驚いて走り出し、周布は無事に帰ったという（「世子奉勅東下日記」・「浦日記」）。この事件は、定広が土佐藩士を召見《しょうけん》し、かつ豊信に面会して周布の失言を謝し、ようやく解決した。定広は周布に表面上謹慎を命じたので、周布は自ら氏名を改めて麻田公輔《あさだきみすけ》と称した。しかし世子は内実、麻田公輔の変名で依然江戸での重要政務につかせた。

土佐藩への計画漏洩

晋作ら同志の密謀が洩れたのは、玄瑞がその企図を同志の土佐藩士武市半平太《たけちはんぺいた》に内話したからであった。武市はこれを憂えてひそかに豊信に告げた。玄瑞らの企図を横浜の外国館焼き討ちと誤聞した豊信は、この日早暁、定広へ密告してその鎮撫を託し、また幕府にも内報した。幕府でもこの日、外国奉行竹本正雅《たけもとまさつね》以下の兵員を神奈川に派遣した。下田屋付近に幕兵が集合したこと、また定広の出馬も土佐藩士の来会も、こうした事情から起こったものであった。

血盟書作成

晋作ら同志は桜田藩邸に帰ると、西北隅の物見所《ものみどころ》に入れられて謹慎を命じられたが、今回は世子の説諭でやむなく中止したが、今後必ず攘夷の実を挙げ、叡慮を貫き君意を徹することを期し、同志の結束を図って御楯組《みたてぐみ》と名づけ、次のような盟約書を起草して、玄瑞がこれを執筆し、おのおの花押血判《かおうけっぱん》して血盟書《けつめいしょ》と名づけた。

此度我々ども夷狄《いてき》を誅戮《ちゅうりく》し、其の首級を提げ罷り帰り、急度《きっと》攘夷の御決心遊ばされ、今般仰せ出され候勅意《ちょくい》速《すみやか》に貫徹致したく存じ詰め、発足候処、恐《おそれ》多くも世子君御出馬遊ばされ候て、壮志感服の至りに候え共、我等孤立にては心細きに付、一先ず帰参、尊攘の実功補佐呉《く》れ候様、御懇切の御教諭仰せ付けられ、一同感泣の至りに堪えず。必竟《ひっきょう》此の度の一挙も、君上を後に仕り候義毛頭《もうとう》これなく、御決心の段祈り奉り候。この事に付、此の後はますます忠誠を励み、御奉公仕るべき段申し上げ、引取り候事に付、此の同志中の儀は、斃《たお》るゝ迄は十三日夜の次第忘却候ては相《あい》叶《かな》わず。百折に屈せず夷狄を掃除し、上は叡慮を貫き、下は君意を徹するほか他念これなく、国家の御楯となるべき覚悟肝要たり。(後略)、(『高杉晋作全集』上、書簡七五)

寛大な処分

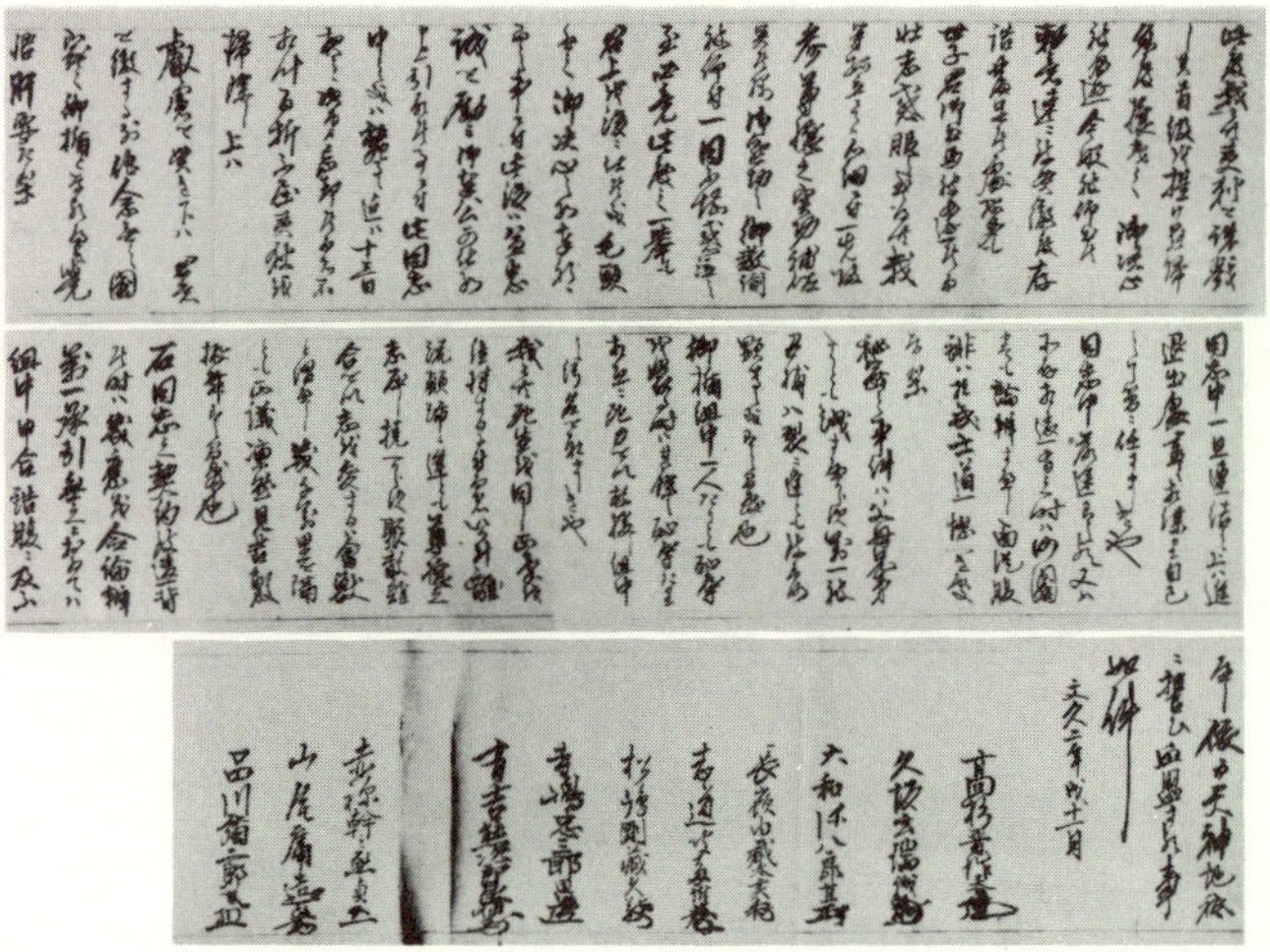

御楯組血盟書（『世外井上公伝』１より転載）

花押血判したのは、高杉晋作、久坂玄瑞、大和弥八郎、長嶺内蔵太、志道聞多、松島剛蔵、寺島忠三郎、有吉熊次郎、赤根幹之丞（武人）、山尾庸三、品川弥二郎と、その後に当時京都および藩地にいた同志一四人が加盟した。晋作ら同志たちはこの盟約を守って初志を貫徹しようと図り、それが約一ヵ月後の御殿山《ごてんやま》英国公使館焼打ち事件となった。

十一月二十五日に至り、晋作・大和弥八郎ら一一人に定広よりそれぞれ寛大の申し渡しがあった。晋作への文面には、小姓の身でありながら世子に公武周旋反対の極言を行ない亡命したこと、また今回の企ての正式処分は、後日行なうというもので（『修訂防長回天史』三）、結局、格別の思し召しで、再び学習院一件御用掛を命じられた（「高杉晋作履歴抜書」）。

先の一件による土佐藩士の周布への憤激の感情は氷解せず、当時京都より江戸へ帰っていた桂はこの情勢を見て、長州と土佐の両藩が将来提携するのは困難であると察知し、防長二州を挙げて割拠する方針を定め、国力を充実しなければ尊攘の実功は挙がらず、「真に他日勤王の決戦も六《む》つヶ《ずか》敷《しき》」と考えた。そして、同志の晋作とともに帰国して、周布を首領に推して藩政改革を断行し、もしそれが成功しなければ、周布・晋作と亡命して、さらに事を謀ろうとしていた。この心事は、桂が十二月十日、京都に赴いた松島剛蔵に与えて賛否を質《ただ》そうとした書中にも明らかである（『修訂防長回天史』三・『木戸孝允文書』一・『周布政之助伝』下）。

杉孫七郎の帰国

さて文久二年（一八六二）十二月十日は、さきに幕府の遣欧使節一行に加わり、去年十二月二十三日に品川を出発した杉孫七郎が、ほぼ一年ぶりに品川港に帰着した日であった。杉は桜田藩邸に帰り、周布の寓舎《ぐうしゃ》を訪れた。そこには桂はじめ晋作、玄瑞、長嶺、志道聞多らの面々が待ちかまえていて、帰国の祝宴をあげた（杉重華（孫七郎）『環海詩誌』京都大学附属図書館所蔵）。なお、杉孫七郎は外遊中、香港、英領エデン、パリ、英国、和蘭《オランダ》から、くわしい該地の見聞報告書を高杉小忠太・上山縫殿《かみやまぬい》に宛てて送っていて（「忠正公伝」第十二編第六章第三節「杉徳輔の欧州行」）、晋作はこれら西欧諸国の文明開化の実態を父を通じ、あるいは直接報告書を読んで十分に把握していたものと思われる。

このような桂や同志との往来のなかにあっても、晋作は外国公使の要撃を果たすことができなかったのを残念に思い、依然として幕府の因循を打破し、機運を転回させようと好機を狙っていた。その対象として選んだのが、当時建築中の御殿山の英国公使館であった。

御殿山英国公使館焼打ちを計画

御殿山は品川の西北の高台の桜の名所として、江戸市民が歓楽を尽くす絶好の勝地《しょうち》であった。幕府はその地に外国側の要求に応じて、多額の経費で英・米・仏・蘭の公使館建設を認めたものである。とくに閏八月から一万坪あまりの広大な敷地に着工された英国公使館は工事が最も進捗して、十二月に入り、周囲に深い空濠《からぼり》と高い木柵《もくさく》をめぐらした要害堅固の二階建ての広壮な建築が竣工間近になっていた。

三条・姉小路の両勅使は、すでに幕府より攘夷の叡慮奉戴《えいりよほうたい》の奉答をえて、十二月七日帰洛の途に上り、世子定広も同月八日、江戸を発して京都へ向かっていた。晋作はこの時期をとらえて、「幕府が攘夷の勅を奉じながら、公使館を御殿山に新築させるのは許すべきことではなく、且つこの地を外夷のなまぐさい風気で汚すのは、吾々同志が見るに忍びない。これを焼打ちして先の金沢の一挙を償うべきである」と発議した。同志たちすべてが賛成したため、久坂玄瑞・志道聞多・有吉熊次郎・大和弥八郎・長嶺内蔵太・伊藤俊輔《いとうしゅんすけ》・白井小助・赤根武人・堀真五郎・福原乙之進《ふくはらおとのしん》・山尾庸三らと、十二月十二日を英国公使館焼打ち決行の期日と決めた。

あらかじめ焼弾数個を準備したが、これは桐炭を粉末にして火薬を混ぜ、紙で一塊に包み、これに導火線をつけることとし、福原乙之進がその製造を受け持った。当日夜九つ半時（十三日午前一時）までに品川宿の妓楼土蔵相模《どぞうさがみ》に集合し、同志一同のそれぞれ襲撃役割を定めて時刻を待った。この日は風もなく静かな夜であったが、一同は八つ時（午前二時）ごろ、空濠を渡り柵を乗り越えて英国公使館に忍び込んだ。公使館はほぼ完成していたが、まだ外国人は一人も移住していなかった。

晋作は用意してきた鋸《のこぎり》で柵を切り破り、あらかじめ退道を作っておいた。火附役《ひつけやく》の志道と福原・堀の三人が、本館に入って導火線に点火したところ、たちまち焼弾に火が移って燃え上がった。これを見て一同は逃げ路から退去した。このとき志道一人は、なおも留まって火勢を窺い、発熖が不十分であったので再び本館に入り、さらにもう一個の焼弾を梯子《はしご》段の下に装置し火を放って、これを全焼させた。志道は逃走する途中、晋作の作っておいた退路を知らず、あちこち逃げ迷い、ようやく高輪《たかなわ》（東京都港区）の引手茶屋《ひきてちゃや》武蔵屋にたどり着き、その後、土蔵相模に移って一酌後熟睡した（『世外井上公伝』一）。晋作・玄瑞らは芝浦（港区）の海月楼に上って、御殿山の火事を望んで快飲し、堀・白井は高輪の引手茶屋の楼上で一酌し、消防夫らが奔走するのを見て楽しんだという。

なお、一般の民衆も、これまでの自分たちの遊楽地が「外夷」の居住地に変わるのを憤激していたから、この焼打ちのことを伝聞し、火事を望見して快哉を叫ぶものが多かった（アーネスト・サトウ・坂田精一訳『一外交官の見た明治維新』上）。

同志は避難

この事件の結果、同志は幕吏に捕縛される危険があったため、それぞれ難を避けることに決めた。志道は大和・長嶺同伴でただちに江戸を発ち、十二月二十五日、京都に着いた。また、玄瑞は翌十三日、千住《せんじゅ》に馳せ、山県半蔵に追いつき、ともに水戸へ発足、さらに信州松代《まつしろ》に佐久間象山《さくましょうざん》を藩に招聘《しょうへい》すべく訪問した。数日滞在したのち、翌文久三年（一八六三）正月九日、入京した。しかし晋作は、幕府による事件の犯人逮捕の捜索が厳しくなるにもかかわらず、別に思うところがあってか江戸に留まっていた。

形式的な処分

入京した玄瑞・志道らの同志は、藩主に謁して公使館焼打ちの事情をつぶさに言上した。文久三年正月初旬には、前年十一月二十五日の申渡しの末文通り、それぞれ同志に正式の処分が下ったが、いずれも「遠慮」（閉門篭居ながら夜間くぐり門から外出が認められた）という形式的な軽いものであった。藩庁は国事多端で人材を要したので、七日を経て皆その罪を免じた。

英国代理公使の疑念

英国代理公使ニールは、十二月十六日、御殿山事件について若年寄《わかどしより》（名前不明）と会談して、「どうして焼けたのか。誰が焼いたのか」と質問したが、それに対して若年寄は「まだ下手人を発見できない。おそらく浪人の類か藩士であろう」と答えただけであった。そこでニールは、前に幕府が公使館用地の放棄を要請したことと考え合わせ（事件直前の文久二年十二月九日）、「幕府が公使館の破壊を黙認したか、実際に破壊させたのではないか」という疑問を披瀝《ひれき》した。

それよりも重要なことは、事件の報告を受けた翌日、ニールが英国海軍提督キューパーに書簡を送り、この事件を端緒《たんちょ》として今後生ずると予測される重大危機に対応するため、強大な海軍力をもって日本近海に出現することの緊要を説いたことであった（石井孝『増訂明治維新の国際的環境』）。

松陰らを大夫山に改葬

さて御殿山の焼打ち事件のあと、年が明けて文久三年正月五日、師吉田松陰と、同じ安政の大獄で死罪に処せられた頼三樹三郎《らいみきさぶろう》、および配所に赴くのに先立ち獄中に病没した小林民部《みんぶ》を改葬することになり、晋作や伊藤俊輔・山尾庸三・白井小助・赤根武人らが事にあたった。

これは、前年八月に朝廷から幕府に対し、安政の大獄以来罪を国事に得たものを許し、死者の罪名を削るべし、との勅旨が下ったことをうけたものであった。そこで十一月には玄瑞が、江戸の同志とはかって松陰の碑を再びその墓地に建てたが（松陰刑死後に飯田・

尾寺の建てた碑は幕府によりほかの志士の墓碑と共に撤去されていた）、小塚原は刑死者を埋める土地で、忠烈の志士の骨を置くところではないと改葬の議が起こった。やがて、藩主の江戸放鷹地《ほうようち》で別邸があった若林大夫山《わかばやしだいぶやま》（東京都世田谷区、松陰神社の地）に移す藩許が出て、文久三年正月五日の改葬となったのである。この改葬費の一部は周布が出した。

三枚橋での
エピソード

正月五日当日、晋作らはみな会して三墳を掘って遺骨を新棺に納めた。その墓域は忠死の血痕を印した地であるので、破壊してなくしてしまうのに忍びず、碑を残して去った。門人らは遺骨を護送し、晋作は馬に乗って先駆《さきがけ》をつとめた。やがて一行が上野山下（台東区）の三枚橋《さんまいばし》の中橋に至ると、守卒の者がその通行を制止しようとした。中橋はとくに将軍の東叡山《とうえいざん》参拝の通路で、諸大名以下一般庶民はみな左右の橋を渡ることになっていたからである。しかし、晋作は鞭《むち》を挙げて「我輩は長州の同志、勅旨を遵奉して忠節の士の遺骨を葬るものであり、その途中に此の橋を渡るに何の不可があるか」と大声で叱咤《しった》し、刀を素早く抜いたので（山尾庸三談）、守卒は恐怖して逃走し、晋作らはゆうゆうと橋を渡ったという（中原邦平「東行先生略伝」）。この逸話を史実ではないと否定する説もあるが、山尾（大正六年〈一九一七〉没）の談話があり、かつ松陰の妹の子吉田庫三《くらぞう》が明治三十年（一八九七）以後にこの三枚橋事件を記しているので（「松陰先生埋葬并改葬及神社の創建」『吉田松陰全集』九）、後世の訛伝《かでん》と決めつけることはできない。

来原良蔵・福原乙之進を改葬

その数日後、晋作らは、昨年八月に長井雅楽《うた》の失脚に伴い、「従来忠義と思っていたことがすべて不忠不義となり、自他ともに誤る罪から逃れられない」と遺書して、江戸藩邸で自刃《じじん》した来原良蔵《くるはらりょうぞう》（年三四）の墓を芝青松寺《しばせいしょうじ》（港区三田）より松陰の墓側に移し、さらに十一月には江戸刈谷藩邸で捕吏に襲われ自刃した福原乙之進（年二七）をここに葬った。この若林大夫山の松陰以下の墳墓は、やがて元治《げんじ》元年の禁門《きんもん》の変《へん》のとき、幕府の手により破壊され、明治元年（一八六八）になって、木戸（慶応元年（一八六五）九月、桂小五郎改め木戸貫治）が藩命により修復した（「葬祭関係文書」『吉田松陰全集』九）。

第五　奇兵隊誕生

一　剃髪と帰国隠遁

江戸に留る晋作

晋作は吉田《よしだ》松陰《しょういん》らの大夫山《だいぶやま》改葬後も江戸に留まり、文久三年（一八六三）三月初旬まで帰京しなかった。文久三年正月八日、来島又兵衛《きじままたべえ》は桂小五郎《かつらこごろう》に晋作の身を懸念する書を送り、また在京の久坂玄瑞《くさかげんずい》も正月十二日、京都の形勢に鑑み、藩内情勢から世子定広《せいしさだひろ》が帰国すれば攘夷の貫徹も困難と考え、晋作・桂に書を発して上京を促した。

世子定広も、周布政之助《すふまさのすけ》と晋作の二人が、いまだに宍戸左馬介《ししどさまのすけ》・山田宇右衛門《やまだうえもん》（正月八日江戸着）のもたらした藩主の命に応じず、上京しないのを憂慮し、二月三日には志道《しじ》聞多《ぶんた》にその意を含めた親書を授けた（『周布政之助伝』下）。志道はただちに京都を発して江戸に急行し、両人に君意を伝えて、すみやかに帰京するよう促した。

切迫する京の情勢

幕府は二月九日、将軍家茂上洛《いえもちじょうらく》の発駕《はつが》を二月十三日とし、海路西上を陸行に改めた。将軍上洛の期日が近づくにつれ諸藩の志士が続々入京し、この機に乗じて攘夷の断行を図ろうと、京都の情勢は切迫してきていた。このため周布と小幡彦七《おばたひこしち》は、予定を早めて二月十日に江戸を発って京都に向かい、二月二十二日、京都に着き、河原町《かわらまち》藩邸に入った（『周布政之助伝』下）。

晋作も、志道の懇諭《こんゆ》をうけてやむなく上京を決意したが、なおも逡巡《しゅんじゅん》して江戸を出発しなかった。これは、晋作自ら「同志 盡《ことごと》く上京、弟（晋作）は独《ひとり》酒色に日を銷《け》し、江戸に而《て》、一事業を興す落着故、遅滞罷在《まかりあり》候」と記しているように、いずれ江戸で事を起こそうと考えていたからであった（前原一誠宛書簡、『史料墨宝』）。

このため二月十九日、桂小五郎は、来島又兵衛より晋作を同行してすみやかに上京するようにとの書を受けて、晋作を督促したが、晋作は今新刀を仕立中で、仕上るまでは出発できないとし、ただちに応じなかった。

上京する桂小五郎

桂は翌二十日、右の事情を来島又兵衛に復書して、自分は急ぎ上京するゆえ、晋作の件は志道と相談して、ともに上京させるよう頼んでいる（『木戸孝允文書』三）。こうして桂は、晋作に先だって江戸を発し、翌三月、入京した。結局、晋作は世子の親書を届けた志道と相携《あいたずさ》えて三月朔日江戸を発ち、京都に上った。途中、晋作らは箱根の関所で、役人の制止に対し、刀の柄《つか》に手をかけて「ここは天下の公道だ」とどなりつけ、駕籠《かご》のまま強引に通過したというが（中原邦平「東行先生略伝」）、確証はない。当時、江戸—京都間の陸路所要時間は、武士で最低一週間くらいであったから、晋作が志道とともに京都に入ったのは、すでに将軍家茂が入洛した三月四日より数日後のことと思われる。

京の尊攘派たち

これより先、京都では、正月二十七日、久坂玄瑞・志道聞多・佐々木男也《おとや》・中村九郎・松島剛蔵《まつしまごうぞう》・寺島忠三郎《てらしまちゅうざぶろう》・大和弥八郎《やまとやはちろう》（国之助）・長嶺内蔵太《ながみねくらた》ら長州藩有志のほか諸藩士ら三〇余名が東山翠紅館（京都市東山区清閑寺霊山町《せいかんじりょうぜん》）に集まって時事を談じた。この会合に世子定広も出席して、「正儀衆《(ママ)》論を聞き、頗る感発の色有り」（『邁種手記《まいしゅしゅき》』）とあるのは、きわめて注目に値する（『維新史』三）。この会合後の二月十一日、玄瑞・寺島および熊本藩士 轟《とどろき》（轟木《とどろき》）武兵衛《ぶへえ》らは、関白鷹司輔熙《たかつかさすけひろ》邸に攘夷期限の決定、言路洞開《げんろとうかい》、人材精選の三事に関する建言書を持参してその実行を強要し、「もし聴許のないときは三〇〇余名の同志が蹶起《けっき》するであろう。また、われら三人も餓死《がし》するとも退かず」と威嚇《いかく》した。ほぼ同時に、激派の公家一三人が玄瑞らの建言書の写しを持参して関白に強訴した。そのため、関白は即刻参内し、孝明天皇は朝議を開き、勅使を将軍後見職一橋慶喜《ひとつばしよしのぶ》の館に遣わして攘夷期限を促すよう決定した。さらに二月十六日には、玄瑞・佐々木男也が主人役となり、嵯峨天龍寺《さがてんりゅうじ》に諸藩の志士を招待し、天皇親拝として賀茂《かも》・石清水《いわしみず》行《ぎょう》幸《こう》の議を謀った。この日も世子定広・益田右衛門介《ますだうえもんのすけ》らが席に加わっている（『松下村塾偉人久坂玄瑞』）。これらをうけて幕府側では、二月十四日に攘夷の期限を四月中旬と奉答した。このことが京都の尊攘派の運動を激化させた。

また二月二十日、世子定広は賀茂下・上社および泉涌寺《せんにゅうじ》皇陵親拝を関白に建白し、つづいて二月二十八日には書を学習院に上り、石清水行幸を建言した。これら世子の建白が長州藩激派玄瑞らの誘導によることは明らかであり、「即今攘夷《そっこんじょうい》」を藩論とした主導力は彼らであった。

賀茂社行幸

朝廷は三月二日、賀茂社行幸を決定し、ついで将軍家茂および在京諸侯に供奉《ぐぶ》を命じた。行幸当日の三月十一日は、これまで禁中《きんちゅう》以外へは一歩も出られなかった天皇のはじめての行幸で、京都の一般民衆も「はじめて鳳輦《ほうれん》を拝むことが出来るのは長州様の御蔭だ」と言って、ありがたがったといわれている。長州藩世子定広も他藩主とともに御鳳輦の先陣をつとめ、桂・清水清太郎《しみずせいたろう》が世子に従った。将軍家茂は後陣として水戸藩主徳川慶篤や一橋慶喜以下、老中らが供奉した。

「征夷大将軍」のエピソード

このとき将軍が供奉して通過中に、晋作が大声を発して「征夷大将軍《せいいたいしょうぐん》」と叫んだという。この話は、晋作らとともに賀茂の河原でこの盛儀を拝観していた同志の一人、中村芳之助《よしのすけ》（のち孝禧《たかよし》）の回顧談に基づき、中原邦平《なかはらくにへい》が伝えているもので、当日、将軍と晋作との距離はわずか四、五間（七〜九メートル）しかないので、よく聞こえたとみえて、将軍の御供の士が晋作の方をにらんだものの何事もなく済んだ。あとで同志が晋作に聞くと、

「将軍が君臣の名分を正して主上に供奉して攘夷するというから、一つ誉めてやったのだ。しかし、いまだ攘夷を実行しないから、征夷大将軍と呼び流した。他日実行したならば、そのときこそは〝様〟の字をつけてやる」と答えたそうだと述べている（「高杉東行事蹟一班」『防長史談会雑誌』第一巻第十一号）。

一〇年の賜暇と剃髪

上京後の晋作は、三条通りの旅店に投宿し、入江杉蔵《いりえすぎぞう》・野村和作《のむらわさく》の兄弟の忠告も斥けて、遊里の巷《ちまた》にさかんに出入りしていた（『世外井上公伝』一）。当時、晋作は、

（世子定広）上京の上も何卒一日も早く一先ず御帰国これあるべき様苦心仕り候えども、その詮なく、私《ひそか》に承り候えば、御国に於て、弟《（晋作）》を御政務座に仰せつけらる等の風評これあり候。　（前原一誠宛書簡、『史料墨宝』）

という状況にあった。そして晋作は考えるところがあり、三月十一日、周布を訪れて、「何所《どこ》か閑静の処に赴き度《たき》由に付、罷り越し候」云々と心事を吐露した。これは同日付で晋作が、桂および大和弥八郎にも謀議するため送った書面に記されていて、晋作はむしろ藩外にあって自由に行動しようと、隠遁《いんとん》を決意したようである（桂・大和宛三谷（晋作）書簡、宮内庁書陵部所蔵「木戸家文書」尺牘　高杉晋作人ノ七六・『周布政之助伝』下）。

世子は周布の意見も聞き、晋作の心中切迫の情を察して、三月十五日に一〇ヵ年間の暇を晋作に差し許し、とくに「十分精神を尽し、皇国の御為め御奉公仕るべく候事」と

訓諭《くんゆ》した。即日、晋作は剃髪《ていはつ》して入道《にゅうどう》となり、西行《さいぎょう》法師の人と為りを慕って名を東《とう》行《ぎょう》と改め、かつ自ら「西え行く人をしたいて東行くわが心をば神や知るらん」（周布の記）と詠じた。このとき、周布は平常着用している鎖帷子《くさりかたびら》に冑《かぶと》および小手《こて》を附した甲冑《かっちゅう》を晋作に贈った。裏には「周布政之助藤原兼翼《かねすけ》」と記されていた。晋作はその側面に、

予将《よまさ》に東行せんとす。周布政之助贈るに此甲冑を以てす。他日攘夷の戦あれば之を着して討死せん。高杉東行春風

と記した。晋作への賜暇の事情は、周布はじめ来島又兵衛・桂・寺島・入江・時山直《ときやまなお》八《はち》・小川市右衛門の七人が同じく承知しているにもかかわらず、その真相を伝えず、周布の自筆記録には「心事委細は紙上に尽し難く候に付き、これを略す」とあり、世子や周布との間に何らかの黙契があったように思われる（『周布政之助伝』下）。このとき世子は、

晋作事、たとえ流浪いたし居《お》り、何地に罷《まか》り居《お》り候とも、かねて誓言もこれあり。なお昨年亡命の節、書き残し置き候趣き、その後蒲田《かまた》にて重畳《ちょうじょう》申し聞《き》け候儀もこれあるに付き、忘却は仕り間敷《まじく》。

と周布に語り、また晋作の切髪を周布から見せられると、「心事此《かく》の如く切迫に候哉」と歎息した（『周布政之助伝』下）。

世子、晋作に居所を与える

さらに世子定広は、晋作に一〇ヵ年間の暇を与えたとき、居所にさしつかえるからと、

みずからが居館としていた妙満寺（京都市中京区寺町二条南にあり、現在、中京区榎木町に寺跡がある）境内の一ヵ寺（塔頭《たっちゅう》には正行院《しょうぎょういん》以下一三か寺があった）をさしあたり晋作に貸し渡し、もし晋作を頼ってくる者があれば、晋作と同居させておくよう内々に命じていた（「学習院一件記録」三月十九日条）。この処置をみても、尋常の賜暇ではなく、暇をもらって長州藩士としての常職に服さず、長州処士《しょし》（仕官を辞めた藩士）である方が、諸藩の有志と交わり周旋を行なうのに都合が良かったからと思われる（『修訂防長回天史』四）。したがって晋作は、剃髪後もしばらく京都に留まっていた。

将軍、東帰を願い出る

ところで入洛中の将軍家茂は、京都における尊攘派の勢力が強く形勢不利のため、三月十七日と十九日の再度にわたり東帰（江戸へ帰る）の許可を朝廷に願い出たが、勅許されなかった。在京の一橋慶喜以下幕閣は、二十一日に鷹司関白を訪れて東帰の聴許を申請し、部下には二十三日に将軍家茂が退京することを布告した。二十二日には将軍東帰の巷説《こうせつ》が流れたため、周布・桂以下の京都の長州藩邸員らは急ぎ協議し、即日、将軍東帰を阻止しようと、「摂海戦守御備」と題した建言書を鷹司家、学習院はじめ中川宮《なかがわのみや》（朝彦《あさひこ》親王）、三条実美《さねとみ》・姉小路《あねがこうじ》公知《きんとも》の両公卿に、桂ら同志をそれぞれ使者として提出し、かつ兵庫にいる世子、毛利筑前《ちくぜん》（元統《もとつね》）・毛利登人《のぼる》・玄瑞らにこの旨を急報し、帰京を促した。

この建言書は（三月二十三日付）、周布が桂らに諮《はか》って起草したもので、大坂城防備に関する第一条から第一一条までは摂海の戦備の箇条、最後の第一二条は将軍滞京の議を訴えた内容であった（『周布政之助伝』下）。

将軍襲撃を計画

二十二日夕刻、晋作は回章をもって同志の会合を促した。このとき、木屋町《きやまち》（京都市中京区）の藩邸に集まった者は、寺島忠三郎・堀真五郎・野村和作・品川弥二郎・伊藤俊《いとうしゅん》輔《すけ》らをはじめ、それに肥後《ひご》藩士二人を加えて一一人であった。晋作は全員に向かって「本日将軍の参内は押して東帰の勅許をえんがためであり、勅許されないときは届け捨てにして東帰する覚悟である」と語り、「もしそうであれば、違勅の罪を正さなければならない」と述べ、評議はたちまち将軍を退朝の途中に要撃しようと一決した。

晋作ら志士一一人は、ただちに鷹司関白邸に至り、将軍去留の朝議の決定を聞くまではこの邸を去らないと主張したが、関白は参朝したまま帰っていなかった。一方、伊藤俊輔ら二人には、朝召を受けて参内した将軍の退朝を道で監視させ、その報を待つことにした。ようやく関白が夜丑刻《うしのこく》（午前二時）、邸に帰り、将軍家茂の東帰が許されず、将軍も奉命したことを告げられたので、一同喜んで邸を去った。このように、朝議が将軍の帰府を差し止めたのは、将軍を京都に留めて尊攘運動の渦中に束縛しようとする長州藩主導の尊攘派の主張を汲み上げたからであった（『維新史』三・『伝家録』）。結局、将軍家茂は翌日の発途を中止した。

周布、晋作に太刀を贈る

この日、晋作らは鷹司邸に赴く際、周布を訪ねた。そのとき、晋作が「僕《やつがれ》に名刀なし。願わくば一刀を贈られたし」と周布に乞うたところ、周布は奥に入り一太刀を提げて出てきた。その刀装の金具には一画三星《いっかくさんせい》の徽章が刻されていて、藩主より賜わったものであった。周布は鑢《やすり》でその徽章を磨消して晋作にその太刀を授け、「往けよ。予もまた面を覆うて諸君の後に継ぐこともあろう」と言ったので、一同その豪胆ぶりに驚いた（『周布政之助伝』下）。このとき藩邸留守《るす》居役《いやく》の周布は、晋作らが将軍要撃の挙を決したと聞き、必ず幕兵の来襲があるものと思い、兵器の準備、糧食の炊事を命じている。

さらに翌二十三日夜、姉小路公知は晋作を召して、攘夷の期限・摂海の防備・内外の防衛など国事数条を下問し、翌朝、晋作はそれについて意見を附して建言し、深意は口陳した（『修訂防長回天史』四）。

以上のように、晋作は三月十五日の剃髪後も、周布・桂・玄瑞らと通じて積極的な政治活動をしていたが、平常は、

大ナル坊主笠ヲ被《かぶ》リ、腰ニ六、七寸ノ短刀ヲ吊シ、酒ニ酖湎《たんべん》（おぼれること）シテ市街ヲ横行シ、傍若無人ニシテ、恰《あたか》モ狂者ノ如ク、諸友ノ忠告ヲ一ツモ容ルヽ所ナシ。
（『伝家録』）

堀真五郎に伴われ帰国

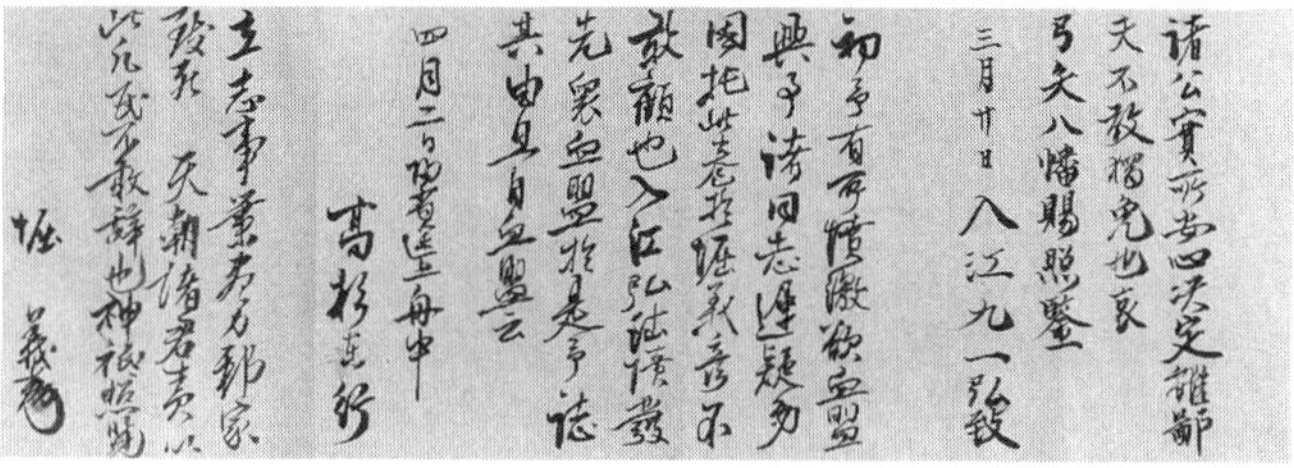

「四月二日帰省途上船中」血盟書（東行記念館「高杉家資料」）

という有様であった。京藩邸員らもこれを憂慮したが、どうすることもできなかった。そこで、同じ学習院御用掛として晋作と親しかった当時政務座役の中村九郎は、晋作の友人堀真五郎をひそかに招いて、強いて晋作を誘い、同伴帰国させるよう頼んだ。堀はしきりに督促して、ようやく三月二十六日、帰国のため二人は京都を発って大坂に下った。晋作は大坂でも遊蕩《ゆうとう》に数日を送った末、三月三十日、早船《はやぶね》の富海《とのみ》船（飛船《とびふね》）を雇って二人は乗船し、大坂港を発った。晋作らは、帰国するにあたり、周布・中村らの計らいで旅費をもらっていた（『高杉晋作全集』下、年譜）。二人は船中で、「或時《あるとき》は国事を談じ、或時は詩を賦」したとあるが、晋作が堀とともに「四月二日帰省途上船中」で作った「血盟書」が遺墨として現存している。晋作はその書に、

初め予、憤激するところあり。血盟事を興《おこ》さんと欲す。諸同志遅疑多し。因ってこの巻を堀義彦（真五郎）に托（託）し、敢《あ》えて顧みず。入江弘致（杉蔵）憤発し、衆に先んじて血盟す。ここに

おいて予、その由を誌《しる》す。かつ自ら血盟すと云う。

としたためている。この血盟書のはじめは、三月二十日の入江杉蔵、次に高杉東行、終りは堀真五郎の三人の誓約である。何のために作られたかは判然としないが、入江が三月二十日に率先して血盟しているところをみると、幕府が三月十六日に、将軍が二十一日に東海道を経て帰府の途につく旨を布告したのを契機に、晋作が将軍の東帰阻止を起こそうと企てたものではなかったか。しかし、東帰の請願が勅許されず、将軍滞京となったため、堀にこの書を託していたのではあるまいか。

四月八日の午後、富海港（山口県防府市富海）に到着した。翌九日朝、宿賃と別に金二朱の茶代を支払ったところ、無一文となってしまったので、宮市（防府市）の岡本三右衛門《おかもとさんえもん》を訪ね、一泊した。三右衛門は代々綿商を営み、宮市の大年寄役《おおどしよりやく》を勤め、かつ国書を読み、和歌を能くし桜園《おうえん》と号し、多くの志士と交友した。晋作が天野屋利平《あまのやりへい》と目した人物であった（『松下村塾偉人久坂玄瑞』）。翌十日朝、金二両を借りて、駕篭をとばして夕暮に萩に帰った。

帰萩

草庵に隠遁

萩に帰った晋作は、一応処士となった以上、菊屋横丁《きくやよこちょう》の父母の家に居ることを避け、萩の東郊の草庵《そうあん》に住んだ。この草庵の位置は、晋作の詩に「草庵は近く漢山の峰に在り。渓水屋を繞《めぐ》り窓江に臨む」云々とあり、末尾に、萩城の東松下村（本）に山あり。唐人山《とうじんやま》と曰《い》う。乃《すなわ》ち我が草庵の所在也。

（「高杉晋作獄中手記」甲子四月十二日条、『高杉晋作全集』下、日記）

とあるように松本村弘法谷《こうぼうだに》（山口県萩市椿東）にあった（松本二郎「高杉晋作潜居地について」、『山口県地方史研究』六二）。この草庵へ晋作夫妻が移ったのは、「十八日偶成」と題する詩に、「帰臥す家山静幽の処」と詠んでいるから、その頃のことであろう。

しかし、閑居のなかにあっても、晋作の心中は「謀破れ策尽き」穏やかでなかった（『高杉晋作全集』下、詩歌九七・九八）。四月二十七、二十八両日には欧行帰りの杉孫七郎と互いに往来している。また、五月二十日には、村塾の先輩で明倫館《めいりんかん》に出ていた久保清太郎《くぼせいたろう》に書を送って、二尺五寸（七五センチ）以上の極々上等の長刀を御鑑定のうえ買ってほしいと頼み、さらに尚々書《なおなおがき》に「最上の分、最長の剣を買い得仕りたく候」と念を押している（『高杉晋作全集』上、書簡八三）。晋作の長刀好みを示す話であろう。

しかし、このような晋作の隠遁生活は、二ヵ月と続かなかった。玄瑞ら長州藩激派が帰藩して、いよいよ馬関《ばかん》（下関）攘夷を実行したからであった。

二　馬関攘夷戦争

石清水行幸

これより先、久坂玄瑞ら長州藩激派は、幕府を攘夷開戦に追い込むため朝廷をも脅迫し、晋作が帰萩《きしゅう》した翌日の四月十一日、世子定広の建議による石清水八幡宮行幸を実現させ、世子が四〇〇余人の従衛の士を率いて供奉した。玄瑞らはその社頭で孝明天皇から将軍家茂に攘夷の節刀《せっとう》を授与し、有無を言わせず将軍に「即今攘夷」の勅命を受諾させようと計画していた。しかし、この風説を一橋慶喜が知って、前日に将軍に供奉を辞退させ、代わりに自ら将軍名代として供奉することになった慶喜は、途中で腹痛を起こして御召《おめ》しを辞したため、計画は失敗した（『維新史』三）。

在京志士、帰国

さらに、周布政之助・桂小五郎・玄瑞らが討議・修正した長州藩の攘夷降勅の建議を世子定広から朝廷に出すなどして、幕府に攘夷期日の明示を迫った結果、ついに四月二十日、将軍家茂は期限を五月十日として奉答し、翌日、朝廷も諸藩へ外夷拒絶の期限を五月十日に決定し、「益々軍政を調へ、醜夷を掃攘すべし」との朝旨を布告した。公卿の間に出入りして攘夷の実行の内定、期日の切迫を聞知した玄瑞は、四月十六日、世子より旅費一〇〇両を与えられ、入江杉蔵・山県狂介《やまがたきょうすけ》・天野清三郎・山田市之允《いちのじょう》（のち顕《あき》義《よし》）・吉田稔麿《よしだとしまろ》・赤根武人《あかねたけと》らの同志二八人とともに、京都を発し帰国した。続いて、世子も四月二十一日、京都を発ったので、その従士も帰国した。したがって、玄瑞以下、世子の従士も含め、在京志士およそ六〇人前後が続々と山口に帰着し、各自攘夷の先鋒を志願した。

光明寺党

藩は、攘夷期限の切迫を前に馬関（下関）の防備に専念し、毛利能登《のと》を総奉行に任命し、四月二十六日には、玄瑞ら三〇人を敵情探索御用として馬関に遣わした。玄瑞は、同志とともに攘夷を目ざして長州藩に投じた侍従中山忠光《じじゅうなかやまただみつ》を一隊の首領に奉じて、下関の長泉寺《ちょうせんじ》（のち専念寺）および光明寺《こうみょうじ》（下関市細江町）に分屯し、本営を光明寺に置いたので、当時、光明寺党とよばれた（『周布政之助伝』下）。これが奇兵隊《きへいたい》の基盤となった。

長州藩外国船砲撃事件

五月二日、幕府から五月十日に攘夷期限を決定した布告を受けた藩は、馬関の陣営にこれを通知し警戒にあたらせた。そして攘夷の期日にあたって、馬関海峡を通航しようとしてしばらく碇泊《ていはく》した米国船ペンブローク号に対し、総督松島剛蔵搭乗の庚申丸《こうしんまる》に玄瑞ら光明寺党の一団が乗船して夜襲砲撃し、総督福原清助の癸亥丸《きがいまる》も砲撃を加えた。米船は多少の損傷を負ったが、急に抜錨《ばつびょう》して上海に遁走した。ここに長州藩の馬関攘夷が始まった。

つづいて五月二十二日夜、第二次として、仏艦キンシャン号が豊浦《とよら》（下関市長府豊浦町）

沖に停泊し、明朝海峡に向かうのを光明寺党の分乗した庚申丸と癸亥丸両艦が砲撃、前《まえ》田《だ》（下関市前田）・壇ノ浦《だんのうら》（下関市壇ノ浦町）・亀山《かめやま》（下関市中之町）の砲台からも砲撃し、多大の損害を与えたが、同艦は辛うじて長崎港に入った。

さらに五月二十五日夜には、第三次として和蘭《オランダ》の軍艦メジュサ号が馬関西口の藍島《あいのしま》（小倉藩領、北九州市小倉北区）沖に碇泊し、明朝早く海峡を過ぎようとするのを、またも光明寺党の分乗する庚申丸と癸亥丸の二艦と各砲台からも発砲し、同号も応戦したが、遠く東へ去った（『修訂防長回天史』四）。

晋作は馬関攘夷に反対

このように馬関で攘夷が展開されている最中も、晋作は依然として思索と読書の閑居生活を続けていた。この当時の心境を後年次のように記している。

隠退中承り候処、馬関にて攘夷これある由にと、多人数京都より下り、弟（晋作）にも馬関へ出張《しゅっちょう》仕り候様、朋友より申し来り候えども、弟は大不同意に付き、黙々草臥《くたびれ》罷《まか》り在り候。（前原一誠宛書簡、『史料墨宝』）

右によって晋作が玄瑞ら光明寺党の長州藩激派の馬関攘夷に不同意であったことが明らかである。このときの玄瑞ら激派主導の外国船砲撃は、成算があってのことでなく、後年になって兼重慎一《かねしげしんいち》が語っているように、「壮士などは一途《いちず》に外国と戦いすれば君臣の大義にも宜《よろ》し、皇国の為めにも宜い。負けることは幾遍負けても、毛利家の家国を潰しても、夫《そ》れは厭《いと》うことはない。（中略）銃が無ければ竹鉄砲でも宜い。異人に向って一発でも放たねば天子様へ申訳がないということで激昂《げっこう》」したものであった（「毛利家国事鞅《おう》掌《しょう》に関する事実」『史談会速記録』第一八輯）。

井上聞多・伊藤俊輔らの英国留学

一方、藩の要路にあった周布は攘夷に勝算がないことを洞察し、日本の開国を必至とし、文久三年二月ごろから外国に対する策を立てなければならないと考え、ひそかに藩の御用商人であった横浜伊豆倉商店番頭の佐藤貞次郎に頼んで画策し、外国の長技を採用するため、馬関攘夷戦の開始直後の五月十二日、井上聞多（文久三年五月、志道《しじ》家より井上家へ戻る）・伊藤俊輔・野村弥吉《やきち》（井上勝《まさる》）・遠藤謹助《きんすけ》・山尾庸三《やまおようぞう》の五人を〝生ける器械《きかい》〟としてイギリスに留学させていた。また周布は藩の攘夷にあたっては、人民も動員しなければとうてい兵力が足らず、そのためには早くから武器の準備を急務とするとし、

人民は五六ヶ月執業仕らせ候得《え》ば、一箇の士とは相成る可《べ》く候得ども、器械を与へ申さず候ては執業の目途これなく、終《つい》に竹槍《たけやり》位《くらい》を持たせ、死生の間へ立候て働き候様にと申候ては、上の御慈悲も欠け候訳に付き、何卒製造局において器械十分に御仕出し相成り、御国中の人民、凡《およ》そ七十万、此の内三十五万は婦女、十七万五千は男にて老幼と見候て、引残り十七万五千の丁壮男児へ、御引当《ひきあて》の大砲小銃御調へ置き相成候わば、此の上なき御大切と存じ奉り候。

（文久三年二月十日付正木市太郎宛周布書簡、『周布政之助伝』下）

と、きわめて用意周到な防長二州の総力戦体制の準備を考えていたほどであった。

晋作は、実は上海行以来、攘夷の実行は難しいと悟ったが、先述のように清国の二の舞をしないためには「攘夷而後《しかしてのち》開国」策を緊要と考えたもので、この点は周布と同じ立場にあった。そのため、唯々《いい》諾々《だくだく》として外国に従う幕府に攘夷を迫り、持ち前の稜々たる気骨は他藩士に遅れをとることを欲せず、彼を外国公使暗殺計画や御殿山《ごてんやま》英公使館焼打ちに駆り立てた。これらの晋作の行動は、一見すると純然たる攘夷志士で、長州藩激派首領の久坂玄瑞とかかわるところがなかった。しかし、晋作は攘夷の先に開国を考え、割拠論に立って長州藩がすみやかに富国強兵を図ることを目途としていたから、いたずらに血気にはやる激派の攘夷実行には盲従せず、馬関攘夷に不同意であったと思われる。

三　奇兵隊の編成と晋作の起用

四国艦隊下関砲撃事件

第四次の馬関攘夷戦は、文久三年（一八六三）六月朔日、横浜碇泊の米国軍艦ワイオミング号が、先の（第一次）米国船ペンブローク号の報復のため早暁来襲したもので、亀山・彦島（下関市）の砲台や庚申丸・癸亥丸・壬戌丸《じんじゅつまる》の三艦より発砲したが、この米国軍艦のために、汽罐が破裂した唯一の蒸気船壬戌丸は庚申丸と共に沈没し、癸亥丸も大破損を被り、人家にも被害があった。光明寺党の志士も亀山砲台下に集結したが、米艦に対して為す術《すべ》がなかった。米艦は豊後姫島（大分県東国東《ひがしくにさき》郡姫島村）に帰って戦後の調査を行ない、四日横浜に帰航した。

藩ではこの日の敗戦の結果、四日、諸臣を集めて馬関防備の組替えや充実の案を立てたが、その実施前の早くも翌五日、仏国東洋艦隊水師提督ジョーレス率いるセミラミス号とタンクレード号の二艦が、先の（第一次）仏船キンシャン号の報復のため横浜より早暁馬関に来襲、砲撃した。なお、仏国側は前田の海浜より陸戦隊二五〇余人を上陸させて、守兵を追い払い、砲台を破壊し、前田全村二〇余戸を焼き払った。

このように六月初旬の二回の攘夷戦によって敗北が決定的となったため、藩主父子はその善後策に憂慮しつづけ、閑居中の晋作の機智に期待して再び軍事に起用しようと考え、六月三日、とくに亡命の前罪を許して、父小忠太胡《こちゅうたはごくみ》（附籍のこと）とし、翌日、山口へ出頭を命じた。晋作はこれを拝辞したが、両親の訓戒によってやむなく六月五日、山口へ出たところ、早朝から長嶺内蔵太・寺内外記《げき》・山県半蔵《やまがたはんぞう》らから馬関へ出張するよう説得され、ただちに開設準備中の山口政事堂《やまぐちせいじどう》（のち藩庁。文久三年六月十一日、仮りに開設。七月二十日、正式に藩主父子が藩政を見る）へ同行した。そこで藩主父子の御側に召し出され、

晋作の再起用

新軍編成の策を進言したところ嘉納され、早速「馬関防禦《ぼうぎょ》丸々委任する故出張《しゅっちょう》致す可《べ》し」という直命を受け、必要の金子《きんす》も頂戴した。このとき、晋作には、「右御雇《おやとい》にて若殿様御前詰仰せ付けられ、御内用御聞せなされ候事」および「右赤間関《あかまがせき》出張仰せ付けられ、来島又兵衛申合せ、諸事駆引《かけひき》候様仰せ付けられ候事」の辞令が下った。後年、晋作は当時のことを、

> 弟（晋作）も、とても成功はこれなしと存じ候えども、君命にて一身戦死候ても可ならんと相考え、命を奉じ出張仕り候。然《しか》るに八組（大組《おおぐみ》ともいう、藩の正規軍）の士畏縮《いしゅく》、この体《てい》なれば一両月中のうち又々夷艦来襲すれば、防長は塵《ちり》となると相考え、遂に奇兵《きへい》隊《たい》を興《おこ》し候。（前原一誠宛書簡、『史料墨宝』）

と記している。馬関攘夷戦開始の五月十日以来、実戦で果敢に戦ったのは、藩士たちで編成された正規軍ではなく、むしろ玄瑞らの光明寺党であった。

奇兵隊構想

晋作は、六日深更に下関に着くと、竹崎《たけざき》（清末《きよすえ》藩領、下関市竹崎町）の廻船問屋《かいせんどんや》の主人白《しら》石正一郎《いししょういちろう》宅に止宿し、長崎から帰来の入江杉蔵、光明寺党の残留者河上弥市《かわかみやいち》・宮口清吉ら同志一五人と謀議した。翌七日、晋作は本営に来島又兵衛を訪ねて藩主父子の内意を伝え、馬関に配置する火砲を佐賀藩から購入することにし、さらに隊伍の編成について兵法にあるように、

夫《そ》れ兵に正奇あり。戦に虚実あり。其勢を知る者以て勝を制すべし。（中略）今吾徒の新に編成せんと欲する所は、寡兵《かへい》を以て敵衆の虚を衝《つ》き、神出鬼没して彼を悩すものに在り。常に奇道を以て勝を制するものなれば、命ずるに奇兵隊の称を以てせん。

と述べて諸士の賛同をえた（『修訂防長回天史』四）。そこで、晋作は宮口清吉に命じて、次のような隊編成の基本綱領に関する申請書（『定本奇兵隊日記』下）を書かせ、これを河上弥市に携行させて開設間近の山口政事堂に提出した。

奇兵隊基本綱領を申請

一、奇兵隊の義は有志の者相集り候につき、陪臣《ばいしん》・軽卒《けいそつ》・藩士を撰ばず、同様に相交り、専《もっぱ》ら力量を貴び、堅固の隊相調え申すべしと存じ奉り候。

一、この後、御伺い申し上ぐべき廉《かど》は、書面を以て前田孫右衛門まで差し出し申すべく候間、直に御前へ差し出され候よう願い奉り候。

一、奇兵隊人数日々相加り候につき、これまで小銃隊の内もこれあり、又は小吏相勤め候者もこれあり候。御一手人数（正規軍）の内もこれあるべく候えども、畢竟匹夫《ひっきょうひっぷ》も志奪うべからず候えば、これらも拒《ふせ》ぎ難き趣にござ候。もとより御組立（正規軍）の人数内をこれより相招きは仕らず候えども、自然奇兵隊望み参り候わば、隊中へ相加え申すべしと存じ奉り候。

一、この往《さ》き毎合戦銘々勇怯《ゆうきょう》も相顕《あいあらわ》れ申すべきにつき、日記つぶさに相調え置き差し出すべく候間、賞罰の御沙汰、陪臣・軽卒・藩士に拘らず、速かに相行なわれ候よう仕りたく存じ奉り候。

一、隊法の義は、和流・西洋流に拘らず、おのおの得物を以って接戦仕り候事。

六月七日　　高杉東行

新式軍隊の創出

ここに示されているように、晋作の構想は、隊構成の重点を武士階級におくものの、「陪臣・軽卒・藩士を撰ばず、同様に相交り」とあるように、武士階級内部の封建的身分差別にかかわらず、もっぱら個人の「力量を貴」ぶこととし、かつ武士階級に限らず志があれば入隊を許すとした点で、従来の藩庁正規軍の性格と枠組とを破る新式軍隊を創出したものである。しかし、そこでは武士階級内の門閥や家格差別は無視され、庶民も入れたが、袖印《そでじるし》は諸士と足軽《あしがる》以下とを白絹地と晒布《さらしぬの》とで区別し、その書き入れも名《みょう》字《じ》御免《ごめん》の者とそうでない者とを区別したように、士庶との区別は明確にあり、いわゆる「門閥身分制」や「士農工商」の身分制の撤廃であったわけではない。

『奇兵隊日記』には「六月六日、始て奇兵隊を建つ」と、晋作の奇兵隊創立進言に対する藩主の許可が下りた日をもって隊創建の日としているが、右の申請書こそは晋作の奇兵隊編成要領で、六月七日を奇兵隊の実質的編成創始日とみることができる。

「窮策」

晋作はこの申請書について、翌八日、直目付前田孫右衛門に書を送って、

奇兵隊日記（京都大学附属図書館所蔵）

この中の敗軍（馬関攘夷の敗）愧恥《きち》に堪《た》えず候。なにとぞ恥《はじ》を雪《そそ》ぎ候わんと思慮仕り候ところ、惣奉行方《そうぶぎょうかた》自ら惣奉行の指揮にござ候事故、如何《いかん》ともしがたく、遂に有志隊を相調え候と決定仕り候。これも好みて異外に出で候わけにはござなく候。やむをえざるの窮策《きゅうさく》にござ候間、その段御含み下され、御序《ついで》の節、上聞に達し候よう願い奉り候、（中略）有志者は軽卒以下に多くござ候、昨日河上弥市まかり登り候儀は、一応御報知、なお人数取集めのためにござ候。携え下り候書物（申請書）、私覚書《おぼえがき》にて決して君上に対せし書にござなく候。書中にござ候通り、尊公様へ申し出で候間、直に君公に達し候よう御周旋願い奉り候、

（『高杉晋作全集』上、書簡八八）

と奇兵隊編成に至った経緯や藩正規軍の秩序をみださず、その埒外《らちがい》の有志隊であることを説明し、あくまで窮策としての新軍編成であり、これに対し反対論の起こらないよう配慮を求めたものと思われる。

晋作がこの新軍編成を考えたのは、松陰門下生時代の安政五年（一八五八）に、松陰が西洋の節制ある歩兵制の採用を

説き、主として足軽以下農兵を充《あ》てるべきとし、孫子の「兵は正を以て合ひ、奇を以て勝つ」の一句を合戦の不変の原理とした「西洋歩兵論」（『吉田松陰全集』四）や、万延元年（一八六〇）北陸遊歴の際に写した横井小楠《よこいしょうなん》の士隊の西洋銃隊化を説いた「兵法問答書」（『高杉晋作全集』下、論策）などの知見があったことがあげられる。加えて、文久二年（一八六二）の上海行によって、西洋銃隊の強堅さを実見し、かつ貧農も加わる太平天国《たいへいてんごく》軍の進撃ぶりをも知り、一号令で統制ある行動がとり難い門閥身分制下の士隊より、むしろ身分的差別なく規律節制ある庶民隊の方が、銃砲中心の近代戦に適するという軍隊の進歩の潮流についての確信を固めたことが、攘夷・郷土防衛のために積極的に庶民を参加させることに至った理由といえよう。

厳しい軍律

したがって規律節制は奇兵隊の命脈であり、「軍中法令」として「諸隊士《しょたい》は令を伍長《ごちょう》に聞き、伍長は命を惣督《そうとく》に請《う》け、一隊一和肝要たるべき事」以下の五ヵ条を定めて、厳重な履行を要求している。このような厳重な軍令を隊指導者は、「奇兵隊の義は、所謂《いわゆる》烏合《うごう》の衆にて候故、専《もっぱ》ら節制を以つて相治め申さずては軍律も相立たず」（『定本奇兵隊日記』下）としていた。奇兵隊の軍律の厳重さは、七月四日、晋作より山口政事堂宛に、

奇兵隊の内、笹村陽五郎《ささむらようごろう》儀、武士道に於《お》いて闇き難き趣これあり。一列より申しつめ候ところ、自ら罪に伏し自尽《じじん》願い出で、小田村信之介へ介錯《かいしゃく》相頼み候間、拙者《せっしゃ》

並に隊中列座見届《みとどけ》致し、先刻最後（期）に及び候。（『定本奇兵隊日記』上）

と報告していることでもわかる。

奇兵隊の歴史的意義

奇兵隊は農兵隊としてでなく、どこまでも士風堅持の隊として武士としての行動にもとるときは容赦《ようしゃ》なく詰腹《つめばら》を切らせたのである。隊中の農民身分の場合には笞刑《ちけい》・剃髪・放逐《ほうちく》の処分が主としてとられた。攘夷の実行による外国の報復・来襲に備えて、沿岸防備のために、ともかく兵力数を増加することが不可欠だったが、武士数の増加は封建社会機構においては不可能であった。そのため、前述のごとく周布が農民をもって補充しなければならないとしていたように（一四五頁参照）、庶民一般にも武装を許すという、封建支配下では異例にして非常の措置をとらざるをえなかったところに、藩が奇兵隊の編成を許した所以《ゆえん》がある。この奇兵隊の創建は、このあと多くの諸隊《しょたい》・農兵隊成立の道を切り拓いていった点で、大きな歴史的意義がある。

入隊者

奇兵隊は、足軽以下の者であっても、総管（総督とも称す）より願い出があれば、入隊中は士列に仰せつけられ、乗馬も許されたから（「幕兵手組之次第」『定本奇兵隊日記』下）、志を抱きながら門閥身分制の重圧のもとに志を伸ばすことができず、鬱々《うつうつ》としていた志士らが入隊した。

『奇兵隊日記』によると、六月七日は「此の日奇兵隊入十五人アリ」、八日には光明寺党の滝弥太郎《たきやたろう》・赤根武人らも山口から来て加わり、「白石正一郎日記」六月十日条には、「今日迄にて奇兵隊凡《およ》そ六十余人出来」とある。こうして隊の編成は次第にととのっていった。白石正一郎は弟廉作《れんさく》とともに八日に入隊し、もっぱら晋作の奇兵隊取立てを資金面で支持した。そのため、晋作は正一郎の処遇を藩に申請し、七月三日、竹崎御殿で正一郎と廉作は藩主より直接に「勤王の義兼々心妙」との褒詞を受け、五日、山口藩庁は正一郎に対し、扶持方《ふちかた》二人・米三石二斗、高《たか》にして一七石の三〇人通の譜代《ふだい》の士の待遇を与えた。

なお、奇兵隊旗の一つは「忠義塡骨髄《ちゅうぎこつずいにうずむ》」の竪旗《たてはた》で三条実美《さんじょうさねとみ》に大書してもらったもの、他の一つは清末藩主毛利元純《もとずみ》の書いた「菅原大神」の横旗であった。前者の句は藤《ふじ》田東湖《たとうこ》の『回天詩史《かいてんしし》』にあるもので、晋作の好むところであったもの、後者は晋作が天神信仰をもち、梅の花を愛したことによるものである（両旗とも東行記念館）。

ところで奇兵隊編成が緒《ちょ》についた六月十日、藩は晋作を家老の国司信濃《くにししなの》（馬関総奉行）の相談役とし、波多野金吾《はたのきんご》（のちの広沢真臣《ひろさわさねおみ》）より「筆頭」（上位）につけ、つづいて晋作に六月十二日、馬関総奉行役手元役を命じた。これは実質上、馬関の機務をことごとく晋作・波多野の両人に執らせようとする世子の計らいであった。

晋作は右の間、奇兵隊編成の基礎が定まったので、隊士とともに彦島やその他の既設

奇兵隊旗

晋作、砲台を巡視

砲台を巡視して工事の得失を研究し、また、敵襲にそなえて海峡の東口の要衝である前田・壇ノ浦二砲台を急いで整備した。かつ出動しやすいように、六月十四日、奇兵隊は竹崎の白石宅を引き払って、すべて阿弥陀寺（下関市阿弥陀寺町。今は赤間神宮と改称）へ本営を移し、のち一部の兵員を極楽寺（下関市阿弥陀寺町）へ分屯させた。

小倉藩との対立

さらに、敵艦を挟撃するため対岸の小倉藩領地である大里《だいり》と田ノ浦《たのうら》（ともに福岡県北九州市門司区）に砲台を築こうと六月十四日、長州藩は砲台築造地の借入、外艦挟撃をみとめるよう交渉したが、同藩は応じなかった。この報に奇兵隊士らは憤激して藩議を待たず、六月十八日、渡海して田ノ浦の地を占拠した。その後も小倉藩は交渉に応じなかったので、六月二十四日、隊士らは続々田ノ浦に渡り、砲台を築造して外国船の通航を遮断した（『維新史』三）。

猟師隊等の編成

これより先、六月十九日、山口政事堂は晋作を呼んで意見を聞き、馬関駐在兵力の編成を改革し、奇兵隊の人数および農兵も追々増加したため、従来の大組二組中、老齢幼弱者を除き、強壮者一〇〇人を選抜し、正兵として駐屯させ、ほかに猟師五〇人を狙撃隊と称して奇兵隊に附属させ、狙撃隊を晋作に統括させることにした。

藩が戍兵《じゅへい》補充のために諸郡に命じて猟師を召集し、猟師隊《りょうしたい》の編成に着手したのは六月半ばごろで、山口に集めて射撃を試験し、六月二十日には二〇〇人におよんだ。晋作の指揮下の五〇人はその一部であった。七月に入ると藩は、晋作の松陰門下生時代の親友であった足軽出身の吉田稔麿《としまろ》（栄太郎）を士分に取り立て、被差別部落の有志を選抜して「屠勇隊《とゆうたい》」を編成させ、あるいは力士山分勝五郎《やまわけかつごろう》ら七人に武器を与えて力士隊《りきしたい》の編成を許すなど、封建的旧習を打破して馬関防備の充実を図った（『周布政之助伝』下）。

　馬関防備に精励する晋作に対して、藩主も世子もそれぞれに配慮するところがあった。世子は六月二十三日、晋作に近く勅使《ちょくし》正親町公董《おおぎまちきんただ》（国事寄人《よりゅうど》）の西下があり、一層の尽力を頼むとの親書を与え、しかもそれには「東行賢友へ」としたためられていた（『高杉晋作全集』上、書簡九二）。正親町公董は、朝廷の攘夷監察使として、攘夷戦に奔命した長州藩を慰労し、かつ西国諸藩の奮起を促して長州藩を援助せしめようと派遣されたのである。また六月二十七日には、藩主は奇兵隊の隊勢の盛んなのを嘉賞し、晋作に政務座役《せいむざやく》ならびに奇兵隊総管《そうかん》を命じた（『修訂防長回天史』四・「高杉晋作履歴抜書」）。

政務座役・奇兵隊総管になる

　六月下旬より七月上旬にかけて、奇兵隊は次第に増員し、総管晋作の下に隊勢も充実した。また前田・田ノ浦方面にある砲台にも一部火砲の配置をみた。さらに晋作の要請にもとづいて、好生堂より半井春軒《なからいしゅんけん》以下五人の医員が派遣されて、下関の野戦病院に病人を入院させ、田ノ浦の陣営も起工し、馬関の防備は次第に進捗した。先に決定をみた馬関駐在の正兵一〇〇人も、七月上旬になってようやく編成の緒についたので、馬関

先鋒隊と奇兵隊

本営手元役として晋作は、正兵を先鋒隊《せんぽうたい》と名づけ（のち選鋒隊と改称）、これに対して奇兵隊を小隊と称し、奇先二隊で東西の海口守備を分担することとし、同時におのおの二隊の陣中規則を定めて、七月九日には藩の認可を求めた。同時に周布らにも書を送って、さらに先鋒隊五〇人を、とくに御前詰稽古人《ごぜんづめけいこにん》などより選抜して、すみやかに馬関に派遣するよう求めた。晋作はその書中に、

元来敵地に臨み候事は、中人以下の者は好まざるは凡情の有様に御座候故、御前詰（御馬前決戦の士）先鋒隊を（御旗本の先鋒）操廻《くりまわ》し（輪番）仰せ付けられ候ては如何や、御詮議《ごせんぎ》下さるべく候、

と建策している。周布らはこの晋作の策を可として衆議一決し、藩主の許可を求めたが、右の文中から、当時、一般の士風がいかに畏縮《いしゆく》し怯懦《きようだ》の武士団となっていて、馬関派兵の選抜が容易に進まなかった実情を知ることができる（『修訂防長回天史』四）。

当時、藩の軍政方を務めていた兼重慎一によると、藩は馬関攘夷戦には消極的で、陸戦にすれば少しは防げるからと、「海岸の筒は内へ取り込めて陸地の要所へ退いて、総《すべ》て海岸の人数は引き取れと云う事」を命じていた。しかし、奇兵隊やそのほかの「英気の先生等は治《おさま》」らず、本当に奮発して戦う者は諸隊の者ばかりで、藩庁正規軍は藩の命に従って後退し、働かなかったと語っている（「兼重翁史談速記」馬関攘夷）。

長州藩は孤立無援

さて晋作は、奇兵隊編成当初より書を来島又兵衛に送り、馬関攘夷のために、筑前《ちくぜん》・肥前《ひぜん》・肥後《ひご》の九州諸藩にも使者を派遣して協力を求め、かつ小倉《こくら》海辺の土地借り受けを頼んでいた（『高杉晋作全集』上、書簡九〇）。しかし、何らの協力もえられず、長州藩は全く孤立無援の状態であった。

勅使に小倉藩征討を迫る

そして十五日、勅使正親町公董は下関に入り、もたらされた軍慰撫の勅書は吉田稔麿が捧持して馬関の諸士に披露された。勅使の来関を好機として、晋作・波多野・小田村《おだむら》素太郎《もとたろう》（文助《ぶんすけ》、のち楫取素彦《かとりもとひこ》）・宮城彦輔《みやぎひこすけ》（助）・佐久間佐兵衛《さくまさへえ》（直二郎、赤川淡水）らは七月十七日、協議して、長州藩士・奇兵隊士らの小倉藩の態度への憤怒を、同藩に対する五罪におよぶ弾劾文《だんがいぶん》として起草し、十九日、これを勅使に提出して征討の命を請うた。勅使は即決を避け、征討の命のような重大事は朝廷に奏請しなければならないとして九州への渡航を止め、二十一日、下関を発って、翌日、宮市へ転宿し、さらに三田尻《みたじり》（山口県防府市）に移った。

晋作は以前より、筑前の平野国臣《くにおみ》（次郎）、薩摩の美玉《みたま》三平らと交際があったので、勅使着関後、佐久間佐兵衛・入江杉蔵とともに、勅使に随行して九州行などを協議し、これを山口政事堂に報告していたが、勅使が下関より宮市へ転宿になったので、この晋作の九州行は実現しなかった（『修訂防長回天史』四）。

藩では先の攘夷戦で、海軍の主力であった庚申丸と壬戌丸の二艦を失い、丙辰丸と癸亥丸は弱小であったため、陸戦防禦を主とする方針をとり、七月二十八日、在関の国司信濃・晋作・波多野に命じて砲家長沼太郎兵衛を長崎に派遣し、外人よりライフルカノン砲・ミニヘール銃（Minié rifle ミニェー銃、一八四六年、フランス歩兵大尉ミニェーの発明による。ゲベール銃に比べて射程も延び、命中精度向上）・ゲベール銃を購入させたほか、八月九日には藩主の近侍一人、御前警衛士一五人を、十五日交代で馬関に派遣することとし、翌十日には先鋒隊六〇余人に関地駐屯を命じ、十一日には、晋作の請求により無給通一〇人を増派するなど、兵力の増強を図った（『修訂防長回天史』四）。

このように馬関防衛が漸次充実し、晋作の任務もいよいよ重大となろうとするとき、たまたま世子の馬関巡見の八月十六日夜に、奇兵隊と先鋒隊との争闘が起こった。

先鋒隊と奇兵隊の争い

直接の原因は、六月三日、尊攘派有志によって馬関総奉行の使番に抜擢された宮城彦輔《みやぎひこすけ》の行動にあった。宮城が、六月五日の仏艦砲撃で、益田豊前《ますだぶぜん》の一隊が隊伍を乱して敗走したのを罵倒《ばとう》したため、叱罵された諸士が報復しようとしたのである。しかし、先鋒隊と奇兵隊二隊の軋轢《あつれき》の遠因は、馬関に相並んで駐屯して以来のもので、世禄の士から成る先鋒隊士は、庶士混合の奇兵隊ら諸隊の新編成に心よからず、「諸隊《しょたい》の奴原《やつばら》」と軽侮し、また、奇兵隊士のほうでは「腰抜け武士」と嘲《あざけ》り、互いに反目していた。

これらの事情が重なって、八月十六日夜、奇兵隊士が先鋒隊の屯営教法寺《きょうほうじ》（下関市赤門町）を襲撃して数人の死傷者をだし、ついで先鋒隊士が奇兵隊士一人を、阿弥陀寺に帰営しようとする途中に刺殺する事件となった。これらの事件をきっかけに、奇兵隊士が各自武器をもって教法寺に突入した。また、先鋒隊士のほうは奇兵隊の襲撃を憤り、即夜大挙して阿弥陀寺を襲うため、甲冑をつけ槍刀を携えて街頭に集結した。

晋作は、世子のもとへ急使を遣って、事態の大要を報告したため、世子と総奉行国司信濃は隊士の慰諭に努め、辛うじて事なきをえた（『修訂防長回天史』四）。この事件により、奇兵隊総管晋作は、八月二十日、奇兵隊士とともに待罪書を藩へ提出し、かつ双方の隊に遺恨を残さないよう、公平な処分を藩に申請した。この処分は後述するように、「八月十八日の政変」による藩論の混乱とも微妙に関連したものであった。

幕府、長州藩を詰責

幕府は、朝廷による列藩への長州応援の御沙汰と、外国公使団の強硬な抗議との板ばさみに苦しみながら、六月十二日、老中水野忠精《ただきよ》に、長州藩に対し馬関攘夷を詰責させ、また七月九日には、外国船撃攘《うちはらい》禁止令を下した。長州藩は、この幕令は叡慮に反し、攘夷戦を中止するようなことは一藩士民の動揺を生ずるとして、幕命を受理しなかった。そこで幕府は、使番《つかいばん》中根《なかね》一《いち》之丞《のじょう》を七月二十四日、幕艦朝陽丸で下関に遣わして、長州藩の外国船撃攘および小倉藩領への侵入を糺問させた。

幕艦を占拠

長州藩の諸砲台は、幕艦と知りながら故意に威嚇《いかく》砲撃を加え、同艦を下関埠頭《ふとう》に繋留すると、海峡警備の奇兵隊士らは、先に小倉藩の五罪をあげてその征討を勅使に迫ったあとだけに激昂《げっこう》し、護衛と称して朝陽丸に留まり、同艦を占拠する気勢を示した。さらに、隊士らは二十六日、先に米艦に撃沈された藩の軍艦の代りに朝陽丸の借用を強要したが、中根は応じなかった。

二十九日、中根は小郡《おごおり》（山口県吉敷郡小郡町）に赴き、長州藩に対して、外夷拒絶談判決定以前に外船砲撃をしたことを責め、小倉藩領田ノ浦占拠を非難して、同地からの撤退を命じた幕府からの詰問書を伝達した。これに対して、長州藩は八月四日、攘夷は朝命にもとづき、また小倉藩との確執は、同藩の措置が宜しくないためであるとの答弁書を送付して、反論した。隊士らが朝陽丸を占拠したために、中根は東帰できずにいたが、八月十九日の夕刻、長州藩の激徒が幕使中根の一行を小郡の旅館に襲い、中根と誤認して小人目付《こびとめつけ》鈴木八五郎らを殺害してしまった。中根は身の危険を感じて、二十一日、藩庁に仕立てさせた飛船で丸尾崎（宇部市東岐波《きわ》字丸尾）を発って帰途についたが、激徒はその跡を追い、中根を殺した。これら二件について、藩は江戸藩邸に使を出し、幕府に申報したが（『修訂防長回天史』五）、ここに至って長州藩と幕府との対立はいよいよ激化するのである。

なお、奇兵隊士らが朝陽丸を占拠、抑留したことによって、藩ではこの幕艦の処理に苦しんだが、九月三日に至り、吉田稔麿が命を受けて、幕艦船員に辞を厚くして江戸に回航させて、ようやく解決した（『修訂防長回天史』五）。

四 「八月十八日の政変」と藩論の混乱

八月十八日の政変

晋作が先鋒隊と奇兵隊との軋轢《あつれき》について待罪書を提出してから三日後の文久三年八月二十三日、長州藩を揺るがす一大変報が、京都より急帰した使者によって山口にもたらされた。堺町《さかいまち》御門《ごもん》の変、いわゆる「八月十八日の政変」の報であった。

真木和泉

六月に、激派の理論的指導者、久留米《くるめ》水天宮《すいてんぐう》神官の真木和泉《まきいずみ》（保臣《やすおみ》）が入京して、「即今攘夷」の計画が一段と前進した。真木の策略の主要点は、天皇が大和に行幸して神武《じんむ》帝《てい》山陵・春日社《かすがしゃ》に攘夷の祈願をし、ここから幕府に攘夷決行の勅命を下して、もし幕府が受けいれない場合には、諸大名に将軍追討を命じ、政権を朝廷に回復して、天皇を陣頭に立てて攘夷を決行しようとする「攘夷親征」にあった。在京の桂小五郎・清水清太郎・佐々木男也・寺島忠三郎らも、真木の論に賛同した。六月二十六日、真木は学習院出仕となってこの論を建白したため、「攘夷親征」の朝議が起こることになった。

大和行幸の詔

また、七月十八日、長州藩では在京の支族の吉川経幹《きっかわつねまさ》（監物《けんもつ》、毛利家末家、のち岩国藩主）が、藩主父子の直書の意を体して、重臣益田右衛門介・根来上総《ねごろかずさ》（勢之祐《せいのすけ》）および中村九郎・桂・玄瑞をともなって関白鷹司輔熙《たかつかさすけひろ》に謁し、「攘夷親征」を奏請した。しかし、このような「攘夷親征」論には廷臣内部に反対・賛成の意見があり、また公武合体派諸藩の間にも反対があり、何よりも孝明天皇《こうめいてんのう》が公武合体を旨とし、尊攘急進派の過激な行動を嫌っていた。そのような情勢のなかで、真木や長州藩士を中心とする急進派の猛烈な運動が奏功して、八月十三日に大和行幸の詔が下り、長州藩には「藩主父子のうち一人早々上京すべし」との命が伝えられた（『維新史』三）。

孝明天皇は大和行幸が決定した後も、宮廷で最も信頼する中川宮（朝彦《あきひこ》親王）に「朕《ちん》が親征は暫《しばら》く延《のば》すべく、よつて征幕の事も止むべし」と告げて遷延をはかり、かつ京都守護《きょうとしゅご》職《しょく》の会津（福島県）藩主松平容保《かたもり》にも信頼の念が厚かった。かねてから急進派の堂上《とうしょう》公卿によって藩主が敬遠・嫌悪されているのに不満であった会津藩士らが、「攘夷親征」の詔が下ったのに激昂《げっこう》しているところへ、薩摩藩士の高崎正風《たかさきまさかぜ》らが、「大和行幸は、長州藩士および真木らが行幸の途上、天皇より公卿・諸侯に詔を下し、関東に下向せしめて天下に号令しようとする陰謀であり、また国事御用掛《こくじごようがかり》らの過激者が、堂上を脅迫して発した偽勅である」と述べて、京都守護の重任にあたる会津藩の蹶起《けっき》を促し、二藩の連合を提議した。

この議は、ただちに会津藩主の同意をえて、薩摩・会津二藩の連合が成立し、中川宮および公武合体派の堂上の協力によって朝議は一変し、十七日夜半から十八日暁にかけて、一大政変が決行された。この政変によって長州藩の堺町御門の警衛は御免となり、久坂玄瑞をはじめ長州藩兵のことごとくは涙を呑んで京都を引き払い（約二六〇〇人）、三条実美《さねとみ》ら七卿（実美のほか三条西《さんじょうにし》季知《すえとも》・東久世《ひがしくぜ》通禧《みちとみ》・四条《しじょう》隆謌《たかうた》・壬生《みぶ》基修《もとなが》・沢《さわ》宣嘉《のぶよし》・錦小路《にしきこうじ》頼徳《よりのり》）も参朝差し止めとなり都落ちした。

この政変を可能にした根底には、天皇の意志がひそかに働いていた。そのことは、政変後、中川宮・二条斉敬《なりゆき》・近衛《このえ》忠熙《ただひろ》三人連名に与えられた宸翰《しんかん》に、

> 三条（実美）初メ暴烈ノ所置、深ク痛心ノ次第、聊《いささか》モ朕ノ了簡採用セズ。其ノ上、言上モナク浪士輩ト申合セ、勝手次第ノ所置多端、（中略）去ル十八日ニ至リ、望通リニ忌ムベキ輩取退ケ、深々悦ビ入リ候。（中略）重々不埒《ふらち》国賊ノ三条初メ取退ケ、実ニ国家ノタメ幸福。此上ハ朕ノ趣意立チ候事ト深ク悦ビ入リ候事。（山川浩『京都守護職始末』）

とあったことによっても知ることができる。

この政変での薩摩・会津二藩の連合は、公武周旋をめぐって長州藩と互いに独自の立場をとって反目しつつ、中央の政局でひけをとっていた薩摩藩が、形勢挽回を策して、

東北雄藩で京都守護の任にあり、天皇の信任厚い会津藩を選んだことによるものだった。

七卿、三田尻へ到着

京都の変報に接した長州藩では、七卿の西下・入国が近いことについて協議し、もし藩に迎えると朝旨に逆らい、七卿の罪状を重くすると懸念して、八月二十六日、七卿に帰路を勧告するため家老を遣わし、上ノ関《かみのせき》（山口県熊毛郡上関町）または岩国（山口県岩国市）に抑留しようとしたが、すでに二十七日に七卿は三田尻に着き、別館（のちに会議所を設け招賢閣と称した）に入った。

このころ、馬関駐在の晋作は奇兵隊を率いて上京しようとしたが（「白石正一郎日記」八月二十五日条）、世子が「京師《けいし》の大変、恐縮憤悶の至り、泣血《きゅうけつ》に堪えず候。いずれも同様の義、申すまでもこれなく候。この時に当り、粗暴の処置これありては、彼が術中に陥り候」と引き留めたため取りやめた（「仲秋念六」（八月二十六日）付親書、『高杉晋作全集』上、書簡一二六）。

俗論党の台頭

さて、京都における長州勢力の失墜は、ただちに藩内に俗論の沸騰を生じさせることとなった。八月二十九日、恭順派の巨頭椋梨藤太《むくなしとうた》・中川宇右衛門らは山口に出て、当局の政策を非とし、藩首脳陣の更迭を藩主に直訴した。また翌晦日には多数の壮士らが、直目付の毛利登人《のぼる》・前田孫右衛門、御内用表番頭格《ごないようおもてばんがしらかく》の周布（当時麻田公輔）を刺そうとする勢いを示し、世子がこれを慰撫《いぶ》する始末であった。このため、周布ら三人は引責辞職を請い、九月朔日に罷免された。

晋作、政務役御免になる

このように、俗論党が台頭する形勢のなかで、老臣らは先の先鋒隊と奇兵隊との軋轢事件について藩主の裁決を仰ぎ、八月二十六日、宮城彦輔に自決を命じ、禄を没収し、先鋒・奇兵両隊士、奇兵隊総督高杉晋作、先鋒隊稽古掛桑原平八・山県箴《ただし》らを謹慎処分にした。つづいて二十八日、晋作は政務座役御免となり、奇兵隊総管のみとなった(『高杉晋作全集』上、書簡一一四)。

奇兵隊小郡へ移る

さらに藩議は、奇兵隊解散の命を馬関の総奉行国司信濃に下した。この措置は、俗論党の意向を顧慮したものであったことは確かであろう。しかし、信濃らはこれを秘して発表せず、信濃の手元役波多野金吾《はたのきんご》は、八月二十九日、周布と山田宇右衛門に書を送って、解散の不可と奇兵隊の小郡《おごおり》移転の議を具申した(『周布政之助伝』下)。三十日には藩は、解散して不測の変を招くよりも、小郡に転陣させるがよいとして解散令を取り消し、奇兵隊の小郡管内、秋穂《あいお》村(吉敷郡秋穂町)への移駐を命じた。移駐理由は、山口は防長二州の根基かつ藩主の在所で防備の急は馬関に譲らず、その要衝である椹野川《ふしのがわ》の海口一帯に奇兵隊を駐屯させるというものである。この措置は、周布らが罷免直前に尽力した結果で、俗論党の意を汲んだ奇兵隊解散令を撤回させ、紛糾を未然に防いだものとみるべきであろう。

晋作は移駐の命を受けて舎営の家屋を調査させ、九月五日より隊士を順次船で秋穂浦へ着岸させ、六日にはことごとく秋穂村に移動、泉蔵坊・信喜坊・万徳院・遍照寺の四寺に分屯させ、七日に万徳院を本営とした。

正義派の復権

これより先、罷免された毛利登人・前田孫右衛門・周布の三人に関して、正義派の諸士中、最も晋作が尽力した結果、九月十日、俗論党の財満《ざいま》新三郎ら一〇余人は結党嗷訴《ごうそ》の罪で逼塞《ひっそく》、椋梨藤太らも隠居を命じられ、のち処罰が行なわれた。代わって同日、毛利・前田がおのおの直目付役座、用談役、周布（麻田）は政事堂御内用および蔵元役・政務座連名に返り咲いた。

なお、晋作は毛利ら三人の再任と同日の九月十日に、長嶺内蔵太・楢崎《ならざき》弥八郎《やはちろう》は十五日に、あいついで政務役に登用され、玄瑞も政務役として京都に駐在し、二十日に、大和弥八郎も直目付になるなど、一挙に気鋭の正義派の諸士が藩政の要路を占めるに至った（『修訂防長回天史』五）。

晋作、政務役就任

晋作の政務役就任により、藩は九月十二日に晋作の奇兵隊総管を免じ、河上弥市・滝弥太郎を総管に任命した（十月に河上は生野（兵庫県朝来郡）へ脱走。以後、赤根武人が総管となる）。晋作の総管としての期間は六月上旬より三ヵ月余にすぎなかったが、奇兵隊の編成は晋作なくして成立しえなかったし、またその間に、隊の規律・性格も固まったものである。

晋作を馬関防備の中核である奇兵隊の総管より、あえて政務役へ撰用したのは、藩主はじめ藩の要路から、藩論一定・国力回復の急務に死力を尽す一人として期待されたためであり、これは九月十三日、藩主が家老益田右衛門介宛の書に記した内容からも明らかである（『周布政之助伝』下）。

薩賊・会奸

長州藩の激派は、この「八月十八日の政変」を薩摩・会津両藩の陰謀によるものと宣伝し、「薩賊《さつぞく》・会奸《かいかん》」とののしり、藩士だけでなく領民の間にも両藩への憎しみをあおり立てた。とりわけ、藩士間の薩摩藩への悪感情はすさまじかった。なお、この政変以後、長州藩はこれまでの行きがかり上、他藩の多数の激派浪士を抱き込まなければならなかった（「邦内諸隊名称寄留浪士氏名付立」）。彼らは激派中の激派として、失地回復のために長州藩に大挙京都に出兵することを要求するなど、その後の長州藩の政治的動向に大きな影響を与えることになった。

九月九日、官位《かんい》剝奪《はくだつ》の朝命を受けた七卿は、随従の家士や諸藩脱走の激派の画策を受け、長州藩に頼って義兵を挙げ、朝政を政変前の状態に挽回しようと決意し、奇兵隊を借りて上京したいと申し入れた。これをうけて、藩は九月十六日、晋作も加わった重臣会議を開き、とりあえず世子定広の上京を決議した。晋作は藩主の命を受けて、九月二十日に三田尻に赴き、世子上京を七卿に報じた。七卿は皇運回復の機会と喜び、即日、藩主に返書した。この日、土佐藩の中岡慎太郎《なかおかしんたろう》（変名、石川誠（清）之助）も、政変後の長州藩情を探るため国元から単身で三田尻へ着き、七卿に謁した（宮地佐一郎『中岡慎太郎』）。

また、筑前藩の浪士中村円太《えんた》（変名、野《の》只人《ただひと》）も三田尻へ入り、同藩の有志に長州の藩情を九月二十日付で送っているが、それには、高杉晋作が奇兵隊一〇〇〇人を率いて大坂城を占拠するという流言が飛んでいた様子や、三田尻在留の七卿の動静や長州藩の動きについても、種々の流言が飛んでいた様子がうかがえる（『修訂防長回天史』五）。

奇兵隊、三田尻へ移駐

長州藩では七卿の要請によって、二十五日、小郡駐屯の奇兵隊を三田尻に移し、正福寺（防府市お茶屋町）を本営とし、七卿の居館（御茶屋）の警衛にあたらせた（『修訂防長回天史』五）。

晋作、新規召抱え

十月朔日になると晋作は、従来小忠太育《はごくみ》であったが、新規に知行高一六〇石をもって召し出され、大組に加えられ、かつ御手廻組《おてまわりぐみ》に入れられ御奥番頭となり、世子の御内用掛を命じられた。晋作は先の九月十日、政務役に再任したが、危急の折で辞退できずに引き受けたもので、今や正義派の役人の登用をみ、京都より正義派の士も帰着して政事も一新され、君公の上京も決まったのを機に、御役御免を申し出ていたが（「御役御免申立演説書」『高杉晋作全集』上、書簡一一三）、このたびの新規の召抱え発令と同日の十月朔日付で、右の申立《もうしたて》通り政務役は御免となった（『修訂防長回天史』四）。晋作は翌二日、早速、新規召抱《めしかか》えの辞令の写しを両親のもとへ送っている(『高杉晋作全集』上、書簡一〇四)。父小忠太は、当時世子の御奥所勤務・御内用掛で、また世子夫人の御裏年寄役(奥向の家老職)をも兼帯していたが、このころ病身を理由に、九月三日に「御役御断り」を出願していたのが聞き届けられた(「高杉小忠太履歴材料」)。晋作は改めて十月十九日、これまで父が勤めていた世子御用の役をそっくり引き継ぎ、世子側近として職務に精勤することになった(『高杉晋作全集』上、書簡一〇六)。

父小忠太の引退と後継

長州は尊王藩の告諭書

さて、晋作が藩主父子の格別の処置で新規に召し出された同日の十月一日、藩主は、長州藩の公明正大の立場を沿道の諸藩へ主張した檄文《げきぶん》であるとともに、政変に対し雪冤《せつえん》の態度を表明した告諭書を藩一般に下し、吉田松陰の天朝奉事・王臣論に基づく尊王藩たることを改めて標榜し、勤王の意を明らかにした(『修訂防長回天史』五)。同日、藩主は諸士に親書を与えて、「先ず君側の姦《かん》を除き、御国内の賊を滅し、竟《つい》に攘夷の大功を成し、宸襟《しんきん》を安んずべし」と命じ、諸士も藩主に対して朝政挽回の策を議決し、その案を具申した。ついで藩は十月十日、藩士に対してあらかじめ世子上京に軍装して随行する旨を下令し、また世子護衛のため、来島又兵衛および玄瑞にもっぱら遊撃隊の組織を命じ、同月十二日には世子上京の藩議がほぼ決定した。

吉川経幹

十八日、晋作は、藩主の親書を携えて岩国に赴き、支族吉川経幹《きっかわつねまさ》に呈出するよう命じられた。その親書の内容は、世子上京は「七卿御帰洛、朝政御改復を願い奉る」ほかに他念はないが、あらかじめ武備・策略など十分精密でなければ上京できないので、協議のため、すみやかに経幹が山口に来るよう促したものであった。このとき晋作は、次のような老臣連署の三ヵ条を十分経幹に説得し、山口に来会を促すようにとの内訓を受けていた。

一、政変直後、朝廷からの支藩（清末）毛利元純《もとずみ》・支族吉川監物《けんもつ》（経幹）らの輦下《れんか》における行動の糾明については、本藩から答書を近く勧修寺《かじゅうじ》殿まで差し出すこと（毛利氏のみ伝奏のことは一に勧修寺家による定例であった）。

二、上京闕下《けっか》に伏願するにあたり、いかなる支障の生ずるやも知れず、兵力を用いなければならない場合も生ずるから、軍備を十分整え、策略決定次第、押しても上京すること。

三、昨年末の国是の叡旨《えいし》を幕府・列藩へ申し入れる主旨は、武備充実のうえで攘夷決定をするのでなく、攘夷決定にて武備を充実致すべしとのことであること。

（『修訂防長回天史』五）

右の内訓に、世子上京、朝政回復、藩勢挽回にかける長州藩の強烈な決意を看取することができる。

晋作は本家御内用の使者として、十月二十二日、岩国に至り親書を呈したが、翌日、経幹は世子進発に不賛成の意をもらし、また病気ゆえに山口行の期日を決めがたい、とする答書を晋作の旅舎に届けさせた。これを受けて晋作は、再び経幹への拝謁を使者に頼んだが、「御頭痛」を理由に断られ、やむなく二十六日、山口に帰った。その後も藩主は使者を経幹に遣わし山口に来るよう促したが、経幹はまたも病気を理由に断り、世子の上京に関して、あくまで不同意を表明した（『吉川経幹周旋記』二）。このように、京都の形勢挽回に吉川経幹の積極的な協力を期待していた本藩のもくろみは、不発に終わった。

従来、吉川家は、系統の上からいえば支藩であるにもかかわらず、本藩では家来として扱ったため、本藩とのあいだに長く感情の疎隔《そかく》があった。長州本藩では文久三年ごろから支族の吉川経幹を支藩なみに厚遇し、経幹の三男重吉《ちょうきち》を藩主の猶子《ゆうし》とするなど、その心を収攬《しゅうらん》することに努めていたが、経幹は常に持重《じちょう》に傾き、本藩の急激の措置には賛成しなかった（『修訂防長回天史』二）。

真木和泉の「出師三策」

一方、七卿の周辺では、世子上京の藩議決定を機に義兵を挙げて、朝廷の形勢を「八月十八日の政変」以前に回復しようとする謀議が、三田尻の会議所（のち招賢閣）で行なわれていた。とくに諸卿に随従した真木和泉は、十月二十二日に「出師《すいし》三策」を起草し、同地にいた諸卿に進発を促した。「出師三策」の内容は、その上策として「世子軍を帥《ひき》い、三条《（実美）》公以下皆倶《とも》にし、其軍号して五万と為し」云々とあるごとく、きわめて誇大にして激烈な文で、勤王軍を京畿に出して幕兵と抗争して、大勢を一挙に挽回すべしという主旨であった。諸卿随従の浪士はすべてこれに賛同し、藩内でも中村九郎は、この進発論に同情を寄せ、来島又兵衛は最も積極的な進発論者であった。

　しかし周布・桂・晋作らは、真木和泉の三策を空論とみなして慎重の態度をとり、非進発論を主張した。結局、藩庁としては支族吉川経幹の山口への来会も望めず、諸卿や随従浪士らの激論を極力慰撫し、藩内の不穏を鎮静する苦心の策をとった。まず、諸卿（生野に赴いた沢宣嘉をのぞく六卿）を二十六日に山口に移し、浪士との接触を厳重に取り締り、また警衛や随従者も制限・特定した。そして奇兵隊の諸卿警衛を解除したうえで三田尻に駐留させ、他藩人との応接、富海より小郡付辺までの海岸防備にあたらせた。また、これより先の二十二日には、来島又兵衛の進発論の意を和らげるためと考えられるが、遊撃隊を三田尻に派遣し、来島に総括させるなどした。

「東一」と改名

　ついで藩は十月晦日、世子の上京に関して、随従および留守の人員を定めている。晋作が同日夜に、山口の宿舎から萩にいる父小忠太にしたためた書には、随従と留守の人員名をあげているが、その割り振りについても藩要路の間に紛議があり、また前田孫右衛門に対して、非進発の意見の周布が、狂体のごとく時局の対策について激烈な議論を交わしたことが知られる。なおこの書中で晋作は、すでに幕吏の耳に自分の姓名が入っているので、改名か改姓名をしたいと、その教示を父に頼んでいる。この件は、十二月四日、藩主の命によって「東一《とういち》」と改名することになった（『高杉晋作全集』上、書簡一〇九・一一二）。

「奉勅始末」「査點書」

さて、藩庁では世子上京に先立ち、徐々に京都における形勢挽回に乗り出そうとし、家老井原主計《いはらかずえ》に命じて、長州藩主として一貫して勅命を奉じ、叡慮を重んじて行動し、何ら罪を朝廷・幕府に咎《とが》められる理由のないことを弁じた「奉勅始末《ほうちょくしまつ》」と、支藩の毛利元純《もとずみ》・支族の吉川経幹二人の、先の政変に際しての行動に、罪に値するものがないことを述べた「査點書《さてんしょ》」二通を朝廷に奉ろうとした。

藩命を受けた井原主計は、十一月八日、玄瑞の率いる遊撃隊士十数人を護衛として上京した。主計の上京に関連して、藩は、政変に際し長州藩の冤罪を朝廷に弁疏《べんそ》した因幡《いなば》（鳥取県）・備前《びぜん》（岡山県）・美作《みまさか》（岡山県）・阿波《あわ》（徳島県）・津（三重県）・安芸《あき》（広島県）の六藩に使者を遣わしてその情誼《じょうぎ》を謝し、「奉勅始末」に賛同を求め、さらに仙台・福島・相馬《そうま》（福島県）・水戸・加賀などの一一藩にも、使者を出して同意を依頼した（『周布政之助伝』下）。ところが、再三の歎願書の提出にもかかわらず、会津藩が、主計の入京は謝罪のためではなく、朝議を政変以前に回復しようとするものであると公卿らに説いたため、入京が許されず、主計は伏見に留まらざるをえなかった。

このような京情にかかわらず、十一月十九日、藩は主計に書を送って、「先月十五日に朝廷から、関東において鎖港《さこう》談判に及ぶ旨の言上があり、攘夷についてはすべて幕府の指揮を待って、軽挙暴発の者のないよう沙汰を下されたが、すでに当夏以来、叡慮尊奉、幕意随順の御主意で五度の戦争におよんでいる当藩としては、幕命に従うことができない」と朝廷に言上するよう命じた。

一方、十一月二十六日、幕府に対しても、「攘夷中止を全藩に下令はできず、鎖港談判中事なきを望むならば、外国船がわが藩領内を通航しないよう、外国側に告諭すべし」との書を送り、幕府との対決姿勢を明らかにした。

諸隊に親諭書を示す

さらに、藩内に対しては十二月十一日、「奉勅始末」を士民一般に公示して、叡慮遵奉の方針を徹底させ、かつ諸隊長に藩主の親諭書を示し、その兵員・駐屯地を定め、三田尻に遊撃隊（五〇〇人）、下関に奇兵隊（三〇〇人）、山口に八幡隊《はちまんたい》（一〇〇人）、小郡に集議《しゅうぎ》隊《たい》（五〇人）、上ノ関に義勇隊《ぎゆうたい》（五〇人）とし、藩の防備態勢を固めた。

なお、十二月十八日には、長崎よりの情報としてオランダ新聞紙の翻訳を公示し、「明年正月、オランダ軍艦来襲の虞《おそ》れあり」として応戦の覚悟を藩内に諭告し、年始の祝式一般に鎧《よろい》・直垂《ひたたれ》を着用すべし、と士気を鼓舞した（『修訂防長回天史』五）。

これら藩の一連の措置は、十一月二十日、遊撃隊司令来島又兵衛らが藩主に謁見して、世子のすみやかな上京を請うといったような、高まりつつある急進的な進発論（出兵論）を制したものであった。また、それは、藩要路が非進発論を基調としながら、あくまで攘夷先鋒の長州藩の立場を朝廷・幕府・諸藩に主張し、いかなる変事にも応じることができるよう、藩の態勢強化を図った努力の所産でもあったのである。

このような藩の施策のなかにあって、晋作が十月下旬、岩国から帰藩後どのように関与していたかを知る史料はないが、十一月十五日、晋作は香川半助《かがわはんすけ》とともに世子上京用掛を命じられている（『東行先生年譜』、『東行先生遺文』）。このころ晋作が世子に宛てたと思われる書に、晋作が割拠論に立ち無謀な進発論には反対しながらも、世子の近侍側近として世子上京そのものには反対ではなく、むしろ用意周到な方策を披瀝し、上京が無事に行なわれ実効があるよう専念していたことを知ることができる。このように、晋作と世子とは書をとりかわし、自由に意見を交わし、当面の諸問題に対処していた（『高杉晋作全集』上、書簡一一二・一一六）。

第六　禁門の変と四国艦隊下関砲撃

一　脱藩と入獄

元治元年正月

元治《げんじ》元年（一八六四）の元旦は旧臘《きゅうろう》（前年十二月）下達《かたつ》の通り、長州藩主以下、武装の賀式を行ない、正月十一日には藩主父子の具足祝《ぐそくいわい》の式があって、藩主以下、皆甲冑《かっちゅう》を着て宴にのぞみ、軍令の読書があるなど、年初より藩内に戦時意識の高揚があった。

来島又兵衛、入京を企てる

三条実美《さんじょうさねとみ》らに随従した諸藩士および浪士らは、京都の形勢が次第に公武合体に傾き、攘夷論がほとんど顧みられないのを憤慨して、正月中旬より再度にわたって死をもって朝議の回復を図るよう三条に上書《じょうしょ》したため、三条は正月二十二日、従士水野丹後《たんご》（正名《まさな》、元久留米（福岡県）藩士）・従士土方久元《ひじかたひさもと》（元土佐藩士）、浪士真木和泉《まきいずみ》（元久留米藩士）・浪士宮部《みやべ》鼎蔵《ていぞう》（元熊本藩兵学師範）らを招いて、謀議を行なった（『三条実美公年譜』）。

このような動きと時を同じくして二十三日、宮市（防府《ほうふ》市）滞陣の遊撃軍（来島又兵衛組織の遊撃隊に諸隊が合併・改組した隊名改称）のうち、他藩の激派浪人らが、世子《せいし》定広《さだひろ》の進発遷延や藩の対朝廷策を優柔な拙策として憤慨し、京に大挙出兵しようとする動揺が起こり、これに挑発され、扇動されてかねてより進発論者であった総督来島又兵衛《きじままたべえ》が、同志を率いて亡命入京しようとする事態になった。

晋作、来島を説得

世子はこの遊撃軍の動揺を耳にし、正月二十四日に山口に帰着した藩主と図って、晋作（世子奥番頭《おくばんがしら》兼御内用《ごないよう》）を召致し、「このたびの遊撃軍の沸騰は国家の一大事ゆえ、その方が千慮万死して鎮静致すべし」と藩主父子の内命を下し、同時に総督来島又兵衛への世子の親書を手渡した。晋作は、二十四日夕方、山口を発ち、夜半ごろに宮市の遊撃軍の陣屋に着き、来島又兵衛へ親書を手渡し鎮静方を説いたが、容易に応じなかった。

翌二十五日、再び晋作は来島を訪ね説得を重ねたが、結局これ以上説得するも無益と考え、二十六日、いったん三田尻に転居した。ところが、二十七日夜になって世子御前《ごぜん》詰《づめ》の岡部繁之助が、来島鎮静方の報を待つ世子の親書を持って来たため（『高杉晋作全集』上、書簡一二〇）、命令をうけた以上、鎮静の手段を尽くさねばならないと、考え直し、晋作は三たび来島に鎮静論を説いたものの、依然として不承知であった。そこで、藩主父子より鎮静致すべし、との内命を受けていた晋作は進退に窮し、来島に対し、

宍戸（左馬介）・桂・久坂三士も上京苦心周旋《しゅうせん》のことに付き、御国の廟算と京師《けいし》居合《いあわせ》の士の形勢事情に就いての胸算と相違いたしては、事の敗亡に至るは必然のことに付き、

僕一身暴発、京師へ飛走し、三士と事を謀るべし。三士も割拠を以て上策とする時は、遊撃軍も鎮静に至るべし。三士も御進発を以て上策とする時は、速にその由を報知すべし。

と告げたところ、来島もこれを承諾した。そこで正月二十八日、晋作は富海《とのみ》へ急ぎ、藩を脱して上京した（「高杉晋作獄中手記」『高杉晋作全集』下、日記）。

晋作、京都へ脱走

このときの晋作の京都脱走原因として、来島が激論の末、晋作に対して「新知行《ちぎょう》一六〇石を賜わって厚禄に安んじ、姑息《こそく》の説を唱えて昔日の英気を失ったのか」と嘲罵《ちょうば》したためとされているが、右のように晋作はみずから一定の所見によって行動したものであり、来島もその所見を承諾していたことは明らかである（『修訂防長回天史』五）。

晋作は、富海より書翰を同志へ送り発船したと「高杉晋作獄中手記」に記しているが、その書簡とは「藩の大勢からすれば、君公は上京などせず、「大割拠《だいかつきょ》」（藩をあげて富国強兵をはかる）を行なうことが至当である。進発するならば「真の進発」でなければならない。しかし、自分は独立独行、自分一人「暴発」（京へ脱走）する。どうか諸君は、この思いを理解してほしい」と述べている、宛名を欠く一書と思われる（『高杉晋作全集』上、書簡一一七）。このような書簡を同志に送ったのは、同志中にも晋作が鎮静にあたっていることへの非難があったからであろう。

政宛の晋作書簡（部分）

元治元年二月十八日付で書かれており，このころ晋作は藩命を無視して上京し，来島又兵衛の進発論を押さえるべく，奔走していた。追而書に「短気をおこさずまめに留守番致さるべく候，今月か来月の中にはまかり帰り候」とある（東行記念館「高杉家資料」）。

二月二日、晋作は大坂に着いた。当時、長州藩大坂藩邸（大阪中之島常安橋《じょうあんばし》北詰）には、井原主計《かずえ》に従って玄瑞も伏見より大坂に来ていて、晋作は宍戸左馬介・玄瑞・入江《いりえ》杉蔵《すぎぞう》らに面会して、来島又兵衛の鎮静にあたるべきことを告げた。三人みな同論で、目下、御進発の機会とは考えられず、まして「暴発」（藩の許可なく兵を率いて上京すること）は無謀であるとし、宍戸左馬介は、すぐに帰国して遊撃軍の鎮静にあたることを決心し、玄瑞に先立って帰国した。当時、桂は京都の対馬《つしま》藩邸に潜伏して、対馬・鳥取両藩士らと謀議し朝威の回復に努力していたが、晋作は京と大坂をたびたび往復して、桂と謀議していたようである（二月九日付毛利登人・大和国之助（はじめ弥八郎）宛書簡、『木戸孝允文書』二）。

これより先、世子《せいし》定広《さだひろ》は晋作が脱藩、上京したのを憂え、「仲春初二」（二月二日）付で、親書を御前詰の山県甲之進・岡部繁之助の両人に持たせ、すみやかに帰国するよう晋作を説得せよと上坂させた（『高杉晋作全集』上、書簡一二二）。このころ晋作は、京都長州藩邸に潜居していた土佐藩士中岡慎太郎《なかおかしんたろう》・宇都宮藩浪人広田精一《ひろたせいいち》（当時は変名太田民吉）らとともに京情を探り、薩摩の島津久光《しまづひさみつ》暗殺計画の謀議に加わっていた。

島津久光暗殺を計画

晋作は上坂して、自分がすでに誹謗群議《ひぼうぐんぎ》され、藩内で人望を失っている身と知り、「よき死処あらば忠死を遂げ」たいと思っていた。そのため、中岡・広田らと心を合わせ姦物《かんぶつ》久光を斬り討死すれば、一身を潔《いさぎよ》くするのみならず、京情は「八月十八日の政変」以前にかえり、長州藩の雪冤《せつえん》が成り、自分が奉じた使命もおのずから達成されることになるという心情にあった。

そこで、ある日、晋作は世子の使者山県甲之進・岡部と会い、両人に向って、「自分はすでに決心したこと（島津久光暗殺）があり、誤って死んだなら両兄帰国のうえ、その有様を言上してほしい」と告げ、帰藩を受け入れなかった。両人はその心情・覚悟を知って、晋作の言葉を承諾した。しかし、久光暗殺の謀議を達する機会の来ないまま、事が露見するに至った。やがて、玄瑞も急に帰国と決まり、また桂や世子の使者両人、さ

桂たちの帰国勧告

らに中岡・広田も、晋作にぜひ帰国して藩のため尽力するよう勧告し、在京の長州藩士寺島や入江らも、「薩物《（島津久光）》斬姦」のことはわれわれが引き受けるから帰国せよ、とのことであった。

そのため晋作も、京都に滞留してかえって諸士の活動の妨げをしては済まないと考え、帰国することにした。出発する直前に、晋作は水戸藩士山口徳之進《やまぐちとくのしん》に会い、議論の末、尊王攘夷の藩は水戸・長州の二藩のみゆえ、合力同心しなければならないということになり、山口徳之進は、晋作と同行して長州藩主および公卿方に拝謁して同心合力の契約をしたいと申し出たため、晋作は三月十一日、玄瑞、岡部、山県甲之進および山口徳之進の同行にて、京都を出発した（以上、「高杉晋作獄中手記」『高杉晋作全集』下、日記）。

さて、これより先の二月はじめから、長州藩では、遊撃軍やその他から脱走・上京する者の勢いを制することができず、二月二十九日に至って、ついに家老国司信濃《くにししなの》と信濃の手元役・遊撃軍御用掛として来島又兵衛とを随行させ、児玉小民部に遊撃軍（二〇〇人）および膺懲隊《ようちょうたい》（三〇人）の総括を命じて、上京させることにした。在京の桂はこの報に接し、京坂の状況から事変の起こるのを恐れて国司信濃以下の入京を阻止しようとし、玄瑞と図って入京延期の説を早く藩地にもたらすべく、玄瑞の帰国を急がせていた。

ようやく晋作・玄瑞ら五人は、三月十二日夜になって、大坂より出帆・帰国の途につこうとした。折柄風波悪く、玄瑞は山口徳之進を伴って上陸・急行して三月十九日に山口に着き、藩主父子に謁見し、藩庁の国司信濃らによる率兵入京の延期を説いて中止させ、山口徳之進は三月二十一日に三条実美に謁した（『松下村塾偉人久坂玄瑞』）。

野山獄に入牢

晋作は玄瑞らに六、七日遅れて山口に帰り（「久坂玄瑞先生年譜」）、翌日親戚預けとなり、三月二十九日夜半、組頭に呼び出され、萩の野山獄《のやまごく》に入れられ、「和介《わすけ》」と称した。晋作は「亡命の罪に処せられたが、我が身に亡命とは思わず」と記している（「高杉晋作獄中手記」）。

晋作への「御咎書《おとがめしょ》」には、長文の厳しい文言が連ねられていた（『高杉晋作全集』上、書簡一二四）。晋作の罪を脱走として裁決し厳しく糾弾したのは、遊撃軍や諸隊のなかに、ややもすれば脱走する者が出る勢いであったため、藩が鎮撫に手を焼き、脱走防止のためしきりに戒告令を発していて、他を戒しめる意図があったと思われる。

獄中、詩作に励む

晋作は野山獄中で八〇日余を過したが、読書をしたり、詩作にその日その日の心情の起伏を託して、日記風に文三篇と雑詩五〇余首を書き留め、それに「自叙」と「跋」とをつけた「高杉晋作獄中手記」（『高杉晋作全集』下、日記）を遺している（『東行先生遺文』・『高杉晋作全集』下に収められている「高杉晋作獄中手記」の自筆原本は、国立歴史民俗博物館所蔵「木戸家文書」中に、「投獄文記　西海一狂生東行未定稿」（表紙共二六丁）として現存）。晋作が入獄してから間もなく、藩の政情は京情の推移と関連して大きく転回して、進発論の気勢が盛んになった。京都には桂・入江杉蔵らが潜伏し、大坂には家老井原主計・宍戸左馬介らが在留して、筑前（福岡県）・因幡・備前・対馬および水戸の諸藩同志と気脈を通じ、長州藩雪冤の機会をうかがっていた。

参予会議

「八月十八日の政変」後の政局の二大案件は、横浜鎖港と長州藩処分であったが、朝議・幕議はともに帰一しなかった。また、新しい公武合体運動のかなめであった参予《さんよ》会議も、最も基本的な開国か鎖国かの国是について、島津久光の開国の主張と一橋慶喜の鎖国の主張とが対立したことなどによって、わずか二ヵ月で解散となり、在京の参予諸大名は三月下旬より五月上旬にかけて相ついで帰国し、将軍もまた東帰した。こうして、京都における公武合体派勢力は分裂し、人心もまた長州藩に傾くに至った。

進発論をめぐる抗争

すでに三月下旬、藩命を待たず壮士五〇余人を率いて大坂へ着いていた来島又兵衛は、この機に乗じて世子の上京を促し、宿冤《しゅくえん》を辨疏《べんそ》奏上し、朝議を「八月十八日の政変」以前に回復しようと、再び上京の玄瑞や寺島らと謀り、その議を藩に上申することに決めた。まず玄瑞は、四月二十三日に山口の前田孫右衛門らに書を送り、世子の進発を促した。大坂留守居《おおさかるすい》役の宍戸左馬介は、五月はじめになっても進発論に反対したので、おのおの意見を藩に提出してその裁決を仰ぐことに決め、来島・寺島・玄瑞らは相ついで帰

周布、獄中の晋作を訪問

国し、世子の進発を主張した（このころ外艦の馬関来襲の報がしきりに藩に入っていたことは後述）。かねてより内外情勢に鑑みて軽挙進発に反対していたのは、周布・桂・晋作だったが、このとき桂は京都にあり、晋作は獄中にあり、周布ひとり抗争したが、進発論の気勢が大いにあがり、如何ともすることができなかった。

周布は萩に赴いて、五月五日、晋作に謀ろうとして、馬上大酔で野山獄に出掛け、抜《ばっ》刀《とう》して番人を威《おど》し、獄倉にいる晋作を呼び出して大声で談じた。このことは、すぐに獄吏から藩に届け出られ物議をかもした。周布みずから晋作を獄舎に訪れたことは禁令に触れるから、上書して命を待ち、六月三日、政事堂御内用の職を罷免されて閉居の身となった（『周布政之助伝』下）。なお、吉富簡一《よしとみかんいち》（藤兵衛《とうべえ》）の談話速記によると、周布は世子侍読土屋矢之助《つちややのすけ》（矢之介、蕭海《しょうかい》）に招かれ、一酌の末、獄に晋作を訪ねて、「此の牢中で三年間学問する心を養成せよ。これしきに堪えぬ位では、この防長の政治は出来ぬぞ。読書せよ」と言って直に馬に乗って出られ、晋作は出獄ののち、周布の情義の厚いのに感泣したと自分に話したとある（『修訂防長回天史』五）。

この周布の野山獄の一事は、一見、酒興の末の狂態とも見えるが、それは佯狂《ようきょう》（狂人のふりをする）にして、自分の非進発論が行なわれない政情に余憤を覚え、万一の場合を考えて、晋作に後事を託そうとする思いつめた心事に出た行動であったと思われる。

池田屋事件と進発

久坂玄瑞
（福本義亮『久坂玄瑞全集』より転載）

やがて六月十四日、松下村塾での晋作の親友、吉田稔麿《よしだとしまろ》らが、六月五日の京都三条の池田屋事件で死亡したという報が山口に伝わり、少壮血気の士は憤激し、ついに藩論は出兵に決し、進発に反対の周布に五〇日間の逼塞《ひっそく》が命じられた。

翌六月十五日、まず来島又兵衛（このとき森鬼太郎と変名）が、遊撃軍を率いて山口を先発・東上し、十七日には玄瑞・真木和泉が総管となり、忠勇《ちゅうゆう》・集義《しゅうぎ》・八幡《はちまん》・義《ぎ》勇《ゆう》・宣徳《せんとく》・尚義《しょうぎ》らの諸隊《しょたい》を指揮して三田尻を出発、上ノ関を経て東航した。なお、国司信濃・福原越後《ふくはらえちご》・益田右衛門介の三家老もそれぞれ兵を率いて上京し、京都周辺に迫った。

禁門の変

七月に入り、三条実美ら七卿および長州藩主父子の免罪と入京の許可を朝廷に歎願したが、幕閣や薩摩藩の主張によって認められず、かえって長州兵に退去・帰藩の朝命が下った。やむなく長州兵は入洛を企て、七月十九日、禁門《きんもん》の変（蛤御門《はまぐりごもん》の変）で会津・桑名（三重県）・薩摩などの諸藩兵に敗れ、来島又兵衛・入江杉蔵は戦死し、晋作と刎頸《ふんけい》の交わりのあった玄瑞、および寺島忠三郎《てらしまちゅうさぶろう》・真木和泉らは自刃《じじん》した。桂は万死に一生をえて、しばらく洛中に潜伏し、のち但馬《たじま》の出石《いずし》（兵庫県出石郡出石町）に逃れた。

一方、世子は七月十三日に兵を率いて山口を発し、翌日、五卿と三田尻を発艦したが、二十一日に多度津《たどつ》（香川県多度津町）で京都の敗報に接し、ただちに備後《びんご》水島灘（岡山県倉敷市）にあった三条実美ら五卿と吉川経幹の各船に報じ、さらに、世子・五卿とも二十七日には三田尻に引き返した。

「朝敵」長州藩

禁門の変を起こしたことによって長州藩には追討《ついとう》の朝命が下り、幕府の長州征討軍を迎撃し、また英・仏・米・蘭の四国艦隊の来襲にも対処しなければならず、腹背に敵を受けることになった。

晋作は禁門の変当時、病のため野山獄を出て自宅の座敷牢《ざしきろう》にいたが、松陰の実兄にあたる杉梅太郎《すぎうめたろう》に宛てたと思われる書簡には、次のように記している。

世上の風説ニハ秋湖兄（久坂玄瑞）・宍翁（宍戸左馬介）など忠死と申事如何《いかなる》事ニ候哉、（中略）此節ハ毎夜秋湖兄を夢ニ見候。旁以《かたがたもって》適《まこと》ニ掛念仕居候。

（樋口尚樹「杉家旧蔵久坂玄瑞書翰・高杉晋作書簡」『萩市郷土博物館研究報告』九）

久坂玄瑞の死と晋作

と、これまで生死を共にすると誓い合った玄瑞と宍戸左馬介の安否を気遣い、さらに京の情報を早く知らせてほしいと願っている。やがて玄瑞の自刃を耳にしたとき、必ずや、藩主父子の免罪と入京の嘆願を無下に拒否した幕府への憤激の念に燃えたことと思われる。そして、のちに「久坂玄瑞を弔《とむら》う、先師（松陰）嘗て義助を称して青年第一流と曰う」と題して詠んだ次の詩にも、無二の親友を失った彼の悲哀と無念さがあらわれている。

埋骨皇城宿志酬　　骨を皇城に埋めて宿志酬ゆ
精忠苦節足千秋　　精忠苦節千秋に足る
欽君卓立同盟裏　　欽《きん》す（うやまう）君の同盟裏に卓立するを
不負青年第一流　　負《そむ》かず青年第一流

（『高杉晋作全集』下、詩歌二五三）

二　四国艦隊下関砲撃事件と講和使節正使

外国艦隊、来襲の報

京都への進発論が高まり、これを止めようとした晋作が野山獄に入れられて間もない元治元年（一八六四）四月上旬に、早くも和蘭《オランダ》艦来襲の報告が長崎駐在員から山口へ入り、二十九日、藩内に公示された。五月に入って英艦一八隻、蘭艦四隻の馬関（下関）襲来の報が同じく長崎より入り、藩ではこれを確報と受け取り、五月十日には、馬関出張の奇兵隊以下、秋穂《あいお》八幡隊《はちまんたい》・小郡《おごおり》集義隊《しゅうぎたい》・妻崎膺懲隊《ようちょうたい》・上ノ関義勇隊・宮市遊撃隊・大島郡真武隊の諸隊にも敵襲への厳戒を命じた。同月二十一日には、禁裏守衛総督一橋慶喜の命を受けた水戸藩士吉成恒次郎《よしなりつねじろう》が、京都長州藩邸に、英艦一五隻が月末馬関に向かうとの江戸の飛報を伝え、ただちに山口に急報された（『修訂防長回天史』五）。

こうした状況下に、奇兵隊の定員も元治元年四月八日の三〇〇人から、六月二十日に二〇〇〇人を増加して、五〇〇〇人とされた（『定本奇兵隊日記』上）。

四国の長州藩制裁要求

これより先、英（公使オールコック）・仏（公使ロッシュ）・米（公使プリューイン）・蘭（公使ファン・ポルスブルック）の四国の代表公使は、四月二十五日（以下括弧内は太陽暦、五・三〇）、議定書に調印して、幕府に対し、横浜鎖港要求を撤回し、長州藩に制裁を加えて下関海峡の封鎖を解くよう要求した。当時すでに事態の解決には、長州に対する直接行動のやむをえないことが意識されており、その後も依然として幕府の曖昧な態度は、四国代表の態度を硬化させていった。

六月十九日（七・二二）の四国代表覚書では、長州藩への制裁を強調し、「将来の協力の基礎として役立つべき原則」としての五項目中の第一項として、「日本の中立化」を四国の共同政策の一般的基礎とし、かつ第四項として、

① 四国は日本における領土割譲や排他的利権を要求もしないし、受けいれもしない。

② 海軍指揮官が港湾または陸地の一部を占拠する必要がある場合でも、国家の排他的権利とはならず、意図された目的が達成されれば占拠は停止すべきものとする。

ということを四国の協同一致の条項として入れ、これらの方針によって行動するよう各国陸海軍指揮官に通達するとともに、四国代表は幕府老中宛に、「長州問題について、二〇日以内に実質的変化および将来の（下関海峡通航—筆者注）安全に対する保証が得られないときは、さらに通告せずに行動を開始するであろう」などと通牒し、下関遠征の意志を露骨にあらわしていた（石井孝『増訂明治維新の国際的環境』）。

井上聞多・伊藤俊輔の帰国

さて、この六月十九日の四国代表覚書調印より少し溯る六月十日（七・一三）ころ、前年に渡英していた井上聞多《ぶんた》・伊藤俊輔《いとうしゅんすけ》の二人が横浜に帰着した（『世外井上公伝』二）。伊藤ら五人はロンドンで勉学中、「ロンドンタイムズ」紙上で、長州藩が馬関海峡でたびたび外艦を砲撃し、各国が連合して問罪の挙に出ようとしている記事を見た。彼らは欧州諸国発展の状況を見聞し、攘夷の無謀を知っていたから、もし郷国が列国と戦端を開けば、滅亡の危機に瀕するかもしれないと憂慮し、藩是を開国に変更させようと、井上と伊藤の二人が帰国してその任にあたり、野村弥吉《やきち》・遠藤謹助《きんすけ》・山尾庸三《やまおようぞう》の三人は留学の宿志を果たし、万一、二人が同時に死んだら後図を継ぐため、残留することとした。

井上と伊藤は、残留者の経費に不足が生じないよう船賃を節約し、蒸気船ではなく風帆船に乗って三月中旬ロンドンを出帆し、喜望峰《きぼうほう》（南アフリカ南西部）を回って六月初旬に上海に着き、そこから蒸気船に乗りかえて横浜に帰着した（『伊藤博文伝』上）。ちなみに、

井上ら英国と交渉

三月中旬（四月一五〜二四日）に帰途に着いたという決定的契機となったタイムズの関連記事は見あたらない。なお、「ジャパン・ヘラルド」紙（July 16th, 1864）によると、六月六日（七・九）に上海を出港した英国蒸気船エド号（Yeddo）が、六月十一日（七・一四）に横浜に着いているので、二人はこれで帰国したのであろう。

井上と伊藤は、ただちにイギリス領事ガワーに面会して、急ぎ帰国した趣旨を述べ、ガワーを頼って英国公使館の訳官アーネスト・サトウに面談し、その紹介で英公使オールコックに面会して、平和的解決を図ろうとする決意を述べ、四国連合艦隊の進発猶予を懇請した。オールコック公使は他の公使らと協議のうえ一二日間の猶予を与え、英艦二隻を急派して、二人を周防灘にある豊後姫島（大分県東国東《ひがしくにさき》郡姫島村）まで送り、二人にオールコック公使の六月十八日付（七・二一）長州藩主宛の覚書（忠告書）を託すことにした。

井上聞多（『世外井上公伝』1より転載）

そこで井上と伊藤は、通訳官のサトウおよびインスリーらとともに、キューパー提督指揮の英国艦隊のコルベット型バロサ号（一七〇〇トン、砲二一門）に搭乗し、六月十八日の朝に横浜を出航して、豊後水道《ぶんごすいどう》を経て同月二十三日（七・二六）日没後、姫島沖に投錨した。サトウの日記によると、翌二十四日早朝に二人は姫島へ上陸するためバロサ号を離れた。二人は漁船を雇って姫島を発ち、昼ごろ富海に着き、その日の夕刻、山口に入り、翌二十五日払暁には、藩庁の一人を訪ねて外国の事情を語り、攘夷の無謀を切論し、その中止を急ぎ各国公使に申し入れることの必要を説いた。さらに二十六日、藩主父子に謁して開国の必要を言上した。このとき、藩をあげて攘夷に熱狂し、血気にはやる藩士中には二人を売《ばい》国奴《こくど》と罵《ののし》る者もあり、身近に危険も迫る状態であったので、二人は託されたオールコック公使の覚書ほか、三国公使の覚書は、藩主に提出しなかった（『伊藤博文伝』上・『世外井上公伝』一）。翌二十七日、藩主の御前会議が開かれたが、結局は二人の開国説、攘夷中止論は容れられず、京都に対する対策を急務とした。

外艦襲来遷延策の失敗

このころ、すでに長州藩兵は上京し、世子の進発も近く、京都で兵を構える機も次第に迫ってきていたため、藩主は七月二日、腹背に敵を受けるのを避けようと、できる限り外艦襲来を遷延する策をとり、二人を英艦に遣わし、下関における外艦砲撃は朝旨《ちょうし》遵奉《じゅんぽう》の結果であるので、朝命を伺うため、外艦襲来の時期を三ヵ月延期するよう求めることにした。二人は、藩の回答は不明確で到底その効がないのは明白であったが、君命で致し方なく、七月五日（八・六）夜、姫島沖碇泊《ていはく》のバロサ号を訪れ、ドウエル艦長・通訳サトウらに右の回答を伝えたが、もとより承諾せず、やむなく二人はその夜のうちに退艦し、英艦は翌早朝に抜錨して、七月九日（八・一〇）、横浜に帰着した。井上・伊藤は、姫島を発ち、山口に帰って復命した。

晋作の出獄と謹慎

さて、晋作は春以来、野山獄《のやまごく》にあったが、来島又兵衛が兵を率いて東上した数日後の六月二十日に、「此内以来持病相煩《あいわずら》い、暑気さしむき、当節別して難儀致し候おもむき相聞え」という理由で父小忠太預けとなり、翌二十一日、出獄して座敷牢に謹慎することになった（『修訂防長回天史』五）。晋作が出獄したころは、ちょうど井上と伊藤が英艦に乗って姫島に向かっていたころだったが、二人が帰藩して開国論を藩主父子や藩首脳陣に主張したことや、六月二十七日の藩主御前会議の模様に関しては、父小忠太も世子の奥番頭として、家老以下の要路とともに会議に出席しているから（『世外井上公伝』二）、晋作の耳に入っていたと思われる。

井上は山口に復命後も、しきりに知人に欧州事情を説明し、攘夷の無謀と開国の必要を主張し、世子と五卿の進発にも反対したから、当時君冤《くんえん》をそそぎ、外艦の襲来を撃破しようと意気込んでいた人々からは国賊、姦物視《かんぶつし》され、身の危険を感じた。そこであらかじめ、ながの別れを告げようと山口から萩に赴き、七月二十日、江向《えむかい》の姉の嫁入先小《お》沢《ざわ》家を訪れて常子《つねこ》に面会し、翌二十一日には無二の親友の晋作を訪ねた。

父小忠太は、晋作は親類預けの身分であるからと、井上の面会希望に容易に応じなかったが、言外に黙諾して外出した。そこで夫人の計らいで井上は幽室内に入って、晋作に海外渡航中の苦辛から英国の富強、世界の大勢を詳説した。晋作は井上の開国論に賛同し、防長《ぼうちょう》の危急が目前に迫っているから、共に死所を同じくしようと誓い合って別れた。

井上聞多、晋作を訪問

四国艦隊、下関に迫る

翌二十二日、外情偵察のため長崎に出張していた南《みなみ》貞助が山口に馳せ帰り、英・仏・米・蘭四国連合艦隊が本月二十一日に横浜を出発し、下関に来襲しようとしている旨を報じた。藩はこの報に驚き、「今、外敵を引受けるのはきわめて不利で、外艦来襲のときは使節を派遣して止戦の談判を開き、しばらく外患《がいかん》を緩めて、専《もっぱ》ら京都方面に力を注ぐのが上策である」と議決し、家老宍戸《ししど》備前《びぜん》（親基《ちかもと》）を赤間関《あかまがせき》総奉行とし、杉孫七《すぎまごしち》郎《ろう》とともに井上を応接掛として山口に召還した。この対外策は翌二十三日、山口の藩主御前会議で決定し、井上と杉は止戦のための応接を行なうよう訓令を受けた。このとき井上は、「はじめ自分が外艦来襲のことを切論したときには、当局者は防長二州焦土に帰しても攘夷を実行すると断言したではないか。したがって前説を貫くため、攘夷を実行すべきである」と難詰した。

禁門の変報入る

晋作、軍勢掛を拝命

この二十三日の藩主の御前会議当日に、突如、禁門の変の報が伝わった。そこで藩主は二十七、二十八の両日にわたり、三田尻大観楼に、世子、三支藩主（長府《ちょうふ》、徳山《とくやま》、清末《きよすえ》）、老臣、藩首脳陣を集めて善後策を協議した。その際、長州藩追討の朝命を受けて、幕府が二十四日に西国二一藩へ出兵を命じたことや、外艦が続々姫島に集合するという報があったため、協議ではとくに外艦来襲に対する和戦について論議された。結局、しばらくは外国と講和することに決したが、和議をすることは諸隊ら攘夷論者の激高を招くので、「兵略上権道《けんどう》を用いる」（臨機応変の手段をとる）ことにして、八月三日には攘夷の主意は変らないが、「御駆引《かけひき》これあり、通行のみに候えば打払いに及ばず」と令し、かつ防禦は陸戦を主とすべしと布告した（『世外井上公伝』一）。

この布告と前後して藩は、八月二日、晋作の親類預けを解いて罪を許し（晋作は萩で家居謹慎、座敷牢にいた）、翌三日には軍勢掛に任命した。実はこの措置は、のちに井上自身が語っているように、井上聞多の政治工作によるものであった（『修訂防長回天史』六）。

一方、英・米・仏・蘭の四ヵ国の代表は、井上・伊藤を通じての長州藩との和平工作が失敗し、この間に米国船モニターが長州西海岸で攻撃を受けたとの報告を得たので、七月十四日（八・一五）には覚書を作り、下関海峡の封鎖を解く軍事行動開始時の各国海軍指揮官の留意事項を決めた。しかしその後、幕府の遣欧使節がパリで仏国と締結した協約に、幕府は三ヵ月以内に下関海峡を開くことが約束されているとの情報をえて、幕府がパリ協約を批准するか否かが判明するまで、七月十四日の覚書による行動を見合わせた。やがて、幕府から協約を批准しないとの回答に接したので、七月二十四日（八・二五）、四国の代表は行動開始に踏み切り、その第二項に、

下関海峡またはその近傍における重要地点を占領し、各国代表が長州侯より遠征費を償《あがな》うべき償金を獲得するまで、そして長州侯に属する海峡沿岸の領土の全線が、大君またはその代理人に領有されるまで、かかる地点の保障占領を考慮におくことを、各国指揮官に要求する。

ことを含む、四項から成る新たな覚書に調印した。このプログラムによって四国連合艦隊は、英国艦隊司令官海軍中将キューパーに率いられ、七月二十七日（八・二八）、二十八日の両日、横浜を出航して下関砲台攻撃に向かった（石井孝『増訂明治維新の国際的環境』）。

八月三日（九・三）、外国艦十数隻が姫島に来集したとの警報が入ったので、藩では三田尻会議にもとづき、翌日に松島剛蔵《まつしまごうぞう》・伊藤俊輔を富海から小舟で姫島へ赴かせ、五日の朝には前田孫右衛門・井上聞多を下関に急派し、海峡の自由通航を許すとの条件で、連合艦隊と和平の応接を図ろうとした。しかし、攘夷派が団結している奇兵隊やその他の守備隊に発砲しないよう説諭するのに時間を費し、戸田亀之助《とだかめのすけ》を遣わしてキューパー

攻撃開始

提督から得た攻撃猶予の二時間を過ぎてしまったため、外国艦はすでに攻撃を開始した。くわしい戦況はアーネスト・サトウの日記、「キューパー海軍省報告」、仏国海軍士官ルサンの「日本沿岸の戦い」、『修訂防長回天史』六に詳述されているので、これらに譲るが、英（九隻）・仏（三隻）・米（一隻）・蘭（四隻）の四国連合艦隊一七隻は、旗艦である英艦ユーリアラス・仏艦セミラミスなどを中央に、三縦列で姫島を発して下関海峡に入り、海峡沿岸諸砲台を実弾・榴弾・榴霰弾をもって激しく砲撃し、守備兵も応砲した。

　連合艦隊の砲撃開始を、サトウは五日（九・五）午後四時一〇分とし、ルサンは午後三時四五分としているが、キューパーの戦闘報告によると、午後四時三〇分ごろには第四、第五砲台は弱まり、間もなく砲火は止み、五時三〇分までに第六、七、八の各砲台も沈黙したとしている。これらの諸砲台はいずれも前田・壇ノ浦の諸砲台で、奇兵隊総督赤《あか》根《ね》武人《たけと》、同軍監山県狂介《やまがたきょうすけ》の指揮下にあったもので、敵の優勢な火力の前に、奇兵隊は勇敢に応戦したが及ばず、他の多くの増援隊は老人が多く、戦わずして退却したものが多かった。

四国艦隊陸戦隊の上陸、砲台陥落

五日夜より、翌六日午前中に、連合艦隊陸戦隊（英兵一四〇〇人・仏兵三五〇人・蘭兵二〇〇人・米兵一小隊）が上陸し、前田（前田村の茶屋・洲岬《すばな》砲台）・壇ノ浦（御裳川《みもすそがわ》・壇ノ浦・杉谷・駕建場）・弟子待《でしまつ》（下関市彦島）などの諸砲台は陥落した（『維新史料綱要』五）。

　井上聞多は八月五日、砲戦が開始されたので、状況を復命するため山口へ急ぎ帰る途

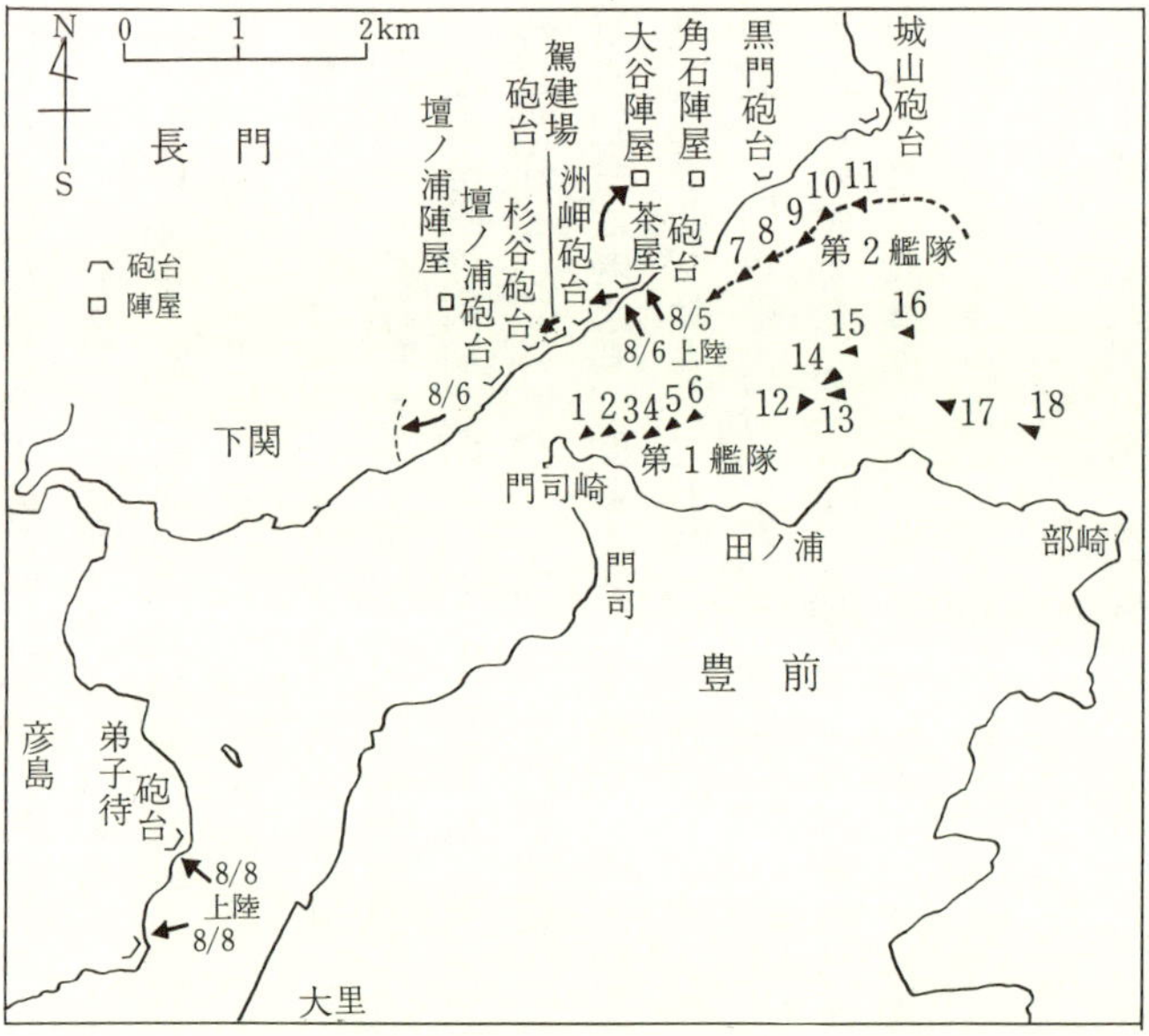

Ships	Nation	Tons	Guns	Ships	Nation	Tons	Guns
1 ターター	(英)	1,296	20	10 コケット	(英)	677	4
2 デュプレ	(仏)	…	10	11 パウンサー	(英)	…	…
3 メタレン・クルイス	(蘭)	…	16	12 セミラミス	(仏)	…	35
4 パロサ	(英)	1,700	26	13 ターキング	(米)	…	1
5 ジャンピー	(蘭)	…	16	14 ユーリアラス	(英)	2,371	35
6 レオパード	(英)	1,406	18	15 コンカラー	(英)	2,895	78
7 パーシューズ	(英)	955	17	16 アーガス	(英)	281	6
8 メデュサ	(蘭)	…	18	17 アムステルダム	(蘭)	…	8
9 タンクレード	(仏)	…	4	18 石炭船	(英)	…	…

四国艦隊の攻撃（元治元年八月五日～八日）

「五十年前元治元年英仏蘭連合艦隊襲来之図」,「文久三年以後攘夷一件」,『修訂防長回天史』6, Sir Wm. Laird Clowes, The Royal Navy, vol. VII, 原剛『幕末海防史の研究』を参考に作成。

井上に第四大隊を付与

中、山中《やまなか》（宇部市山中）で、政事堂から急に呼び出され下関行きを命じられた晋作と伊藤に偶然出会った。三人は路傍で相談し、井上は「今後外国と盛んに戦闘して、主戦論者に外国兵器の利鈍《りどん》如何を知らしめるがよい」と主張し、晋作・伊藤もこれに賛成、三人はともに山口に向かった。山口到着後、井上は政事堂に出頭して、開戦に至った事情を藩主父子・藩首脳陣に報告し、かつ、「下関の戦いは必ず敗れるであろう。そうなれば外国艦はただちに小郡近海に進み、陸戦隊を上陸させ、山口に進入するであろう。願わくば井上に一大隊の兵を分与されたい。井上は小郡を死所と定め、三日間は防戦する。もし小郡の敗報が山口に達したならば、藩首脳陣はもとより、両君主も最期の御覚悟をされたい」と言って退出した。

前田砲台を占拠した英国軍
(Sir Ernest Satow, A Diplomat in Japan より)

　藩はその日のうちに井上に第四大隊を付与し、同時に小郡代官に任命した。井上は代官職は辞退したが、晋作が「小郡代官になれば第四大隊の糧食供給に便利である」と説得し、受諾させた。翌六日、井上は晋作・伊藤とともに小郡の勘場（代官所）に入り、属吏に陣営の布置防禦《ふちぼうぎょ》方法などを指示した（『世外井上公伝』一）。この六日に、晋作は政事堂にて藩主父子からじきじきの御意として、これまでの罪はすべて御免、そして政務役に任命され、杉孫七郎とともに小郡出張を命じられた（『維新史』四）。

連合艦隊の砲撃による下関の敗報がしきりに山口に達したので、世子は藩主に代って諸軍を督励するため、六日午後、兵を率いて山口を発ち、翌七日、世子軍が船木（厚狭郡楠町船木）に進んだときには、すでに下関の守兵が退いてきていたので、世子は随行の前田孫右衛門・毛利登人《のぼる》・山田宇右衛門・小郡代官井上聞多らと今後の策を評議し、晋作・伊藤俊輔も加わった。

晋作、講和正使となる

山田は「まず外国と和を講じて外患を緩め、もっぱら幕兵に抗戦する」と、講和論を主張した。井上はこのとき、当局者の変節常なきことに憤激のあまり、別室で切腹《せっぷく》しようとしたのを、晋作がなだめて、ついに講和に尽力することを誓った。

井上は講和の交渉にあたり、外国側の信任をえるため世子の出張を説いたが、藩内事情が許さず、よって、名代《みょうだい》として家老一人を正使、参政員一、二名を副使とすることを主張した。世子もこれに賛同したので、井上の説に従って一時的な便宜をはかり、晋作を家老の列に加えて正使とすることにした。藩はこのとき、仮に晋作を首席家老宍戸《ししど》備前《びぜん》の養子とし、宍戸刑馬《ぎょうま》と変称して正使にあたらせ、杉孫七郎・長嶺内蔵太《くらた》の二人

講和交渉開始

を参政の資格で副使とし、井上・伊藤を通訳として下関に差遣を命じ、世子定広は船木に駐して、講和のことを指揮した。晋作は、世子に召し出されて鎧《よろい》・直垂《ひたたれ》を拝領し、応接の直命を受けた（『世外井上公伝』二）。

八月八日（九・八）、講和使節宍戸刑馬一行は下関に到着すると、すぐに前田・壇ノ浦やその他の砲台に白旗を立てさせ、伊藤を旗艦ユーリアラスに派遣して、長州藩は講和を希望し、全権を委任された正使らが訪艦して談判を開始したい旨を告げた。そこで四国軍艦も白旗をマストに掲げて、休戦の意を表した。正使（晋作）は執政として陣羽《じんば》織《おり》・烏帽子《えぼし》を、杉・長嶺は参政として小具足《こぐそく》を着け、同日正午、旗艦後甲板《かんぱん》上に英国のキューパー提督を訪問して和議を申し入れた。このとき、他の仏・米・蘭の艦長も来会した（アーネスト・サトウ、坂田精一訳『一外交官の見た明治維新』上）。

正使らは船室へ案内され、ジラール師、ラウダー、サトウの三人が通訳にあたった。正使はまず、長州藩が文久三年（一八六三）五月十日を攘夷期限とする朝命ならびに幕命によって下関海峡通航の外国船舶を砲撃した事情を弁明し、今回の下関砲撃の開始前に井上に手交し姫島でキューパー提督に渡そうとして果たせなかった、「日本防長国主」と署名した藩主の親書を提示した。キューパー提督は、この書面では「下関通航差障《さしさわ》りこれなき様《よう》致すべし」とのことで和議のことがないとして、会見に出席していた仏国のジヨーレス提督と話し合い、「日本防長国主」とせず、藩主親筆の署名のある書簡の提出を要求した。使節は明後日正午までに持参すると約したので、キューパー提督は艦隊に休戦旗を掲げさせた。その間、大砲その他の戦利品の運搬などを要求して、会見を終わった（『世外井上公伝』一・「キューパー海軍省報告」）。晋作・伊藤の二人は、キューパー提督との会見の顚末を報じ、藩主署名の直書を受けるため世子のいる船木に赴き、井上は承諾した諸台場の大砲を外国側に引き渡すため、下関に残った。

こうして講和交渉は始まったが、山口滞在中の五卿や諸隊、その他の攘夷論者は和議に反対し、紛擾《ふんじょう》が起きそうな情勢となっていた。晋作と伊藤は、船木代官久保清太郎《くぼせいたろう》（このときは断三に改名）から身辺が危険に瀕していることを知り、その勧めで代官所管の一〇〇両ずつを受け取って、近在の有帆《ありほ》村（山口県小野田市有帆）の一農家に潜伏した。二人は久保から、和議に反対して激高した人びとから攻撃された藩首脳陣らが、答弁に窮して、「今回の和議は、高杉・井上・伊藤の世子公への勧説によって内命を受けたもので、われわれが深く関与したものではない」と責任逃れの発言をしたことを聞き、憤《いきどお》った。晋作は歎息して、「いっそ外国へ出て行って、毛利家の子孫をそこへ迎えよう」と言い出す始末だった。結局、二人は「一旦亡命して禍難《かなん》を避け、他日国家に尽す時機を待つのが上策」であると、井上に急使を出して、すみやかに講和の用務を放棄して潜伏所に来るよう報じた。しかし、井上はこの報を受け取ったものの、台場の大砲の引渡しを無事完了させることにあたっており、かつ、船木から翌日の講和談判の通訳を命じてきたので下関にとどまった（『世外井上公伝』二）。四国連合艦隊側は、諸砲台の大砲六二門その他を軍艦に運び去った。

第二回講和交渉に欠席

翌八月十日（九・一〇）は、正使宍戸（晋作）・井上・伊藤がキューパー提督に再会を約した日であったが、晋作と伊藤は有帆村の農家に潜伏して出なかった。そのため藩では、毛利登人を仮に家老毛利出雲《いずも》と称して正使とし、山田宇右衛門を副使に、波多野金吾《はたのきんご》・長嶺内蔵太・清末藩士磯谷謙蔵《いそがやけんぞう》・同原田準二および井上聞多を随行に、同日正午、キューパー提督を訪問させた。提督は談判を開始するに臨んで、前日の正使宍戸が来ないことを詰問したので、井上は毛利出雲の言を通訳して、宍戸が昨日急病発作して歩行も自由でない旨を答え、提督もこれを諒とし、談判に入った。

四国艦隊の要求

まず、長州藩が戦争に至ったまでの経緯を弁明し、「和議を冀《こいねが》うのほか他事なく候」との藩主署名の書面を提出したところ、キューパー提督は来る十四日正午、下関で藩主と会見することを望んだ。それから本題に入り、

一、下関海峡通航の外国船に何ら支障のないこと。

二、通航の節、石炭・薪水および食物等を供給すること。

三、下関町人を即時召還し、外国人の買物に支障ないよう取り計うこと。
四、万事談判が済むまで下関に砲台を新造しないこと。
五、下関市街を焼払う代償として償金を支払うこと。

などの要求を出した。これに対して正使らは大体に応諾したが、「下関市中への上陸は差し障りないが、山野へ立ち入ることや、長府辺は庶民が外国人を見慣れず恐怖心を抱くから、この方角への上陸は禁じてもらいたい」と申し出た（『修訂防長回天史』六）。

世子、晋作らを召還

談判終了後、井上は船木に馳せ帰って世子に謁し、八日以来の談判などの事情を詳細に報告するとともに、世子の面前で藩首脳陣の反覆の常なき態度を面責し、和議は藩主父子の真意と藩の決議にもとづいたことを明らかにした。そのうえで、晋作と伊藤の二人をして和議を結ばせるため、召還の使者を出すよう申請したのである。世子は井上の言を容れて、晋作と伊藤に対し、有帆村の潜伏所より船木に迎えて、再び講和使節の任にあたって和議を結ぶように、と命じた（『世外井上公伝』一）。藩は十三日に、宍戸備前・楢崎《ならざき》同刑馬（備前養子、実は晋作）・毛利登人《のぼる》・井原主計・前田孫右衛門・山田宇右衛門・楢崎弥八郎《やはちろう》・長嶺内蔵太・波多野金吾・井上聞多・伊藤俊輔らを外国人応接掛に任命した。

このときにあたり藩主は、五卿はじめ御楯隊《みたてたい》総督太田市之進《おおたいちのしん》（御堀耕助《みほりこうすけ》）・品川弥二郎《しながわやじろう》ら講和反対者に親書を下して、「今和を議するは、外患を緩めて、再び尊王の大義を天下に貫徹せんとする所以《ゆえん》」を説諭し、とくに井原主計に馬関駐在諸兵の鎮撫を命じた。なお、奇兵隊には、一橋中納言《ひとつばしちゅうなごん》（慶喜《よしのぶ》）が長州藩詰責《きっせき》のため備前まで出張するのを理由に、十三日に馬関から宮市への転陣を命じた。

第三回交渉

八月十四日（九・一四）、第三回交渉として、家老の宍戸備前・毛利出雲（実は毛利登人）・宍戸刑馬（晋作）・井原主計、楢崎弥八郎・伊藤俊輔・波多野金吾らの講和使一行が、英艦ユーリアラス号に着き、外国側はキューパー英提督とジョーレス仏提督の二人が出席した（『サトウ日記』による）。この第三回交渉の会談内容の詳細は、日本側の『修訂防長回天史』六には記されず、英国外交文書中の当日の「会談議事録」に見える。この「会談議事録」は、作成形式がすべてキューパー提督と首席代表の宍戸備前の発言によるものとして、一問一答形式で会談の進行・発言の内容を記録している。これには長州側代表として宍戸備前・毛利出雲・宍戸備後の三家老の名を挙げているが、宍戸備後は井原主計を誤ったと考えるよりも宍戸刑馬（実は晋作）の誤記であろう。

休戦条件

まず、キューパーは、長州藩主と本日会見して多くのことを決めたかったのに、来艦しなかったことを遺憾としたが、宍戸備前は藩主が天皇の不興を被《こうむ》り蟄居《ちっきょ》謹慎しているので、古来の慣習上誰とも会見できない、と弁解した。ついでキューパーは、停戦協定の条件を提示し、「もし二日のうちに協定が調印され藩主の署名を得なければ、下関市街を占領し戦闘を続けるであろう」と脅した。これに対し備前は、藩主は非常に平和を望んでいる、と答えた。キューパーの提示した休戦条件は、次の三項目であった。

一、藩主は、下関海峡を通航する外国船に対しては親切な取り扱いをすること。石炭・水・新鮮な食糧その他の必需品を売り渡すこと。悪天候の場合は、乗組員には支障なく上陸を許すべきこと（この最後の条は毛利出雲の発議によったとある）。

二、藩主は、新たに砲台を築かず、また旧砲台を修築したり、新しい大砲を据付けないこと。

三、下関の町は、外国船に発砲したから破壊されるべきものであるが、外国側がそのままにして置いたので、藩主は、これに対し償金を支払うこと。なお、藩主は今回の外国側の戦費も賠償すること。右の償金は、四国代表者が江戸で決定すること。

賠償金問題

使節は第一項については同意したが、第二項は、長州藩と他藩との戦いにおいて防禦手段を失うと反対し、先方は、元来これらの砲台は外国人を打ち払う目的で作られたものので、今や外国側がこれらを破壊した以上、再築造は許さない、と主張し、使節はやむなく同意した。第三項は最も難題で、長州側が強く反対したものであった。「会談議事録」では、第三項問題についても、宍戸備前の発言として賠償金額高の質問や、その支払不能理由などについてキューパーとの応酬が記されている。当日通訳として会談に立ち会った伊藤の伝記では、この第三項問題交渉の機微について、次のように記している。

高杉が最も強硬に反対し、抑《そもそも》ゝ我藩が外国船を砲撃したるは、朝廷及び幕府の命令を遵奉《じゅんぽう》せしものにて、我藩の私意にあらず、故に若し償金を出す必要ありとせば、各国公使より宜しく幕府に請求すべき筋合なり。（『伊藤博文伝』上）

これに対しキューパーは、償金支払は事前に考えるべき問題であり、諸君が自ら好んで戦争をしかけたのだから、当然の責を負うべきである、と譲らなかった。そこで、伊藤はかねて熟知の通訳官サトウを甲板に呼び出し、「目下、藩内に講和反対の気勢が盛んで、また砲撃の損害が多大であり、そのうえ償金を支払うことになっては人心が治まらないので、この条項は是非とも撤回されたい」と懇談を試みた。サトウは長州藩の内情をほぼ知っていたが、「償金支払は講和の必須条件であるから、ともかく一応これを承諾する方がよい。実際の支払いは、必ずしも長州藩の資力を割《さ》かずとも、別に方法もあろう」と、暗に幕府に支払わせることを暗示した。そこで伊藤は、晋作その他にもサトウの意のあるところを伝えた結果、償金問題は、後日、江戸で四国公使と幕府との間で決定されるべし、との諒解のもとに、キューパーに償金支払いを承諾する旨を申し出た。

キューパーも外国船砲撃が、必ずしも長州藩一藩の責任にのみ帰することができない

のを諒として、

本条約ハ単ニ戦争ヲ一時休止スルモノニシテ、追テ長藩ノ行為ニ関シ、各国公使ト日本政府（幕府）トノ間ニ解決セラルベキ問題ニハ、全然関係セザルモノナリ。

との一項を附加することを承諾した。「問題」とはもとより償金問題が主だが、あえて償金と明記しなかった（『伊藤博文伝』上）。この償金問題はその後、四国公使が協議の結果、下関の償金（三〇〇万ドル）を幕府に請求して承諾するところとなり、長州藩はその負担を免れた。

講和成立

以上の経緯で、諸条項はすべて異議なく同意されたので、英文一通の協定書が清書され、宍戸備前・毛利出雲の二家老が署名・捺印し、藩主の署名・捺印を取ってくるため二日間の猶予が与えられた（「停戦協定書」・『一外交官の見た明治維新』上）。そして使節らは、協定書に八月十四日付で藩主の署名（松平《まつだいら》大膳大夫《だいぜんのだいぶ》慶親《よしちか》）・両判（花押と印章）をえて（「和戦一件」）、これを八月十六日（九・一六）に外国側に届け、ここに講和談判が完了した。連合艦隊はバロサ号外二艦を監視のため残し、主力は二十日より順次下関を去った。

彦島租借問題

『伊藤博文伝』上巻は、ずっとのちの明治四十二年（一九〇九）六月のことになるが、この講和の一条件に関連して、

公（伊藤）、軍艦満洲丸に搭乗して渡韓の途次、彦島《ひこしま》附近を通過するや、当時を追懐し、高

杉と吾輩がクーパー司令官と談判中、先方より彦島の租借《そしゃく》を提議せしが、今より思へば危かりき。若《も》しあのとき、先方が飽《あ》くまでこれを要求せしならんには、（中略）この島は、今の香港対岸の九龍島に等しき運命に陥りしや知るべからず、

と記している。さきに触れたように、四国代表の七月二十四日（八・二五）覚書第二項では、下関海峡と近傍の重要地点を、償金を獲得するまで保障占領することを考慮するよう、各国指揮官に要求していた。しかし、キューパー提督は第三回談判の翌日（九・一五）、海軍省に送った報告のなかで、「下関海峡をわたし自身視察した結果、現在使用できる兵力をもって、海峡近傍の一島あるいは本州の一部か、いずれかを保障占領するのは得策ではない、と確信した。それゆえ、わたしの先月二十八日（八・二八）付の手紙とともに送った外交代表国の計画にふくまれるあの項目（七月二十四日〈八・二五〉の覚書第二項）を、実行するつもりはない」と言っており、かつ、ジョーレス仏提督もこの談判に立ち会っているから、講和条件の一つとして彦島租借が持ち出されたとは考えられない。

フランス士官ルサンも「我が国艦隊司令長官《ジョーレス》が第一に配慮したのは、いずれか一国の外国軍が海峡内に駐留するのを防ぎ、何よりも中立化を計ることだった。提督らによって起草された仮取り決めによって、この条件は満された」と書いている（「日本沿岸の戦い」）。

彦島問題は、最初の談判のときの、非公式な交渉の場における外国側からの打診ないし威嚇として、彦島の保障占領が話題にのぼったかもしれない。しかし、伊藤も当時は、「租借」(leased territory)と「保障占領」(guarantee occupation)との区別が明らかではなかったものと考えるべきであろう。

賠償金問題は明治政府へ

なお、さきの幕府の償金支払方法をめぐり、外国側は下関開港、兵庫開港問題、さらに条約勅許、改税約書などの外交的解決に利用した。結局、幕府は償金一五〇万ドルを支払った時点で崩壊し、償金問題は明治政府に引き継がれたのである。

第七　長州征討

一　正義派勢力の失墜と晋作の筑前行

幕府、長州征討を布告

長州藩は、下関の講和談判の成立によって、ようやく対外戦争を解決した。しかし、幕府はその直後の、元治元年（一八六四）八月二十二日には、長州藩主毛利慶親《よしちか》と世子定広《さだひろ》の官位、将軍の偏諱《へんき》および称号を剝奪《はくだつ》し（これにより以後、慶親を敬親《たかちか》に、定広を広封《ひろあつ》に復した）、またすでに八月二日には長州征討のための将軍進発を布告し、出兵部署も決定していたから、防長二州は必戦を覚悟しなければならず、藩はこの難局に対処するのに依然苦慮していた。晋作は下関和議成立後間もなく、和議後の紛乱を予測して辞表を出し、萩に退き屏居《へいきょ》していた（『修訂防長回天史』六）。

藩首脳部は藩内の団結を固くするため、八月二十九日、藩制を改めて政務役と軍務役とを合併し、諸政を作興し、兵を整理することにした。この改革によって、晋作は政務役兼石州境軍務管轄に、井上聞多《いのうえぶんた》は政務役参与に、波多野金吾《はたのきんご》は政務役蔵元役《くらもとやく》などに任命された（『修訂防長回天史』六）。しかし晋作は、時には萩と山口とを往来することもあったが、ほとんど萩に家居していたようである。

九月朔日、藩主は幕府軍の進発に関して、山口在住の藩士に諭告し、その節には誠意恭順を尽し、条理を明白に弁解するが、万一領内に乱入すれば一戦を交える覚悟を明らかにした。しかし、このような対幕府策についての藩主の意向が示されても、藩論は

二分する藩論

「絶対恭順」と「武備恭順」の二論に分裂し、はげしく紛糾した。

「絶対恭順」論

「絶対恭順」論をとる一派は、萩城下の世禄《せろく》の士（選鋒隊《せんぽうたい》）が主で、幕府軍を迎えるような重大事態を解決するには、たとえ幕府が削封・藩主の蟄居《ちっきょ》を要求してきても、あくまで「京師《けいし》暴動」（禁門《きんもん》の変《へん》）の罪を謝し、毛利家の社稷《しゃしょく》を全うしなければならない。要は、藩首脳部が、吾々譜代の家来を度外に置いて、奇兵隊《きへいたい》・膺懲隊《ようちょうたい》または八幡隊《はちまんたい》など素性《すじょう》の分からぬ乱暴者を集めて煽動《せんどう》したから、かかる事態が生じたのであり、首脳部を更迭し、諸隊を解散し、京師暴動の首謀者を厳罰にして幕府に「絶対恭順」の意を示すべきであると主張した。

「武備恭順」論

他方、「武備恭順」論をとる者は、奇兵・御楯《みたて》・膺懲・遊撃・八幡・集義《しゅうぎ》・南園などの諸隊を基盤とする幹部であった。「京師変動」は藩主父子の冤罪をそそぎ、幕府に勅命を遵奉させようという趣旨から起こったもので、朝廷に悪意を含んだものではなく、

正義派と俗論派の対立

父の忠太、奥番頭・直目付となる

京都の一挙は、たまたま幕府に征討の名義を得させてしまったのである。したがって、「武備恭順」の立場をとり、もし幕兵が攻めて来たならば断然撃退し、万一敗戦に終わって藩は亡んでも義名は残る、侮辱《ぶじよく》を蒙《こうむ》って社稷を全うしても後世への面目が立たないと主張した。晋作の立場はもちろん「武備恭順」論であった。

長州では、この「武備恭順論」派を正義派（党）といい、「絶対恭順」論派を俗論派（党）といった（中原邦平『伊藤公実録』）。俗論派は、周布《すふ》政之助《まさのすけ》ら藩首脳部の内外失敗の機に乗じて沸騰した者たちであり、その威勢は盛んで、禁門の変後、俗論派の中核をなす選鋒隊士が続々山口に来て円龍寺（山口市三和町）に屯集した。それで藩の要職にあった周布・毛利登人《のぼる》・前田孫右衛門《まごえもん》・山田宇右衛門《うえもん》・中村文右衛門《ぶんえもん》・大和国之助《やまとくにのすけ》はやむをえず辞表を出し、謹慎して罪を待った。俗論派は、藩主父子および老臣らを説いて藩首脳部の更迭をはかり、自派の勢力拡大に努めようとした。八月二十日には保守意見の毛利出雲《いずも》（元一《もといち》）が加判《かはん》に登用され、九月朔日には岡本吉之進が大納戸役《おおなんどやく》となり、ついで九月十四日には俗論派の推戴する毛利伊勢《いせ》が当職《とうしよく》となった。

山口にいた晋作は俗論派台頭の形勢のなかで、新たに手廻組《てまわりぐみ》に加えられ奥番頭《おくばんがしら》・直目付役《じきめつけやく》となった萩の父小忠太に、九月十一日付で俗論派勢力の伸長を憂え、正義派要路の更迭を防ごうと腐心している様子を書き送っている（『高杉晋作全集』上、書簡一二七）。そのころ父小忠太は、直目付として支族吉川経幹《きっかわつねまさ》を訪れ、両派の調停にあたっていた(元治元年九月十九日条、『維新史料綱要』五)。すでに、正義派の諸隊士はたびたび藩に建言してきたが、九月十三日、奇兵・膺懲・集義の三隊士は上書して、俗論派の「絶対恭順」論を排撃し、「武備恭順」論を重ねて主張した(『修訂防長回天史』六)。

このように藩論は容易に一定せず、九月二十五日、藩主は要路を集めて藩是会議を開いた。当職毛利伊勢以下保守派の重臣は「絶対恭順」論を述べたのに対し、井上聞多は「武備恭順」論を主張して譲らず、論議はなかなか議決しなかった。ついに藩主は、「武備恭順」に藩是を一定するよう裁定を下し、全員承服した。これは前日の二十四日に、井上が密かに内謁を藩主父子に請《こ》い、藩是を「武備恭順」に確定し、そのために従前の藩首脳部の辞表を却下して謹慎を解くよう建言したのが容《い》れられて、二十五日の君前会議は、家老以下の藩首脳部を召集して行なわれたからであった。

井上の俗論党襲撃計画

このとき井上は、第四大隊(小郡《おごおり》防禦《ぼうきょ》のとき井上の指揮した隊)と力士隊《りきしたい》の二隊をもって、円龍寺その他に屯集している俗論党を夜襲し、一撃のもとに粉砕する秘策を立てていた。井上は内謁を終わって退出すると、翌日の君前会議開催を正義派の首脳部に伝えて参列を求め、ついで筆頭の加判役である家老宍戸備前を訪ねて開催を伝え、賛成を求めた。宍戸が煩《わずら》わしい気色を示したので、井上はその秘策の大要を密話したのだが、宍戸から俗論党の一人に洩れた。二十五日の藩是会議の決定如何《いかん》は、俗論派にとって死活問題であったから、ただちに井上を要撃することに決めた。

井上、襲撃される

二十五日の夜、井上は残務整理をして政事堂から自宅へ帰る途中、讃井《さない》町の袖解《そでとき》橋（山口市中讃井町）の手前一町ばかりのところで数人の刺客に襲われ重傷を負った。しかし、美濃国赤坂村《みののくにあかさかむら》（岐阜県大垣市）の医家出身で適塾《てきじゆく》生でもあった所郁太郎《ところいくたろう》が、六ヵ所の創口を五〇針縫合《ほうごう》する手術を行ない、一命をとり止めた（『世外井上公伝』二）。下関にいた伊藤俊輔は、井上遭難の報を聞くと、すぐ山口に来て病床を見舞った。井上は俊輔に、二人とも斃《たお》れては宿志を達することができないから、早く安全の地に去るようにと勧めた。翌日、俊輔は藩に出頭して下関の事情を具申し、先に来島又兵衛《きじままたべえ》に属した力士隊四〇人を山口より下関に移す許可をえて、これを率いて下関に帰った（『伊藤博文伝』上）。

周布の自刃

なお、この井上遭難の夜深更、周布政之助が山口の寓居《ぐうきょ》（吉富藤兵衛《よしとみとうべえ》家）で自刃した。周布は長年にわたり藩の要務に参画してきたが、禁門の変につづいて幕府征長問題が起こり、藩存亡の危急にさいして、藩内に正義・俗論両派の対立・紛争が起こり、藩の実権が俗論派に握られたことなどを痛歎し、すでに病気のため、最後の奉公を竭《つ》くさんとするも心身ともに力尽きて果たせず、遂にその責を引き、藩主はじめ親族・知友に遺書をのこして、四二歳の生涯を終えた（『周布政之助伝』下）。

俗論派、藩政を掌握

こうして晋作が兄事《けいじ》し親密であった周布は自刃し、親友の井上も翌二十七日、病を理由に辞表を出して受理され、家老中唯一の正義派である清水清太郎《しみずせいたろう》も辞表を出して屏居《へいきょ》し、俗論派はますます跋扈《ばっこ》した。その結果、十月はじめ、藩主父子は俗論派に擁せられて萩城に帰り、藩政はすべて俗論派に掌握され、藩首脳部の更迭が盛んに行なわれた。

当時、支族吉川経幹は自重論者で、昨年以来、本藩の施策に不服をもっていたから、九月はじめに山口に来て、俗論派の主張である絶対恭順論に傾き、俗論派も経幹を頼ってその勢力の増大を図った。

正義派の罷免

十月十日には、正義派の直目付役毛利登人・同大和国之助・同前田孫右衛門・政務役長嶺内蔵太らが、十三日には小納戸役《こなんどやく》小田村素太郎《おだむらもとたろう》・同滝弥太郎《たきやたろう》・同山県半蔵《やまがたはんぞう》らが罷免となり、十七日には前日辞表を出して萩に屏居していた晋作も政務役を免じられた。これに相前後して、俗論派の首領と称された椋梨藤太《むくなしとうた》が、十月二十四日に政務役、翌二十五日に国事用掛《こくじようがかり》に就任した。また、各局の吏員から諸郡の代官に至るまで、ことごとく俗論派の人びとをあて、元治元年十月より藩内の形勢は一変し、俗論派が政権を掌握するに至った。

俗論派の藩首脳陣は、十月二十一日、諸隊解散令を下すなど、藩内に正義派への強圧策をとるとともに、二十七日、山口の諸役所をすべて萩に移した。また服制を復旧し、丸《まる》羽織《はおり》に平袴《ひらばかま》という天保《てんぽう》時代ごろの装束に戻し、ひたすら幕府に対して恭順の意を表すことに努めた。

このような正義派勢力の失墜した情勢のなかで、晋作は政務役罷免後も世子に上書《じょうしょ》などを奉って形勢挽回を計る努力をしていた。しかし、すでに俗論派の政権が成立している以上どうにもならず、晋作は同志の楢崎弥八郎らと藩主の冤罪を訴えるべく一身を抛《なげう》つことを約束し、十月二十三日に山口へ出掛けたところ、追捕の者が来たので危険を感じ、脱走を決断した（「放囚集」・前原一誠宛書簡、『史料墨宝』）。

晋作、脱出

さらにその翌二十四日には宍戸《しし ど》左馬介《さまのすけ》・佐久間佐兵衛《さくまさへえ》・中村九郎ら旧藩首脳部が一斉に野山獄《のやまごく》に入れられたのを知り、いたずらに俗論派の手にかかって斃《たお》れるよりは、むしろ藩外へ出て後図をはかろうと、その夜、萩を脱出した。伊藤の談話によると、晋作が夜中に家を逃げだすとまもなく捕手が来たという（『修訂防長回天史』六）。

井上を見舞う

晋作は山口へ出て、翌二十五日夜中、密かに湯田村高田（山口市湯田温泉）の家にいる重傷の井上聞多を見舞い、諸隊からの十数回の建白も俗論派に握りつぶされて君聴に達しないが、諸隊は三田尻《みたじり》（山口県防府《ほうふ》市三田尻）または徳地《とくじ》（山口県佐波《さば》郡徳地《とくぢ》町）の辺に屯集し、俗論派藩首脳部の解散の命にも従わず、互いに連結して勢力挽回の策を講じていることを告げた。さらに晋作は、いったん筑前に脱走して九州の同志を連合し、諸隊とともに俗論派を討滅し、藩是《はんぜ》を一定しようとする決心である旨を井上に語った。井上も病苦の身を忘れて互いに天下の形勢を談じ、晋作は井上に十分の療養を勧めて辞去した(『世外井上公伝』一)。それから晋作は、翌二十六日夜、同志楢崎弥八郎を訪ね、ともに脱藩しようと説得したが、応じなかったので、やむなく別れを告げた。

徳地へ

晋作は、単身田舎神主風に変装して山口を脱し、柊《ひいらぎ》(山口市長野)まで来ると変装を捨てて立派な士風に変じ、三田尻を経て、奇兵・膺懲二隊が駐屯する徳地に着いた(中原邦平「東行先生略伝」)。この二隊は、先に十月二十日、幕府軍の来襲が近いのに備えて三田尻から転営していた。二十七日、晋作が奇兵隊の陣所を訪ねたとき、軍監山県狂介《やまがたきようすけ》や五卿の御用掛《ごようがかり》野村和作(靖《やすし》)らは晋作の脱走を止めようとしたが、晋作は別に策を有していたのでその友情を知りながらも聞き入れず、彼らと議し、深更におよんだ。このとき、晋作は「燈火《ともしび》の影細く見る今宵哉《こよいかな》」と口ずさんでいる(『高杉晋作全集』下、歌俳)。

二十八日夜明け近く晋作は徳地を発ち、二十九日下関に着き、竹崎浦の白石正一郎《しらいししよういちろう》宅の座敷に潜伏した(「白石正一郎日記」・「懐旧記事」巻之二)。晋作は、早速に萩の俗論優勢のことを語り、意中の九州行を白石に打ち明けたと思われる。

筑前へ

晋作を九州に避難させようとしたのは元筑前藩士《ちくぜんはんし》の浪士中村円太《えんた》と考えてよかろう。中村は筑前藩勤王党の一人としてたびたび脱藩して長州に入り、同じ筑前藩の平野国臣らとともに活動していて、文久三年（一八六三）七月の勅使《ちょくし》正親町公董《おおぎまちきんただ》が下関を訪れた当時には、晋作は平野・中村・小田部《おたべ》龍右衛門らと下関の宿で会っており（同月二十七日条、「白石正一郎日記」）、また「八月十八日の政変」後は、中村は西下した三条実美《さんじょうさねとみ》の執事となり、禁門の変前後には、真木・久坂らと「野唯人《のただと》」の変名で連署して、幕府へ陳情書を出すなどしていたから、晋作との交際はかねてから密であった。

九州諸藩の尊攘派

また、筑後の浪士淵上郁太郎《ふちがみいくたろう》（元久留米藩士、変名林田勘太郎）も、禁門の変では長州藩同志とその軍中にあり、事敗れて、筑前藩尊攘派の月形洗蔵《つきがたせんぞう》・早川勇《いさみ》（養敬）らに説いて、長州藩のために後図を画策していた。九州諸藩の尊攘派勢力の拡大には、長州藩尊攘派との提携が必要であり、長州藩尊攘派の苦境を打開するには、九州諸藩の連合を促し、その援助を図るほかないという点で、同様に長州に滞在していた中村円太と淵上とは考えが一致して、長州藩よりも一名が九州に渡海する必要を主張していた。その一名とは晋作を指していたと考えられる。九月二十九日付で下関より淵上が中村に宛てた書簡でも、九州へ渡ろうとする淵上が再び中村に、一名の士を同道して九州へ渡海し遊説するよう勧めている（井上忠編「月形洗蔵関係書翰」(二)六三）。九月二十九日は、井上負傷後、四日のことで、晋作が井上の病床を見舞う間に二十数日があるが、この間に、中村が晋作に説いて、その目下の危難を脱するため九州に渡り、九州諸藩の同志を結束して俗論派を倒そうとする策が成り立っていたと考えてよかろう（中嶋利一郎「高杉晋作と筑前」『日本及日本人』六七七）。白石・中村らは、あらかじめ晋作の来関、九州渡海を準備していたものと察せられる。

晋作、筑前の同志と謀議

晋作は、十一月朔日、朝から白石宅へ来訪した中村円太・大庭伝七《おおばでんしち》（長府藩士、白石正一郎実弟）と談議した。このとき、晋作と同日夜半に九州から白石宅に着いた淵上は、先に長州藩のための周旋を求めて九州入りして遊説した感触から、九州諸藩の形勢はいまだ見定めがたく、晋作らの九州行を時期尚早と、渡海の不可を中村らに説いたが、晋作らはこれに従わず、夕方ごろ、三人は舟に乗って筑前に向かった。晋作はこのとき、谷梅之進と改名している（十一月朔日条、「白石正一郎日記」・『修訂防長回天史』六）。「潜伏集」によると、晋作らは十一月四日に博多に着いた。その後の足どりは不詳ながら、筑前藩側の史料によると、晋作と大庭は、中村円太の計らいで、その知人である博多上鰮《いわし》町の対州問屋石蔵屋卯平《いしくらやうへい》方に対馬《つしま》藩人と名乗って投宿した。そして、中村の周旋によって晋作らは、筑前藩士月形洗蔵・鷹取養巴《たかとりようは》、その同志早川勇らと、はじめて面接し謀議した。

このときに晋作は月形らに、萩の俗論派藩首脳部の改造を、筑前側から岩国の吉川経幹へ周旋してほしいと、申し入れている（『吉川経幹周旋記』二）。当時、月形らは筑前・肥前・対馬の三藩連合策を計画し、長州藩尊攘派の勢力挽回を助けようと考えていたらしく、肥前田代《ひぜんたしろ》（対馬藩分領、佐賀県鳥栖《とす》町）にある対馬藩家老平田大江《ひらたおおえ》に晋作を会見させるとともに、平田より前肥前藩主鍋島直正《なべしまなおまさ》（閑叟《かんそう》）に遊説させるべく、同志今中作兵衛《いまなかさくべえ》・伊《い》丹慎《たみしん》（真）一郎《いちろう》・江上栄之進《えがみえいのしん》らを晋作と大庭に同伴させて田代に送り、八日には田代に到着した。ただし、田代での動向はまったく不明である。

結局、肥前・筑前両藩ともに藩論として連合は望みえず、月形・中村らの策は一片の空頼みであった。また、対馬藩でも佐幕派が優勢となり、晋作が期待したようには事は運ばず、晋作と大庭は今中らとともに、十日、田代を発って博多へ戻ったようである。

野村望東尼

野村望東尼（東行記念館所蔵）

晋作らは、月形・鷹取らの周旋によって、一時博多より住吉村（福岡市博多区）へ出る水車橋畔の村田東圃《とうほ》という画工の家の一室を借り受けたが、ここが博多の市街続きであったので人目を避け、月形の周旋で、福岡城南一里ばかりの野村望東尼《ぼうとうに》（「もとに」ともいう）の平尾山荘《ひらおさんそう》（福岡市中央区平尾）に滞在することになった（江島茂逸編述「贈正五位望東禅尼伝」、『野史台維新史料叢書』一五）。

彼女は、筑前藩士浦野重右衛門《うらのじゅうえもん》の三女で、名はもとと言った。安政六年（一八五九）、夫と死別したのち、剃髪して望東尼と称した。大隈《おおくま》言道《ことみち》に和歌を学び、気節ある女丈夫で、早くから月形・中村らをはじめ多くの尊攘派志士を庇護した。晋作が滞在したときには望東尼は五九歳で、晋作の境遇に同情し、心から優待し励ましたことが、その歌集「向陵集」からも窺われる。

このころ、大庭は商人に身を窶《やつ》して久留米地方に去り、中村円太も脱藩の身で、追捕の危険があるため国許《くにもと》に留まることができず、再び長州へ去った。晋作一人が平尾山荘に移ったのは、十一月の十一日あるいは十二日ごろで、その滞在は一〇日ほどであった。

大坂軍議

晋作が筑前潜伏中に、長州藩の形勢は俗論派藩首脳部のもとで大きく変転した。先に十月二十二日の征長総督徳川慶勝《とくがわよしかつ》が開いた大坂軍議で、薩摩藩を代表した西郷吉之助《さいごうきちのすけ》（隆盛）の「長人を以て長人を制するの策」が受け入れられた結果、西郷は十一月四日（晋作が博多へ着いたころ）岩国に来て保守派の支族吉川経幹に開戦の危機と恭順とを説き、すみやかに長州本藩の三家老・諸参謀を処分するよう迫った。

すでに十一月に、防長の四境（芸州（広島県）方面・石州（島根県）方面・小倉方面・大島郡方面）に集結した幕府軍の兵員は、筑前藩一万五〇〇〇、阿波藩一万二〇〇〇、因州藩一万三〇〇〇、熊本藩および安芸藩の各一万をはじめとして、総計一五万におよび、長州藩総攻撃の十八日は目前に迫っていた（『維新史』四）。

三家老・四参謀処刑

征長総督府がこの期日の延期を諸攻口の幕府軍に伝えるには、少なくとも十四日に発令する必要があった。それゆえ、長州藩はこれ以前に三家老を処分して謝罪恭順の意を表わさねばならず、そのため吉川経幹は使者を萩に遣わし、十一月十二日を三家老処刑の日とするよう伝達した。俗論派藩首脳部はただちにこれを受諾し、十日に三家老の戚族・家臣に処分の命を伝え、禁門の変の首謀者として、益田《ますだ》右衛門介《うえもんすけ》（三二歳）・国司《くにし》信濃《しなの》（二三歳）には十一日、福原越後《ふくはらえちご》（五〇歳）には十二日、おのおの自刃を命じた。十三日、家老志道《しじ》安房《あわ》（隼人《はやと》）は三家老の首級を持って岩国《いわくに》を発し、翌日広島に至り、征長総督府の実検に供し、かつ十二日、宍戸《ししど》左馬介《さまのすけ》（六一歳）・佐久間佐兵衛《さくまさへえ》（三二歳）・竹内正兵衛《たけうちしょうべえ》（四六歳）・中村九郎（三七歳）の四参謀を斬に処したこと、久坂玄瑞《くさかげんずい》（二五歳）・寺島忠三郎《てらしまちゅうざぶろう》（二二歳）・来島又兵衛《きじままたべえ》（四八歳）の三参謀は京都で戦死した旨を上申し、総督府の軍門に謝罪恭順の意を表し、穏便の処置を願った。

五卿引き渡し問題

また、十九日には総督府の巡見使による山口城破却の見分も済み、さらに二十五日、藩主は萩城外の天樹院に移居して恭順伏罪した。かねて征討総督は、長州藩の伏罪・山口城の破却・五卿の引き渡しの三条件をもって幕府軍の撤兵を図るという、西郷の意見を容れていたから、十一月下旬の時点では、五卿の引き渡しさえ実行されれば、和平裡に終局する運びだった。しかし、長州藩では、正義派諸隊が五卿を擁して俗論派藩首脳部と鋭く対立していたから、幕府軍撤兵の一要件である五卿引き渡しのことは容易に実現しなかった。五卿引き渡しとは、当初長州落ちしたのは七卿であったが、そのうちの沢宣嘉は文久三年の生野の変に加わって敗れ、丸亀《まるがめ》（香川県丸亀市）より長州藩内に潜伏して他の六卿とは別々となり、また錦小路頼徳《にしきのこうじよりのり》は元治元年四月に下関で病没したため、当時長州藩は五卿を擁していたからである。

諸隊の諭示と団結

先に触れたように、俗論派首脳陣が諸隊に解散令を下したため隊列を離れる者もあったが（中原邦平『訂正補修忠正公勤王事蹟』）、徳地にいた諸隊幹部は協議して、

礼譲を本《もと》とし人心にそむかざる様肝要《かんよう》たるべく候。

農事の妨《さまた》げ少しもいたすまじく、猥《みだ》りに農家に立寄るべからず。

言葉などもつとも丁寧に取《とり》あつかい、聊《いささ》かもいかつがましき儀これなく、人より相したしみ候様《よう》いたすべく候。

郷勇隊《ごうゆうたい》のものはおのづから撃剣場へ罷《まか》り出で、農家の小児は学校へも参り、教を受け候様なづけ申すべく候。

強き百万といえどもおそれず、弱き民は一人と雖《いえ》どもおそれ候事、武道の本意といたし候。

（『修訂防長回天史』六）


など、民衆に愛され、頼みとされる諸隊をめざす諭示を各隊中に頒布し、諸隊相互の団

諸隊、山口に集屯

結を図った。ついで諸隊は、形勢挽回のために五卿を奉じて山口に屯集することにし、ちょうど晋作が博多に着いた十一月四日、遊撃軍・八幡隊・御楯隊・膺懲隊・奇兵隊ら総員七〇〇～八〇〇人が山口に入り、諸寺院に分屯した。当夜、各諸隊・其他同志中の名義で山口に居残りの家老浦靱負《うらゆきえ》に藩主父子への歎願書を出し、すみやかに藩主の山口帰還、俗論邪説の者の抑制、人材育成、武備充実、「国是の不動」を行なうよう懇願し、同時に山口大神宮（山口市滝町）社内の常栄公（毛利隆元《もうりたかもと》）の霊前へ参籠《さんろう》し、国論恢復を祈願するという趣旨の言上を頼んだ（『定本奇兵隊日記』上）。

諸隊では、右の建白書は時節柄、はたして藩主まで届くか否か不明であるので、同六日、正義派の骨髄と頼む五卿に、使者を遣わして直接藩主に歎願書が届くよう計らいを頼んだ。五卿もその意を汲んで、土方久元《ひじかたひさもと》を五卿の使者として八日、萩に赴かせた。土方は藩主に謁して五卿の親書と諸隊の歎願書を直接差し出したが、返答は後日とされた。このとき、土方は選鋒隊・俗論家四〇人ばかり一間に詰めるなかを単身敵地に踏み込み、暗殺・毒殺なども覚悟したと語っている（『回天実記』上）。

やがて俗論派の藩首脳部は、三家老処分決定の命に激昂《げっこう》した諸隊が徳山・岩国に赴いて三家老を奪うであろうとの噂が萩に達したため、十一日、鎮撫使《ちんぶし》として毛利上野《こうずけ》を山口に遣わした。毛利上野は山口政事堂に諸隊の総督らを集めて、藩主の親書を読み聞かせ鎮静の意を伝えたが、諸隊側はこれを聞き容れず、かねての歎願の採用を主張して去った。

この日、諸隊側の太田市之進《おおたいちのしん》・野村和作らが、幕府より兵器を渡せとか削封の命あれば如何、と鎮撫使に詰問したところ、鎮撫使はやむをえないと答えた。また、藩主父子の身上に言うに忍びない命が下ったときは如何と問うたところ、鎮撫使の一人諫早巳次《いさはやみじ》郎《ろう》は、これまたやむをえずと答え、「君を軽しとし社稷《しゃしょく》を重しとする」意を表したので、太田市之進・野村和作は怒り、鎮撫使を罵って去った（『修訂防長回天史』六）。ここに俗論派の首脳陣と正義派諸隊との意識の相違がよく示され、正義派が君臣主従関係を中核とする強固な封建武士意識を堅持していたことがわかる。

土方久元への密書

十四日夜、湯田に帰り風邪で引き籠《こも》っていた土方久元のもとへ、奇兵隊中より急使が来て、密書をもたらした。「今般萩表で諸隊討伐令が下ったので、もはや猶予できず、俗論退治の義兵を起こすことになった。しかし、山口は攻め口が一〇ヵ所もあり、土地広漠で小勢力では防戦が困難なため、これより長府《ちょうふ》へ赴き、長府藩と清末《きよすえ》藩と連結して下関にある米金を奪取し、役人を萩へ追い返すことに議論が一致した。明日ただちに山口を引き払うので、三条実美卿らに申し上げていただきたく、諸卿も長府へ移転下さるように」と願い出た内容であった（『回天実記』上）。

諸隊、長府へ移動

右につき、十一月十五日、御楯・遊撃・奇兵・膺懲・八幡の諸隊は山口発足、同日、五卿も馬上にて湯田出発、嘉川《かがわ》（山口市）・舟木《ふなき》（山口県厚狭郡楠町）・厚狭《あさ》（厚狭郡山陽町）・吉田（下関市吉田町）・小月《おづき》（下関市小月町）を経て、十七日夕方、長府（下関市長府町）に着き、また三田尻駐屯の中岡慎太郎・真木外記《まきげき》（和泉の子）らの諸国浪士隊である忠勇隊も長府に入った。五卿は功山寺《こうざんじ》（下関市長府川端町）に入り、尚義隊・忠勇隊が警衛し、諸隊のうち八幡隊のみ小月に滞陣し、遊撃・御楯・膺懲・奇兵の各隊は、近辺の寺々を借り受け駐屯し、正義派諸隊の総勢はほぼ二〇〇〇にのぼった（『定本奇兵隊日記』上・『維新史』四）。

こうして長府に移った諸隊は十九日、書を長府藩主（毛利元周《もとちか》）に出し、俗論派の一連の対幕処置を難じ、また諸隊殲滅《せんめつ》の聞こえがあるため、万一藩内に干戈《かんか》を動かすことのないように努めているので、五卿・清末藩主と協議のうえ、諸隊の歎願の趣旨をもって本藩を輔翼《ほよく》されるよう出願した。

俗論派は諸隊の鎮静を長府藩主に頼んだので、二十三日、長府の世子宗五郎（元敏《もととし》）および清末藩主とともに三条実美が功山寺に会議し、二十五日、長府藩主は諸隊に、本藩主の直書に基づいて国内一和、粗暴の儀なきようにとの諭文を廻達した。奇兵隊総督赤根武人ほか時山直八《ときやまなおはち》らが長府より出萩したのも、同日であった（『定本奇兵隊日記』上）。晋作が筑前から下関へ帰着したのも、実にこの際であったのである。

少し遡って晋作帰関の経緯に触れよう。長州藩のための周旋として、筑前藩士筑紫《つくし》衛《まもる》・浅香《あさか》一索《いちさく》・早川勇らの一行が十一月十四日に萩に到着し、藩の要路に会見して藩内一和を説いたが、すでに三家老・四参謀処刑後のことで周旋は空しかった（『維新史』四）。一行の帰路の途中、美祢郡絵堂《みねぐんえどう》（美祢郡美東町《みとう》絵堂）の宿《しゆく》で、長州藩家老志道安房《しじあわ》が三家老の首級をもって広島へ向かい岩国を出発したことを見受けたという話を聞いて、早川らは驚いて急ぎ帰藩し、十七、八日ごろ福岡に帰着しているが（「贈正五位望東禅尼伝」）、おそらく晋作が耳にしたのは十一月二十日ごろであろう。晋作は悲憤落涙し、もはや他藩に潜伏しているときでないとすぐに出発、帰国することにした。それが十一月二十一日であった（「早川勇書取類」巻三）。

望東尼は故郷に帰る晋作のために、形見として夜もすがら縫った旅衣に餞別の和歌一首をそえて贈った（「のこりぐさ」）。晋作も望東尼の厚情を謝し、惜別《せきべつ》の一首を書き遺し、月形の同志の一人瀬口三兵衛《せぐちさんべえ》を従えて山荘を発った（春山育次郎『野村望東尼伝』）。

晋作は、赤間駅（福岡県宗像《むなかた》市赤間）と原町《はるまち》（宗像市原町）との間で、博多に赴く長府の密使家老三澤求馬《みさわきゆうま》・大目付野々村勘九郎《ののむらかんくろう》（茂次、のち泉十郎《いずみじゆうろう》）の二人に邂逅《かいこう》したことを早川より聞くと、その夜、再び博多へ引き返し、三澤・野々村に会って下関・長府の情勢を聞き、この二人に従って晋作は十一月二十五日に下関に帰った（「贈正五位望東禅尼伝」・「早川勇手記」坤)。そして、帰関直後の十一月二十七日朝付で、晋作は望東尼に丁重な礼状を出した(『野村望東尼伝』)。

なお、晋作が平尾山荘に潜居している間に、月形洗蔵らの紹介で西郷吉之助と会見したという説と、否定説がある。これについては、すでに中嶋利一郎が「高杉晋作と筑前」(『日本及日本人』六七七)ほかで詳しく考証しており、会見説は事実無根である。

二 晋作の帰関と五卿の筑前渡海問題

奇兵隊総督赤根武人

当時、晋作の脳裏には俗論派首脳陣打倒のことしかなかった。恃《たの》みとするのは奇兵隊以下の諸隊の動員にあった。しかし、長府屯集の諸隊も前述のように、期待した長府藩主の周旋も奏功せず、かえって藩主直書に基づく鎮静の論文が下る有様で、俗論派側から五卿の引き渡し(西遷)を早急に実現するため、懐柔策が次々と打たれる情勢の渦中にあった(『伝家録』)。したがって一部の幹部の動きにも微妙な動きがみられた。

奇兵隊総督赤根武人は、先に諸隊が山口を出発しようとする際に帰省より帰隊し、「国内において両党相争うことはしてはならぬ。余は萩に赴いて十分の処置をしようと考えている」と山県狂介に説いたことがあり、山県はその言動に不審を抱いていた。やがて赤根は、元治元年（一八六四）十二月八日帰陣し、諸隊長と会合して萩の情況を述べ、自己の「正邪混和説」、すなわち正義派・俗論派の対立抗争をやめ和解協力を説いた。山県狂介はこの説を聞いて、赤根の態度を誹謗《ひぼう》した（「懐旧記事」巻之三）。しかし、後の晋作の挙兵にあたり遊撃隊（禁門の変後、遊撃軍の各隊分立し、本隊は遊撃隊とする）の総督石川小五郎（のち河瀬真孝《かわせまさたか》）、力士隊総督の伊藤俊輔のみが賛成し（『伊藤博文伝』上）、他は応じなかったことを見れば、赤根の説に傾いた諸隊長が多かったといえよう。

西郷と筑前藩士の五卿引き渡し周旋

また、俗論派は五卿の引き渡しを促すため、十二月十一日家老の志道安房が、藩主の親書を持参して藩主の意を伝え、諸隊の鎮撫につとめた。なお、五卿引き渡しに関しては、征長総督府に参画の西郷吉之助および筑前藩士の周旋が積極的に行なわれた。晋作が下関への帰国に先立つ五日前の十一月二十日、征長総督は筑前藩に対して、五卿を長州藩より受け取り、同藩および薩摩・久留米・熊本・佐賀の五藩が一人ずつ預かるように周旋することを命じた。西郷は十一月二十一日、広島を発ち、二十三日、小倉に着き、ついで筑前藩士月形洗蔵・早川勇《いさみ》と五卿移転について協議した。

長州藩正義派は、晋作・野村和作・太田市之進ら十四、五人が十一月晦日夜半に下関の旅宿に筑前藩士を訪れ、

五卿を推立ざれば恢復《かいふく》すべき様これなきに、尊藩に移られ候ては、これ骨髄まで抜

るゝと云うもの也。この情実推察有るべし。（「早川勇書取類」巻三）

と述べて反対した。

薩摩への疑惑

十二月八日夕刻、下関で月形洗蔵が盟主として諸隊長会議を開き、諸卿方の渡海を申し出たが、皆異存を申し立て決議に至らなかった（『回天実記』上）。筑前藩士越智《おち》小平《こへい》太《た》・真藤登が、十二月三日に岩国に赴いて語っているように、晋作と伊藤は「このたびの薩摩の周旋の心底はいかなるものか呑み込みがたく」と、薩摩藩の周旋に強い疑惑を有していた（『吉川経幹周旋記』二）。早川の手記にも「高杉は薩人若《も》し馬関《ばかん》に来るならば、この文司《(門)》の海を三途《さんず》の川《かわ》と思ひ来る可しといえり」とある（十二月十日条、「早川勇手記」坤）。

右のように月形と諸隊長との交渉も進まず、かつ、これより先に筑前の筑紫衛も萩へ赴き、俗論派首脳陣と諸隊と調和の上、五卿を早く引き渡すよう交渉していたが、俗論派の返答では今更その調和は不可能で、これより萩から人数を差し向けて討伐するとのことで、筑紫は余儀なく九日、下関に帰着した。十二月十一日朝、早川勇が筑前藩士林泰《やすし》（元武）に小倉にいた西郷宛の書状をもたせ、下関まで渡海してくれれば、月形と諸隊との応接、筑紫の萩行の次第を報告し、場合によっては、西郷に岩国および広島総督府へも周旋を依頼することになった（越前藩「小倉在陣日記」、『修訂防長回天史』六所引）。

これに応じて、五卿移転の進捗《しんちょく》を志していた西郷は十一日夜、吉井幸輔《こうすけ》（友実《ともざね》）・税所《さいしょ》長蔵（篤《あつし》）とともに密かに下関に行き、月形・早川らと五卿移転のことを議すと小倉に帰った（『維新史』四・『修訂防長回天史』六）。当時、長州藩士は薩摩藩を仇敵視《きゅうてきし》し、なかには薩摩藩士の来るときはこれを斬殺しようとまで言う者もあったので、薩摩・筑前二藩士は西郷の身辺を慮《おもんぱか》って渡海を止めたが、西郷は意に介せず、危険を冒して渡海し、周旋に努めた。翌十二日、月形洗蔵・早川勇は長府に至り、五卿に謁してその移転を切に勧説した。そこで、五卿もやむなく筑前藩に渡航することに決心し、二人に「西郷吉之助へ極密の談は承知した。当藩内の紛乱鎮静の効能があらわれ次第、筑前へ渡海することに決めた」から、西郷に岩国に赴き斡旋の労を取るよう頼む旨の書面を与えた（『修訂防長回天史』六）。晋作は、長州に留まることを望んでいた三条実美ら五卿が渡海する決心をしたことを聞き、憤懣《ふんまん》に堪えず、「死をもってお留め申すぞ、お留りなされ、長門《ながと》の国にも武士もある」と口ずさんだ（『高杉晋作全集』下、歌俳）。

五卿、筑前渡航を決心

その後も、容易に五卿の渡海は進捗せず、月形は、七日の期限を切って渡海期日を約束するよう五卿に督促した書面を早川にもたせて、長府に赴かせた。ここに至って五卿は、十二月十五日、今後一〇日間で「萩藩反正の儀否《いな》やにかかわらず」渡海を行なうことを決めた（『修訂防長回天史』六）。しかしこの日、後述するように晋作が下関に挙兵し、長州の藩情は、さらに混乱した。

晋作・西郷の会見説は史実にあらず

さて、右の十二月十一日夜半、密かに西郷吉之助が吉井・税所らと下関に来た際、晋作との会見が行なわれたという説がある。上述の平尾山荘における両者の密会説とともに筑前藩側の史料にもとづいた説だが、これについても史実とすることはできないことは、かつて述べたことがある（拙稿「馬関挙兵直前における高杉晋作の心情」『日本歴史別冊　伝記の魅力』）。同夜、西郷に同行した薩摩藩士税所《さいしょ》長蔵（篤）が、後年、両者の会見がなかったと確言しているが（『修訂防長回天史』六）、史談会幹事の寺師宗徳も、西郷自身が生前晋作に会ったことがないと言ったのを聞いたと、薩摩藩の池上四郎が書いた日記の写しを子孫のところで見たと証言している（「薩長連合の事実に就て」『史談会速記録』第二四三輯）。

三　晋作の下関挙兵

晋作は筑前より元治元年（一八六四）十一月二十五日に帰国して以来、諸隊のたび重なる歎願も俗論派首脳陣には容れられず、五卿渡海問題も錯雑《さくざつ》して、紛々として口舌の間に日を送るばかりであったから、藩論を匡正《きょうせい》するために早く挙兵しなければならないと焦る一方であった。

ついに十二月十二日夜半ごろ、晋作は長府で「暴発の企て」を起こし、遊撃隊中八〇人ばかりがこれに応じて挙兵の準備に入った。翌十三日、奇兵隊の天宮慎太郎《あめみやしんたろう》より三条実美側近の土方久元に、晋作が「暴発」しそうなので五卿方から止めるよう説諭願いたいと言ってきた。土方はただちに五卿の旅館（功山寺）へ告げたので、五卿方では「晋作の精神はともかく、暴発はよくない」と同隊の主だった者を呼び出し、暁近いころまでいろいろと説諭して、やっと鎮静をみるに至った（『回天実記』上）。このとき五卿の一人、東久世通禧《ひがしくぜみちとみ》の追憶談では、「呼び出しに応じた者は、表面は至極穏やかに承諾の様であるが、内心は一向分らない様子だった」とある（『竹亭回顧録維新前後』）。晋作はおそらく、同隊の幹部にあらかじめ五卿の説諭を一応受諾するよう言い含めたうえ、自分は伊藤俊輔に挙兵を促し、かつ作戦を打合わすため下関へ赴いたものと考えられる。『奇兵隊日記』元治元年十二月十二日条に「谷梅之進（高杉晋作）馬関へ脱走」とある（『定本奇兵隊日記』上）。

晋作、挙兵の原因

晋作が十二日夜半ごろ「暴発」の準備に決然として取りかかった原因には、先述のように、まず十二月八日に赤根武人が萩より長府へ帰って、諸隊長にさかんに自己の「正邪混和説」（俗論派と正義派の調和論）を説き、諸隊長にも耳を傾ける者が生じたことに加えて、十二日当日「五卿様の儀に付、諸隊大会議の事」（『定本奇兵隊日記』上）があり、諸隊総督を長府の客館に招集して、支藩長府の家老三好内蔵之介《みよしくらのすけ》が説明した、

一、宗藩は長府藩世子の周旋建議も、支藩たるゆえ権柄《けんぺい》で圧して採用しないこと。

二、諸隊は、五卿の渡海を承諾すれば解隊を止め土着とし、隊長の階級を進め増禄すと、利をもって誘わんとしていること。

三、壅蔽《ようへい》中の藩主の意向として五卿に渡海を勧めていること。

など、俗論派の出方に憤激を抑えきれないものがあったためである（『伝家録』）。

晋作の決起演説

中原邦平の「東行先生略伝」を要約すれば、

ある夜、諸隊長が集会している酒席で晋作が、「諸君らに大事を決する意志がないのは赤根の説に騙《だま》されているのだ。赤根武人は大島郡の土百姓ではないか。この晋作は毛利家譜代の恩顧の士である。武人ごとき匹夫《ひっぷ》と同一視される男児ではない。晋作の説を聞いてくれなければ、最早《もはや》諸君に望む所はない。ただ、旧誼《きゅうぎ》に対して一匹の馬を駆《か》してほしい。僕は萩へ駆けつけ両君公を直諫《ちょっかん》する。今日の場合は、志士たる者が寸時《すんじ》でも安座するときではない」と長官らを罵《ののし》り激励した。しかし、決起してこれに応じようとする者が一人もなかったので、晋作は怒って直に馬関に行き、力士隊の総督伊藤春輔（俊）を説いた。伊藤が力士隊を以て応じたので、長府の遊撃隊の軍監高橋熊太郎（水戸浪士）と石川小五郎（遊撃隊総督）の両人も賛成した。

とある。晋作の諸隊長官に向かっての決起演説は、十二日夜のことと推定して間違いないであろう。十三、十四日は伊藤との打合せなど、晋作も挙兵準備に日を送ったとみえる。このように晋作は心情的に五卿渡海に憤懣を抱いていたが、いつまでも五卿を奉じていると、かえって俗論派打倒が困難になると考え、あえて五卿を止めず挙兵に踏み切ったのである。

東久世通禧《みちとみ》はこのときのことを「高杉は十二月十五日夜半に、紺糸威《こんいとおどし》の腹巻《はらまき》を着て桃形の兜《かぶと》を首へかけ、三条卿(実美)らの泊まる功山寺に至り、太刀《たち》を次の間へ置て、(中略)今夕は御暇乞《おいとまごい》のため参上致したるなれば、御盃《おさかずき》を賜りたいと凄《すさま》じき勢いであった。(中略)高杉は二、三杯呑んで、是《これ》から長州男児の手並《てなみ》を御覧に入れますと云って、暇を告げて出た」と記している(『竹亭回顧録維新前後』)。

また、のちに伊藤は、「高杉が総大将で出撃するときには雪が非常に積っていた。そこへ福田良助(俠平)(奇兵隊軍監)がやって来て高杉に向かい、「是非御止《おとどま》りを願いたい」といったが聞き入れず、やがて森重健蔵(奇兵隊砲隊長)が後方から「総督御進みになったら宜《よろし》かろう」と大きな声を出したので、そのはずみに進軍を始めた」と語っている(『修訂防長回天史』六)。

なお、高杉の軍が進発の勢揃いをしている最中に、長府藩主毛利元周《もとちか》も、高杉の「暴発」を制止しなければ御本家に対して済まないと、用人林樵《きこる》(のち洋三《ようぞう》)を遣わして高杉に説諭を試み、「高杉が言う事を聞かなければ、長府領を通すことは出来ぬ」と言った。これを聞いて高杉は烈火のごとく怒ったが、高杉の参謀である所《ところ》郁《いく》太郎《たろう》がとりなしたので、林も匆々《そうそう》退散した（『伊藤公実録』）。

やがて高杉の軍は下関に入り、十六日払暁《ふつぎょう》、伊崎新地の会所（下関市上新地町）を包囲し、高橋熊太郎・久保無二三《くぼむにぞう》らを総奉行の家老根来上総《ねごろかずさ》に面会させ、駐在の吏員らを萩に帰還させるよう申し入れ、彼らを放逐し、姦吏《かんり》の罪を匡《ただ》すという趣旨の高札《こうさつ》を掲示した（『修訂防長回天史』六）。このとき、佐世八十郎《させやそろう》も晋作らの軍に参加して、十五日徹夜晋作と軍議をこらし、極寒を冒して会所を襲い俗論派打倒の魁《さきがけ》をなした（妻木忠太『前原一誠伝』）。

ついで晋作は、石川小五郎・所郁太郎ら十数人の志士とともに、下関の飛船に乗って三田尻に至り、碇泊中の藩の軍艦癸亥丸《きがいまる》（帆船）の船将を説き伏せてこれを奪って下関に帰り、海上砲台とし、豊前田《ぶぜんだ》（下関市豊前田町）に拠り、兵を諸寺院へ分屯させた（『修訂防長回天史』六・『維新史』四）。

軍費の調達

当時、晋作は軍費がないので根来上総の計らいで、札銀一六貫ほどを借りて糧食の蓄積・兵員の増加を図り、大坪《おおつぼ》の了円寺（下関市大坪本町）を屯営とした（『伊藤公実録』）。幕府軍側の史料では、

激徒弐百五十人斗《ばか》り、去る十六日明《あけ》に馬関へ罷《まか》り越《こ》し、本家之領分新地へ至り、

（中略）高札を立て、直《じか》に役所へ押掛《おしか》け、金子《きんす》并《ならびに》米等奪取候。（中略）右奪取り候金子は五百両位と申事に御座候。（『越前藩幕末維新公用日記』）

と記している。なお、俗論派は、すでに前月十一月二十日に諸隊の暴発を危惧《きぐ》して、下関の衛所にある武器を萩へ廻送するよう命を下したが、根来上総の意見により実際は萩に移さず長府に移していた。したがって晋作が下関に入り、武器を獲得しようとしたが、得るところの銃はわずかであったという（『修訂防長回天史』六）。

討死を覚悟

このときにあたり、晋作は下関より長府の大庭伝七《おおばでんしち》に書簡を出して、先の長府藩主の制止に激怒した際のことの心事を記し、さらに続けて「弟《(晋作)》若《も》し馬関にて死する事を得候わば、招魂場《しょうこんじょう》へ御祭り下さる様願い奉り候」と記し、かつ、自らその墓碑銘として、

表　故奇兵隊開闢《かいびゃく》総督高杉晋作、則《すなわち》西海一狂生《さいかいいっきょうせい》東行墓、遊撃将軍谷梅之助《たにうめのすけ》也

裏　毛利家恩古臣《おんこのしん》高杉某嫡子也

月　日

という建碑を頼み、あわせて「死後に墓前にて芸妓御集め、三絃《さんげん》など御鳴し御祭り下され候様頼み奉り候」と書いた（『高杉晋作全集』上、書簡一三二）。晋作が挙兵にあたって討死を覚悟し、あくまで伝統的な封建武士意識と強固な家格意識に徹していたことを知ることができるとともに、奇兵隊創設を自ら誇りとし、かたわら紅燈《こうとう》の巷《ちまた》に遊ぶのを死後ま

で味わいたいというところに、晋作の不羈《ふき》奔放《ほんぽう》たる本領がよくあらわれている。

四　下関再挙兵と「武備恭順」論の確立

俗論派首脳陣は、晋作の下関挙兵の報をえて、直ちに兵力をもって諸隊を鎮圧する旨を総督府に報じ、元治元年（一八六四）十二月十六日付をもって、奇兵隊はじめその他の諸隊に人馬の継立《つぎたて》や、米銀・食物の貸売りを禁じた惣触《そうふれ》を一般に出した。

正義派を斬罪

ついで俗論派は十八日、前田孫右衛門・毛利登人《のぼる》・山田亦介《またすけ》・大和国之助・楢崎弥八郎・長嶺内蔵太・松島剛蔵ら正義派の領袖《りょうしゅう》を野山獄《のやまごく》に投じ、翌日、彼らを斬罪に処した。さらに二十五日夜、正義派家老清水清太郎に、「御国体を破り、上を欺《あざむ》き下を惑《まどわ》し、（中略）不忠不義之至り」といわれなき罪名をきせて自刃《じじん》を命じた。二十四日には、選鋒《せんぽう》隊《たい》総奉行毛利宣次郎《もうりせんじろう》を諸隊鎮静手当《しょたいちんせいてあて》総奉行《そうぶぎょう》とし、翌日、「諸隊鎮静」（実は追討）出兵の趣旨を各所に榜示《ぼうじ》し、二十六日よりの出兵と部署を定めた（『修訂防長回天史』六）。

長府の諸隊伊佐に集結

すでに筑前に渡海を決めていた五卿側では、十八日、三条西季知《すえとも》と四条隆謌《たかうた》の二卿が長州藩主父子に訣別《けつべつ》を告げ、最後の勧告を藩の要路に行なおうと大雨を冒して長府を発し、翌日伊佐《いさ》（山口県美祢市伊佐町）に着いた。晋作の挙兵にあたって阻隔していた長府屯営の諸隊も、挙兵に刺激され、かつ、俗論派の正義派に対する苛酷《かこく》な弾圧に蹶然《けつぜん》として、藩論是正の武力抗争に立ち上がった。これら長府屯営の諸隊は、まず三条西と四条の二卿を擁して萩に進もうと十六日夕方より長府を発し、吉田を経て伊佐に集結した。俗論派は諸隊が萩に迫ろうとする報をえて、二十二日、急使を伊佐の二卿のもとに派遣し、出萩の節はいかなる失礼あるやも知れずと中止を要請した。二卿は憤激したが、強いて萩に行って兵端が開かれるのを憂い、二十七日、長府へ引返した。翌日には諸隊追討兵が絵堂《えどう》（美祢郡美東《みとう》町）・三隅《みすみ》（大津郡三隅町）へ出張したが、諸隊は伊佐に留って追撃の機をうかがった（『定本奇兵隊日記』上）。

一方、晋作は、下関から吉敷《よしき》郡矢原《やばら》村（山口市）の大庄屋吉富藤兵衛《よしとみとうべえ》に宛てて、高杉東一の名で、藩のために四〇〇〜五〇〇両ほどの現金での軍資金の援助を乞う十二月二十七日付の手紙を出した（『高杉晋作全集』上、書簡一三四）。なお右の追而書《おってがき》には、晋作は挙兵時に親類預けとなって湯田の生家の幽室に入れられ、監視付きの身である井上を救出するよう頼んでいる。やがて、後述のように井上は救出された（二四四頁）。

晋作はこの吉富への軍資金依頼の密書を、かつて来島又兵衛配下にあった美禰《みね》軍太郎の心胆を見込んで、所郁太郎の密書とともに渡し、密使として派遣した。軍太郎は二十八日、早朝下関を発し、十二月三十日吉富のもとに着いた。吉富は豪農だったが、晋作・井上らの同志として互いに相許し、志士的に行動していたもので、有合せの貯蔵金二歩金二〇〇両を返書とともに軍太郎に渡し、翌慶応元年（一八六五）正月元日、下関へ帰らせている。晋作が吉富に軍資金を求めたのは、前年十二月、はじめて新地会所襲撃以来、しばらく下関に割拠し時機の至るのを待っていたが、いよいよ萩に向かって武力行動を起こそうと決意したからであった。なお、軍太郎は出発にあたり、晋作から「吉富が万一変節し萩に通じているというような事があれば、正月七日に義挙するという機密を漏すのであるから、吉富を刺殺し、書状を火中に投じ、その場で自殺せよ、と言って秘蔵の短刀を与えられた」と語っている（「吉富簡一履歴」・「吉富簡一翁談話」）。

さて、晋作は下関で再挙兵するのに先だって佐世八十郎《させやそろう》に書を送り、伊佐集結の諸隊の戦略を示すよう促した。佐世は、このとき、長府の形勢や遊撃隊の近状などを報ずるため、下関より藩医李家《りのいえ》文厚とともに伊佐駐屯の諸隊のもとへ赴いていたもので、慶応元年正月二日、佐世は使者を下関に馳せ、形勢の切迫を告げ、絵堂《えどう》攻撃の計画を報じて意見を問うた。晋作は、即日、「正月二日朝四ッ時（午前十時）」付で復書を佐世に送り、「自分は、絵堂辺屯集の陣営へ放火し、小野（美東町小野）・赤（美東町赤）辺には伏兵を潜居して攻撃してはどうかと考える。北方（藩領の北部）の陸海については諸隊の戦機によって決め、次第によっては援兵を行なう。自分は、毛利氏の紋章の澤瀉《おもだか》の御旗を飄《ひがえ》して、馬関の伊崎会所を占領する」と二日夜の再挙兵の決意を報じるとともに、諸隊との共同作戦の意を表し、奇兵隊その他へ伝声を頼んだ（『前原一誠伝』）。晋作は先に軍太郎をして吉富に正月七日の義挙を漏らしていたから、佐世の報知により、伊佐の諸隊の行動切迫に鑑み、挙兵を繰り上げたと思われる。

この正月二日は、ちょうど軍太郎が吉富からの軍資金を下関に持ち帰った当日で、晋作はその夜、遊撃隊の隊士三〇余人を率いて、再び伊崎新地会所を襲い、空砲を放って駐在の吏員に挙兵の旨を告げ、会所に保管の官物を押収し、かつ挙兵の趣旨を宣言した次のような高札を掲げた。

「討奸檄」

討奸檄《とうかんげき》

御両殿様、御先祖洞春公（毛利元就）御遺志を継せられ、御正義御遵守遊ばされ候処、奸吏《かんり》ども御趣意に相背き、名は御恭順に託し、其実は畏縮偸安之心《いしゆくとうあんのこころ》より、名義をも顧みず、四境の敵に媚《こ》び、ほしいまゝに関門をこぼち、御屋形《おやかた》を破り、剰《あまつさ》へ正義の士を幽殺し、しかのみならず敵兵を御城下に誘引し、恐れ多くも陰に種々の御難題を申し立て、御両殿様の御身上に相迫り候次第、御国家の御恥辱《おんちじょく》は申すに及ばず、愚夫愚婦の切歯する所、言語同断、我等世々君恩に沐浴《もくよく》し、奸党《かんとう》と義において倶《とも》に天を戴《いただ》かず、依て区々《くく》の誠心を以つて、洞春公尊霊を地下に慰め、御両殿様の御正義を天下

万世に輝し奉り、御国民を安撫せしむる者也
乙丑《(慶応元年)》正月

（『修訂防長回天史』七）

右の檄文は晋作が文を作り、伊藤が記したという。この「討奸檄」は、藩内戦開始にあたっての俗論派首脳陣への晋作の宣戦布告書であり、各郡にも同様に榜示され、大田・絵堂の戦いに際しては、木版の印刷物として人びとに配布したものである。

赤根武人、脱藩

なお、『奇兵隊日記』によると、晋作は下関再挙兵したと同日の正月二日、奇兵隊総管赤根武人が脱藩して筑前に走った。晋作が第一回挙兵後、下関から檄を発して、長府にいた奇兵隊やその他の諸隊と連絡をとって藩論の帰一を謀ったため、当初は意志が阻隔していた諸隊ともついに意志の疎通をみるに至り、調和論を唱えていた赤根の声望も地に墜ちた。そのため、赤根は下関に去り、伊藤俊輔を調和論をもって籠絡《ろうらく》しようとしたが、伊藤はその意を察して赤根を斬ろうとしたため、筑前へ脱走したのであった。そして、奇兵隊総管の実権は赤根から山県狂介に帰した（「伊藤の談話」『修訂防長回天史』七）。赤根はのち慶応二年正月二十五日、鰐石川原《わにしかわら》（山口市鰐石町）で斬罪となった。享年二九。

俗論派、追討軍を進める

さて俗論派は、晋作の再度挙兵の報に接して、ただちに追討軍を絵堂《えどう》に進めた。そして伊佐に集結した奇兵・膺懲・南園・八幡・御楯の諸隊に対し、下関の遊撃隊を征討するため道を開くよう要求し、また諸隊の総管を招いて、伊佐より早々退去して、これま

で貸し渡した兵器の返納を命じた。しかし、諸隊はその命に従わなかった。このとき、晋作は「正月六日未明」付で下関から伊佐にいる太田市之進・山県狂介らに宛てて「討奸檄」を添えた書を送り、挙兵への諸隊の呼応と奮起を促した（『高杉晋作全集』上、書簡一三九）。

奇兵隊・諸隊は絵堂を占拠

ここに至って、これまで慎重な態度をとっていた山県狂介の奇兵隊以下の諸隊は、追討軍の進攻に先立って進撃することに決し、その日の六日夜半、奇兵隊前軍・南園隊・膺懲隊の一〇〇余名は絵堂に向かって潜行し、七日未明、絵堂駐屯の粟屋帯刀《たてわき》率いる追討軍四〇〇余名の陣営を急襲し、これを手中に入れた。ついで諸隊は、絵堂背後の大田《おおた》（美祢郡美東《みとう》町大田）・長登《ながのぼり》（美東町長登）・秋吉《あきよし》（美祢郡秋芳町秋吉）一帯を占拠したが、絵堂は地勢が攻守ともに不利であるため、退いて大田を根拠とした（『維新史』四）。

鴻城軍結成

これより先、御楯隊総督太田市之進は、長府より小郡へ進み、代官所を襲って金穀を奪い、また勘場に大庄屋林勇蔵《はやしゆうぞう》を威嚇《いかく》強制して軍資金を出させ、さらに兵を出して山口を制圧した。このころ、小郡・山口の有志で義兵数百人が集まったので首領が必要となり、幽囚中の井上聞多を総督に決めた。晋作と所郁太郎は吉富藤兵衛に謀って、正月十日夜、井上を幽室から救出して総督に推し、その団体を鴻城軍《こうじょう》（のち鴻城隊）と称した。

この鴻城軍の結成については、晋作や井上と気脈を通じていた吉富が、当時、晋作たちと共に行動することに同意した諸隊の者が「二千人きり」しかいないまま追討軍を大田地区で撃破しようとしたのを、とても傍観しては居られぬ、と蹶起《けっき》したものであったという（「吉富簡一翁談話」）。この鴻城軍の結成もあって、山口・三田尻方面は諸隊の勢力下に入った。

追討軍連敗

先に絵堂の戦いに敗れた追討軍は十日、陣容を建て直して、荻野隊を先鋒に主力の選鋒隊が大挙して大田を迎撃し、諸隊も必死に栃 垰《とちがたお》（美祢郡美東町長登）に追撃し、血戦は翌十一日にわたったが勝敗は決しなかった。さらに十四日には粟屋帯刀の追討軍が風雨をついて大田奪還を試みたが、諸隊の奮戦で失敗に終わった。

下関の晋作・伊藤・石川小五郎らは、諸隊が事を挙げたのを聞き、ともに遊撃隊を率いて海路をとり、埴生浦《はぶうら》（厚狭《あさ》郡山陽町埴生）に上り、吉田を経て、十四日、諸隊と合流した。ここに諸隊は攻勢に転じ、十六日には晋作の率いる遊撃隊が主力となり、赤村（美東町赤）の追討軍を夜襲して敗走させ、また山口の鴻城隊も、この日、山口と萩の中間の要衝佐々並《ささなみ》（阿武郡旭村《あさひそん》佐々並）を攻めて、追討軍を明木《あきらぎ》（旭村明木）まで退却させた（『維新史』四）。

当時、諸隊の本営は大田にあったが、地勢が険悪で攻守に不便であった。そのため、山県狂介と晋作との間で今後の進攻作戦について意見の対立が生じたが、太田市之進・

福田俠平《ふくだきょうへい》・堀真五郎らの諸隊幹部も交えて議論し、結局、晋作もまず山口に入り、兵を分けて三道より進む説に従った。そこで軍議一決して、十九日夜より徐々に大田の陣営を撤収して山口に入り、諸兵を配置した。そして、山口に移した明倫館を本営として諸隊会議所を開き、晋作らがこれを管理した（「懐旧記事」巻之三）。

井上と吉富の論争

このときに、追討軍は連敗の頽勢《たいせい》を挽回するため藩主親征の令を発し、藩主と世子を奉じて山口に進もうとするという報があった。かつて世子の小姓役を勤めた井上聞多（当時、鴻城軍総督）はこの報を聞き、臣子の情義として世子に向かって弓を引くことはできず、一同その馬前に腹を切り、死をもって切諫《せっかん》すると主張した。吉富は、井上の主張に対して、つぎのように反駁《はんばく》した。

（我々はすでに）君命も待たずに兵馬を動かして、国賊とより外に認められて居らぬ。又、例令《たとえ》国賊となっても、之《（藩）》を恢復《かいふく》しなければならぬと云うので諸隊の者が正義をもって挙兵するというから吾々《（吉富ら）》は諸隊の正義を助けてやるという義挙を起こしたのである。然《しか》るに、御両殿様が御鎮撫《ごちんぶ》に御出でになると云う声に驚いて腹を切って死ぬるということなら、抑《そもそ》も私は斯《こ》う云《い》う事はやらぬ。（「吉富簡一翁談話」）

吉富が井上との論争ののち、晋作の決定に従うべく意向を打診に行ったとき、晋作は、「聞多にも能《よ》う言うて呉《く》れ。朱子学じゃァ戦が出来ぬから」と言っている（「吉富簡一翁談話」)。結局、世子定広の親征のことはなかったのだが、晋作はじめ正義派諸隊指導者—吉富も含めて—は、藩内戦に立ち上がったとき、すでに観念的な封建道徳的名分論などは眼中になかったのである。

以上みたように、正月二十日ごろには諸隊は山口に拠って各隊の部署を定め、萩の俗論派と堂々対峙する態勢を整えた。

五卿、太宰府に入る

このように、正義派諸隊が俗論派の追討軍と砲火を交えている最中の正月十四日早暁、三条実美以下の五卿は細雨降りしきるなか功山寺を発し、外浜《とばま》(下関市中之町)より乗船し筑前へ渡り、翌十五日、黒崎《くろさき》(北九州市八幡西区)に上陸した。十八日赤間駅に着き、しばらく筑前藩主の別墅《べっしょ》に滞在し、二月十三日、太宰府《だざいふ》の延寿王院に入り、この地で天下の形勢を静観した。五卿の長州滞在は一ヵ年半にわたった。これまで五卿の長州滞留のため尽した諸隊も、今やすでに俗論派打倒の藩内戦に立ち上った以上、五卿を奉ずるのはかえって行動に困難を伴うと考えて、あえてその渡海をとめなかった(『維新史』四)。

さて、幕府の第一次長州征討についてであるが、西郷吉之助の周旋により、征長総督は撤兵を急ぎ、当時まだ五卿の引渡しが実行されていなかった、前年の元治元年十二月二十七日、長州藩がひたすら伏罪し、藩内が全く鎮静に帰したとして追討の諸軍に撤兵令を発して、ともかく幕を下ろしたのである。

藩内戦と中立派

しかし、幕府の長州征討はいったん終わったとはいえ、長州藩では藩内戦は終結していなかった。萩城下にも人心の動揺が起こっており、諸隊を仇敵視する保守年長の世禄士を主体に選鋒隊の壮年者が加わり、清光寺《せいこうじ》（萩市西田町）に集まった、いわゆる清光寺党の動きもあった。また、藩内戦そのものに批判的で中立的立場をとる者も多かった。

中立的立場をとる者は、第一次長州征討が終わったとはいえ、幕府がきびしい長州藩処分を考えている重大時節に、内訌《ないこう》を続けて藩力を疲弊させるのを避け、一日も早く藩内戦を中止しなければならないと考え、有志を集めて活動を行なった。この中立派は、萩における「藩士の選鋒隊に属せざるもの」（「懐旧記事」巻之三）を中心に団結したもので、正義派の前首脳陣員と同論のものが多かった（『伊藤公実録』）。この中立派の主要メンバーは、杉孫七郎《すぎまごしちろう》・桜井三木三《さくらいみきぞう》・冷泉五郎《れいぜいごろう》・香川半助《かがわはんすけ》・江木清次郎ら大組《おおぐみ》（八組）士がほとんどで、彼らは藩主に対し、藩内の改革、諸隊撫養《ぶよう》の必要を説いた（兼重慎一《かねしげしんいち》「長州藩内訌の事実」『史談会速記録』二八輯）。

「鎮静会議員」

この中立派の動きを聞いて諸方から二〇〇余人が集まり、自ら「鎮静会議員《ちんせいかいぎいん》」（のちの干城隊の主力）と称した。正月十六日、大谷口の有志毛利将監《しょうげん》を経て藩主に出した同会議員の上疏文《じょうそぶん》には、「全く以って私共諸隊に荷担《かたん》仕り候にてはござ無く」とあるが、その内容は諸隊討伐を非とし、諸隊が民心を得て兵力の強勢であるのを高く評価し、正義派の主張に共鳴し、すみやかに内訌をやめ、藩力を強化して幕府に対処することを急務としたもので、実質正義派諸隊に荷担したものである（『修訂防長回天史』七）。鎮静会議員は、最初屯集した弘法寺《こうぼうじ》（萩市土原《ひじわら》）より藩主の祖廟のある東光寺（萩市椿東《ちんとう》）に移って参籠し、俗論派政権による解散命令を聴き入れず、さらに上書して要路の更迭を請願した。

一方、諸隊側は、すでに追討軍が二十五日に藩からの班師《はんし》（軍隊を返す）の命に従って萩に帰陣したにもかかわらず、依然佐々並の兵を退けず、進軍の態勢をとり、二十八日には晋作の策で軍艦癸亥丸を萩の海上にまわし、たびたび空砲を打って示威運動をし、海陸双方から萩へ進攻する勢いを示した。このため、萩城内はいうに及ばず、萩の町も大混雑となった。この癸亥丸の萩の海上への廻航も、先に鎮静会議員の杉孫七郎が山口に来て、晋作らに面会して合議した結果で、諸隊との連繋の結果であった。

俗論派処分

このように萩は諸隊の制圧下に入り、正月二十八日より正義派の山田宇右衛門・兼重慎一・中村誠一（雪樹）らが藩政の首脳陣に加わって改革に着手し、俗論派の吏員を更迭した（『修訂防長回天史』七）。まず二月六日には、選鋒隊に分散を諭告し、ついで十四日、野山獄に入れられていた正義派の波多野金吾・小田村素太郎・村田次郎三郎《じろうさぶろう》（のち大津唯雪《おおつただゆき》）らを放免した。一方、俗論派の首領椋梨藤太以下一二人は、閏五月にそれぞれ斬罪や流罪に処せられた。

奇兵隊以下の諸隊は、藩主の意を受け、山田宇右衛門・世子《せいし》附番頭《づきばんがしら》の柏村数馬《かしわむらかずま》（のち信《まこと》）が藩政の改革に着手して椋梨以下を更迭し、正義派を登用したことを告げたから、藩主の内意を知って、二月二日、上書して干戈《かんか》を動かしたことを謝罪し、進撃を止めた。二月十日には、鎮静会議員の香川・桜井・冷泉・江木ら四人が萩の状況を諸隊に通報し、かつ、将来着手すべき目的を協議するため山口に来て、晋作・山県狂介らと藩の将来について謀議し、君側を清め藩庁に人材を抜擢し、すみやかに兵制を改革し、幕府に対して決然と対峙する覚悟を固めることで、互いに協力することを約した（「懐旧記事」巻之三）。

鎮静会議員が暗殺される

ところが、翌十一日夜、四人が山口から萩への帰途、明木権現原《あきらぎごんげんはら》（阿武郡旭村明木）で選鋒隊士のために香川・桜井・冷泉の三人が暗殺されるという事件が起こり、鎮静会議員数十人は十三日、山口に急使を派して諸隊の出兵を促したため（『維新史』四・『定本奇兵隊日記』上）、諸隊側では海陸合同して萩城に迫った。十四日から十五日にかけて奇兵隊・御楯隊その他の諸隊も萩城下に入り、萩城の四囲は諸隊兵で充満し、癸亥艦は下関より城外の海上に廻航して空砲を発して示威した。

干城隊の復興

なお、これより先、鎮静会議員は上書して、元治元年二月に大組同士の団隊にその名を賜わりながら、まもなく解散した干城隊《かんじようたい》の復興を請うていたが、慶応元年三月十五日正式に許可され、永代家老・宇部領主の鈴尾駒之進《すずおこまのしん》（のち福原芳山）が総督となり、用所役右筆佐世八十郎がその頭長を兼ねることになった（『修訂防長回天史』七）。ただし、『奇兵隊日記』（「生雲日記」）では、すでに早く慶応元年正月晦日より「干城隊」の名を用い、双方隊士の往来を記している（『定本奇兵隊日記』上）。

藩内戦終結

藩主敬親は、二月二十二日、祖宗の霊社に参詣し、藩内紛擾《ふんじょう》の罪をみずから負って祖先の霊に謝し、正義派の主張を容れて庶政を一新し、上下一和、永く社稷《しゃしょく》を保全することを誓い、かつ藩士一同にもその趣旨を諭告し、ここに藩内戦は終結した。ついで敬親は、藩内戦の跡を視察しながら二十八日、山口近郊の湯田に至り、諸隊長官を引見して説諭した。三月五日、山口多賀神社（山口市滝町）域内に霊社臨時祭を行ない、諸隊士を参拝させ、藩論確定を諭示し、ついで諸隊の要望を容れて藩庁を山口に移した。

また同月八日、先に俗論派首脳陣により処罰を受けていた井上聞多（親類預け）・石川小五郎（同上）・野村和作（半間預け）・山県狂介（同上）らの罪を免じた。功山寺決起で逆徒となった晋作は、遅れて二十四日、戸主預けの罪を差し除かれた（『高杉晋作全集』上、書簡一四二）。やがて十七日、藩主は三支藩の家老・用人を召して直目付杉孫七郎・柏村数馬より、外恭順を尽し、内武備を厳にし、藩内一和を保つよう告げ、二十三日にはその趣意を士民に布告し、軍政改革を命じた。こうして「武備恭順」の藩論が決定した。

藩是は「武備恭順」論

この「武備恭順」論は、すでに述べたように元治元年九月二十五日に藩是《はんぜ》として決定をみたものの、俗論派の反撃で実質化しなかったが、俗論派打倒によりここに正義派政権の確立をみた。その原因をなしたのは、実に晋作が蹶然《けつぜん》と立って下関に再挙兵し、俗論派打倒の武力抗争を挑み、藩情を急転回させたところにあった。

このように第一次長州征討の終了後も、なお長州藩の処分問題をめぐって幕府と長州藩とは緊張関係にあった。したがって、この「武備恭順」という藩論は、井上聞多が、

> 幕府若《も》し我が弁疏《べんそ》を容《い》れずば、已《や》むを得ず武士道を以て飽《あ》くまで幕府と抗戦し、両君公の尊王の素志を貫徹するが為《ため》、二州《（防長二国）》の士民斃《たお》れて已《や》むの決心をしなければならぬ。
> （『世外井上公伝』二）

と言ったように主戦論的内容をもち、幕府の出方如何《いかん》によっては討幕論へ転化すべき性質を有していた。

第八　討幕開国運動

一　下関開港論

第一次長州征討後も、幕閣は長州藩が容易に伏罪したのをみて、藩の処分を意のままに行なえると考え、幕府の権威を恢復《かいふく》しようと慶応元年（一八六五）二月五日、老中には大兵を率いて入京させ、同日、大目付《おおめつけ》らには長州藩主父子を江戸に護送するよう命じた。長州藩がこのような幕命に応じるわけはなく、幕府軍の長州再征を覚悟しなければならない形勢に対処するためには、挙藩一致の決戦体制を急速に整える必要があった。

佐世への手紙

同じ二月五日の夜、晋作は佐世八十郎《させやそろう》に長文の手紙をしたため、事実上諸隊《しょたい》の勝利に終わり、正義派政権確立後の当面の諸対策として主として、干城隊《かんじょうたい》を新しい軍事体制の中核にすえることを提唱している。すなわち晋作は、みずから八組（大組）の士として、このたびの干城隊振興を大幸とし、藩内戦の勝利により勢力を増すことが予想される奇《き》兵隊《へいたい》はじめ諸隊を干城隊総督の指揮下に統括し、干城隊は山口に常居させ、諸隊を赤間《あかまが》関《せき》・小瀬川《おぜがわ》（岩国市小瀬）・石州（島根県）の各口へ分散配置し、幕府軍を防禦《ぼうぎょ》しようと考えた。

英国行きを希望

なお、晋作は薩摩《さつま》藩と手を結ぶことに反対し、藩主父子の汚名雪辱の歎願、諸隊への論功行賞、俗論派により誅戮《ちゅうりく》を受けた人びとの家名再興を急務にあげ、これらを後事として佐世に託し、近い将来に下関開港を見通し、みずから宿望の英国行の実現を強く希望し、その斡旋を頼んだのである（前原一誠宛書簡、『史料墨宝』）。

このころ晋作は、「大割拠《だいかっきょ》の方針のもと、富国強兵の日新の政治を目標とすべし」と論じ、藩を回復するまでに忠死した同志に対し交情を忘れることができない気持ちから、「回復私議」を書き残し、佐世宛と同様の諸対策を主張している（『高杉晋作全集』下、論策）。

俗論派打倒の実現は兵力をもって藩政改革にあたった晋作の功績によるものであったから、衆望はその一身に集まり諸隊の総帥に擬せられるまでに至ったという。しかし、晋作は、そのような地位に安んずるのは自分の意にあらず、これまで狂暴の嫌疑もあり、君父に申し訳ないと固く隠退の態度をとった。そこで佐世は晋作を訪れ、その決心を翻してしばらく海外に赴くよう慫慂《しょうよう》した（『伊藤博文伝』上・妻木忠太『前原一誠伝』）。

伊藤に同行を求む

「伊藤の談話」によると、晋作は伊藤俊輔《しゅんすけ》に英国への同行を求めたため、洋行の計画が兵隊に漏れると種々障碍《しょうがい》が起こるので、晋作が佐世に、伊藤が井上聞多に、それぞれ斡旋と後事を頼んだ。両人が内密に山田宇右衛門《やまだうえもん》・波多野金吾《はたのきんご》に懇請し、藩より表向き英学修業並に内外形勢探究のため横浜に差し遣わすという辞令（三月二十六日付）をうけ、旅費三〇〇〇両を支給してもらうことになった（『修訂防長回天史』七）。

晋作は、佐世の招きで山口より下関へ出発するにあたり、二月二十三日、太田市之進《おおたいちのしん》・佐々木男也《おとや》・山県狂介《やまがたきょうすけ》ら諸隊の首領に書を送って、諸隊の分散配置についての案を示し、予想される第二次長州征討には諸隊こそ防禦の主力であること、諸隊入費などは無用高位の禄を殺《そ》ぐほかないと説き、また「五大州中へ防長の腹を推し出して大細工を仕出さなければ、大割拠は成就しないであろう」と訴え、さらに、長州藩が幕府・薩摩はもとより外国勢力に対峙《たいじ》するには、下関を積極的に開港する必要を述べたが、海外行については明言しなかった（『高杉晋作全集』上、書簡一四二）。しかし、ひそかに山県と太田には、洋行の内意を漏らしたという（『公爵山県有朋伝』上）。

長崎へ

すでに下関で便船を待っていた晋作と伊藤は、英公使館員ハリソンが長崎行の途中下関に寄航したのに便乗し、三月二十日払暁《ふつぎょう》、長崎に向った。ハリソンは前年伊藤が井上とともにロンドンより帰国した際に、英公使パークスに周旋を図ったことがあり、伊藤とは旧知の間柄であった（『伊藤博文伝』上）。

グラバーとラウダー

長崎に到着すると、伊藤の旧知の英国商人トーマス・グラバーを訪れ、渡航の斡旋を頼んだ。このとき、二人は、横浜から所用で長崎に来ていた函館駐在英国領事ラウダー

長崎での伊藤俊輔（右）と晋作（中央）
（東行記念館「高杉家資料」）

の家にいて英語の稽古をしていたが、ラウダーが「鎖国は到底永続せず、今は洋行すべき時機ではない。むしろ長州が独立して下関を開港してはどうか。今度英国からパークスという外国の信用も厚い公使が来るので、彼と商議すれば好結果が得られるであろう」と二人に再考を促した。

下関へ戻る

元来、下関開港は晋作らの持論であったから、英国公使の斡旋で外国貿易ができるようになれば藩の富力を増し、将来の藩の活動にも便宜であろうと考え、外遊の志を捨て、もっぱら下関開港の方策を講ずることに決め、四月上旬に下関に帰ったと思われる（『伊藤博文伝』上・慶応元年四月十五日付赤間関より山県狂輔宛晋作書簡「懐旧記事」巻之三）。

外国応接掛となる

当時、下関には井上聞多・楊井《やない》謙蔵が外国応接掛《がいこくおうせつがかり》として滞在していたので、晋作・伊藤は長崎より引き返した事情を告げ、下関開港の必要を説いた。井上・楊井の二人も賛成し藩に建言した結果、晋作と伊藤は間もなく、外国応接掛として下関開港のことに従事するよう命じられた。

下関替地問題

下関は、その西端の一部分（清末藩の飛地である竹崎《たけざき》・伊崎《いざき》に挟まれた、今浦開作）が長州本藩に属し、大部分は支藩長府《ちょうふ》領で、その中間に支藩清末《きよすえ》領があった。本藩は、防長《ぼうちょう》の咽喉である下関全部をその領地とするのを便宜とし、両支藩に対して領地の交換を申し入れていたが、両支藩とも容易に応ずることはなく、未解決のままとなっていた。

ところが、藩が晋作・伊藤らの意見を容《い》れて開港の実現を図ろうとする事情が外部に洩れ（『伊藤博文伝』上）、また幕府でも、四国連合艦隊下関砲撃の賠償金三〇〇万ドルの代償として江戸・大坂・兵庫・新潟の四港とともに下関開港の論議のあることが、三月二十五日付で江戸小倉《こくら》藩留守居役《るすいやく》から藩地へ二十九日に報じられると、下関開港論が伝播して人心が動揺するに至った（「忠正公伝」第三章第四節「馬関替地論《ばかんかえちろん》」）。

外国応接掛を辞任

長府・清末の両支藩の壮士、とくに長府報国隊士は、本藩は下関開港によって貿易の利益を独占しようとして下関替地を提案したと主張し、晋作・伊藤・井上らが外国人と接触しているのを憎み、三人を除こうと険悪な情勢となった（『伊藤博文伝』上）。そこで本藩は四月十四日、下関市中に、「異国交易の儀、御本家・長府・徳山・清末御領内において御取結《おとりむすび》の儀、強《し》いてこれなく」と布告して浮説《ふせつ》を厳重に取り締まり、同月二十二日には下関を開港しないことを明示し、晋作・伊藤・井上・楊井らの外国応接掛を辞めさせた（前出「忠正公伝」）。

伊予・讃岐へ潜遊

晋作と井上はこの命令に先立ち、目下の情勢からしばらく藩外に逃《のが》れ、天下の形勢を視察して対幕の方途を画策しようと、この四月中旬ごろ変名して相ついで下関を脱し、伊藤は一時下関に潜伏した。晋作は備後屋三介《びんごやさんすけ》（また助一郎《すけいちろう》）と称して商人体に扮し、愛妾おうの（天保十四年二月二日生、戸籍面では入江和作《いりえわさく》の二女、「谷はいしよ戸籍」写、堀哲三郎旧蔵。『公爵山県有朋伝』上には下関裏町（下関市赤間町）の妓楼堺屋の抱《かかえ》おのぶとある）と下関の商人紅木屋《べにきや》某とを従え、伊予（愛媛県）の道後温泉（松山市道後）に二七日《ふたなのか》遊んだが露見しそうになって、讃岐《さぬき》の金刀比羅宮《ことひらぐう》（香川県仲多度郡琴平町）に参詣し、そこの榎井《えない》村（香川県仲多度郡琴平町）の詩人・侠客日柳《くさなぎ》長次郎（号、燕石《えんせき》）のもとに潜遊した。このとき晋作は紅屋喜助《べにやきすけ》と変名し、おうののほかに従僕の民蔵《たみぞう》を連れていた。晋作は、五月十四日付で「備後屋助一郎」の名で懇意の下関の大年寄入江和作《いりえわさく》宛の書簡を「讃岐多度津《たどつ》にて認《したた》」めている。その追而《おって》書《がき》から入江が路銀《ろぎん》を用立てていたことがわかる（『高杉晋作全集』上、書簡一四七）。

晋作は日柳の家のほか、日柳の郷土の知友長谷川佐太郎《はせがわさたろう》（松坡《しょうは》）の私邸梧陽堂や金刀比羅宮下の通町《とおりちょう》近くの旗亭松里庵にも庇護され潜居したとされている（相原言三郎『日柳燕石』上）。先の入江和作宛書簡により、晋作がすでに近く帰国を決意していたことがわかるが、やがて潜伏のことが高松藩に洩れ、捕吏に追われ、備後《びんご》の鞆津《とものつ》（広島県福山市）

桂小五郎、出石より帰藩

に移った。日柳は、このとき晋作を庇護したことから、高松藩に四年ほど幽囚されることとなる（明治元年正月出獄、『日柳燕石』上）。

このころ出石《いずし》（兵庫県出石郡）に潜伏中の桂小五郎《かつらこごろう》は、幕府の長州再征の動きが顕著になり、長州の形勢が非となるのを聞いて帰藩の必要を感じ、旧識の広戸甚助《ひろとじんすけ》（出石出身）を密かに下関に遣わして、伊藤と会わせて藩情を確かめたうえ、四月八日、出石を出発、二十六日夜、下関に帰着した（『松菊木戸公伝』上）。伊藤は翌日桂と会い、桂の尽力にもとづく長府・清末両支藩重役の鎮撫によって壮士らの晋作・井上や自らに対する危険も去ったので、鞆津の晋作と別府の井上に急使を派遣して両人の帰来を促した。晋作と井上の帰日は詳かでないが、おそらく晋作の帰関は五月二十日ごろと思われ、井上は晋作より前に帰ったのであろう。晋作は下関に帰るとしばらく入江和作方に身を寄せて、父宛に書簡を送り（年月欠、断簡）、その近況と心事を伝え当分帰萩できないことを報じた（『高杉晋作全集』上、書簡一四八）。

二　薩長盟約の成立

「尊王開国」派

桂小五郎は出石より帰ると用談役《ようだんやく》となり、長州藩の実質的指導者となった。また晋作と井上聞多が帰着したことにより、桂を中心に、いずれも外国知識を身につけた晋作・伊藤俊輔・井上聞多、それに加えて蘭学・西洋兵学研究の村田蔵六《むらたぞうろく》らは、「尊王討幕」派というより、むしろ彼らを越えた「尊王開国」派としての政治意識をもち、しばしば下関で合議した。その内容は、世界形勢上から、将来日本の独立を維持するには開国の方針を樹立し、究極には従来の幕府の独裁的権力を防長の武力で打倒し、王政を回復し、すみやかに全国を統一し、近代化を図らなければならないということであった（『世外井上公伝』一）。

藩の三大策

しかし、桂の後年の自叙にあるように、長州藩としては、「外は薩摩藩と合し、内は岩国《いわくに》と和し、兵制を洋式に改革すること」が当面の三大策であった（『修訂防長回天史』七）。この三策のうち、岩国との融和は、岩国藩主吉川経幹《きっかわつねまさ》が慶応元年（一八六五）閏五月、徳山・長府・清末の三支藩主とともに山口に来て、本藩とともに一致防戦の決議を行なったことで解決し、防長二州一和の実を外部に示すことができた。

兵制改革

他の二策、すなわち薩摩藩との連合と兵制改革とは密接不離のものであったことは、以下にふれるとおりだが、この慶応元年の兵制改革は同年六月九日に発令され、村田蔵六（慶応元年十二月十二日、大村益次郎《おおむらますじろう》と改名）の指導のもとに、長州藩が最も力を注ぎ「西洋陣法を採用し、国中の兵を以ってことごとく銃陣《じゅうじん》を編成」したもので、この軍事力の近代化がのちの四境戦で長州軍が幕府軍に勝利した決定的要因であった（『修訂防長回天史』九）。そして、この時期の軍事力の近代化―新鋭の銃砲・艦船の購入―を可能にした財政力は、特別会計の撫育金《ぶいくきん》であったことは、表4の「撫育金支出概表」（慶応元〜三年）に明らかである。

新鋭の銃砲・艦船はどうしても外国から輸入しなければならないものの、長州藩は幕府の妨碍《ぼうがい》で長崎では購入できず、尊王開国派が苦心したことだった。さきに晋作・伊藤が英商グラバー・英領事ラウダーの意見に従って洋行を中止し、下関開港に着手したのも、英・仏・米・蘭四国の密貿易禁止協定（慶応元年五月二十八日成立）への動きの下を潜ろうとする武器売込商グラバーと、武器購入希望の強い晋作らの利害との一致によるところがあ

表4　撫育金支出概表（慶応元〜3年）

年　次	金　額	費　途	備　考
慶応元	132,500両 (15,000)		(　)は一般会計より支出
	内訳 92,400	短装条銃 4,300挺 剣　銃 3,000挺	
	39,000	蒸汽船 1艘	のち乙丑丸
	6,480	装条銃 360挺	
	9,620	雑　費	
慶応2	*39,205	丙寅丸	94トン、装甲艦
〃	？	第二丙寅丸	
慶応3	25,000	洋　銃 2,000挺	

三坂圭治『萩藩の財政と撫育』（1944）による。
ただし、*は『修訂防長回天史』9、222頁。

ったからである（「デ・ビー・グラバ史談速記」）。

坂本龍馬と薩長連合策

長州藩と薩摩藩とが連合する策は、文久《ぶんきゅう》三年（一八六三）「八月十八日の政変」以来、二藩のあいだに感情の衝突があり、長州藩では「薩賊」として憎悪の念が強かったから、長州藩から試みられた筋合いのものではなく、主として土佐藩浪士の坂本龍馬《さかもとりょうま》・中岡《なかおか》慎太郎《しんたろう》らによって企てられたものであった。坂本らは、薩長二藩を連合して幕府の権力を打破しようとする考えをもち、薩摩藩が長州再征に反抗する態度を執る形勢を察知して鹿児島に赴き、薩摩藩士小松帯刀《こまつたてわき》・西郷吉之助《さいごうきちのすけ》らに薩長連合策を説いた。小松・西郷らがようやく賛同し、坂本らに仲介の労を執るよう希望した。

五月下旬、坂本は単身、鹿児島より太宰府の五卿に会って小松・西郷らとの会談の内容を告げ、薩長連合の必要を説いた。このとき坂本は、たまたま諸卿慰問に来ていた長州藩士小田村素太郎《おだむらもとたろう》・長府藩士時田少輔《ときたしょうすけ》（光介《みつすけ》、鎌次郎）にも同様のことを伝えた。小田村らは下関に帰ると、桂にこの坂本の意見を告げ、桂もその意見に賛同した。

桂・西郷会談は不成立

閏五月五日、坂本は筑前から下関に来て、藩主の許可を得た桂に面会し、桂もその意見を承認した。やがて五卿随従の土方久元《ひじかたひさもと》より、西郷が桂に面議したいと、十日前後に蒸気船で来関するとの報をもたらしたので、桂はしばらく下関に滞留して西郷を待った。しかし西郷は十八日に佐賀関《さがのせき》（大分県北海部《あまべ》郡佐賀関町）に達したものの、京情を憂慮して予定を変更し、下関に寄港せず大坂に直航してしまった。二十一日、西郷と同行した中岡慎太郎が独り下関に着き、このことを坂本らに報じたので、待っていた坂本は失望し、桂に後図《こうと》をはかることを誓って諒解を求めたが、桂は西郷の態度を怪しんで即答しなかった（『松菊木戸公伝』上）。

武器購入を薩摩に周旋

当時、下関に居た桂および晋作・井上・伊藤らは、会議して、「われわれ将来の大目的を達成しようとすれば、長州藩独力のみではむつかしい。幕府軍に対抗するには行掛《いきがか》りの情実を一擲《いってき》して薩藩と提携し、必要な銃砲・艦船の購入につき薩藩の名義を借りるのが便宜である。坂本・中岡に、薩長連合の実を示す一端として武器・艦船購入の周旋を薩藩に求めさせたらよい」ということで皆意見が一致した（『伊藤博文伝』上）。

そこで、桂はこの趣旨を坂本と中岡に伝えると、両人はこれを諒承し、薩摩藩に長州藩の希望を容れるよう尽力することを約束した。桂は二十七日に山口に帰り、翌日、坂本らも西郷・大久保一蔵《おおくぼいちぞう》（のち利通《としみち》）に勧説するため上京した。

伊藤はこのころ下関に来航した英国軍艦に、旧知の通訳官サトウが乗り組んでいるのを知って、幕府軍の進発状況などを尋ね、閏五月四日付で情報を入手している。小銃の調達に腐心していた伊藤は、同月二十六日、政務座《せいむざ》兼蔵元《くらもと》役として下関に出役《でやく》の佐世八十郎を訪れ、もし長崎で幕府の妨害で小銃が入手できないときは、上海《シャンハイ》または香港《ホンコン》まで赴いて購入する任にみずからあたると申し入れ、藩議の急決を促した（『伊藤博文伝』上）。
桂も小銃購入のことを懸念しており、長崎の事情を英商グラバーに問い合わせていたところ、七月十一日の同人の返書によれば、幕府は英国に、武器を長州に供給しないよう通告しており、長崎で長州藩が武器を入手することは困難であるが、グラバー自ら上海で蒸気船や小銃を買い付けて協力することを約束してくれた。

このとき幸いにも、三条実美《さんじょうさねとみ》の随員の土佐藩士楠本文吉が、京都より太宰府へ帰る途中、坂本の使者として下関に立ち寄り、坂本が薩摩藩へ交渉した結果、長州藩の汽船購入に自藩の名義を借すことを承諾したことを伊藤らに伝えた（『伊藤博文伝』上）。そこで桂は、晋作・井上・伊藤らと協議して、第一策として井上・伊藤をまず長崎に派遣し、薩摩藩の名義で汽船および銃砲の購入にあたらせることを独断で決め、七月十三日、藩の諒解を求めた（『修訂防長回天史』七）。

長州藩は薩摩藩名義で武器購入

桂は、そのころ対馬《つしま》藩士大島友之允《おおしまとものじょう》宛の慶応元年七月十八日付書簡に、

弟《（桂）》長《（長州藩）》の人にあらず。日本の人にあらず。天に登りて今日の皇国を見るとき、実に天も未だ皇国を御見捨《おみすて》はこれなき事にて、今日の場合に至り候も、自ら皇国の病ぶんり《（分利）》（熱が急に下がる）仕り候にこれあるべきか、天下に名医これあり候て、ここにおいて天下安静永久の基本も相立ち、皇国富国強兵の策も今日より相施され、天

下共に安楽の場合に立ち至るべきと存じ奉り候。（中略）今日の長州も皇国の病を治し候にはよき道具と存じ候。（『木戸孝允文書』二）

とあるように、桂は、自藩意識をこえて全国的な立場から日本の国家統一を考え、それを推進することが長州藩の使命ではないか、と考えるようになってきていた。しかし、桂も慶応元年四月より七月ごろにかけての段階では、いまだそれを実現する具体的プログラムを有していたものではなく、まして、長州藩側から進んで討幕に踏み切っていたものではなかった。

将軍、長州再征に進発

幕府は、長州藩に「容易ならざる企」（戦備の充実）ありとして、四月十九日、長州再征を決め、将軍家茂は五月十六日に江戸を進発し、閏五月二十五日、大坂城に入り、同所を長州征討の本営と定めた。幕府は将軍進発後二ヵ月がたっても長州藩に降伏の色がみえないので、長州支藩主らを上坂させて訊問《じんもん》し処分を決めようとしていた。この情況をうけて、桂は同じ大島宛書簡に、「長州藩は本来平和的解決（幕府の寛大な処置）を希望しており、幕府がこのうえなおも長州に追いうちをかけてくるときには、やむをえず幕府と決戦しなければならない」と述べている。桂は幕府の態度から事態の行き詰りを感じ、再び幕府と戦うことになれば長州藩は滅びることになろうと、戦備に全力を傾注した（慶応元年八月一日付前原彦太郎宛桂書簡、『木戸孝允文書』二）。

ユニオン号購入

ところで、井上・伊藤は、下関を発して七月十八日に薩摩藩士篠崎彦十郎《しのざきひこじゅうろう》らに合い、おのおの薩摩藩士山田親助、吉村荘蔵と変名して行く許諾を得て、太宰府の五卿に謁したのち、二十一日長崎に着き、海援隊《かいえんたい》士の周旋で薩摩藩の小松帯刀《こまつたてわき》の庇護を受けて藩邸内にかくまわれた。そして早速、海援隊士の案内で夜中密かにグラバーと会い、ミネーゲベール短筒四三〇〇挺（代金七万七四〇〇両）・ゲベール三〇〇〇挺（同一万五〇〇〇両）の小銃購入の契約をした。そして伊藤は、これらのミネー銃を薩摩藩の胡蝶丸《こちょうまる》に、ゲベール銃を同藩の海門丸に積み込み、井上は前者に乗って長崎を出発し、両船は八月下旬に相前後して三田尻《みたじり》に着き、これらの小銃を藩に引き渡した。伊藤は海援隊士上杉宗次《うえすぎそうじ》郎《ろう》（のち近藤長次郎）とともに、長州藩が購入予約したグラバーの木製蒸気船ユニオン号に乗り込んで長崎を出発し、八月二十六日、下関に着き、藩の海軍局員の点検を受けて引き渡した（『伊藤博文伝』上）。このとき、桂はじめ晋作・井上・伊藤・上杉らは協議して、ユニオン号購入の手続きや残りの銃砲運搬については上杉に委託することにした。

ここで晋作の当時の動静をみると、六月十六日付太田市之進宛書簡に、「悪病のため困っていたが、このころ少しよくなった」とあり、すでに健康を害していた（『高杉晋作全集』上、書簡一五二）。この書より、藩が幕府より再征を受けるいわれのないことを明らかにするため、老臣毛利出雲《いずも》に歎願書を携帯させて安芸《あき》藩に遣わすにあたり、六月十三日、桂を正使《せいし》として中老《ちゆうろう》の格に準じ、山県半蔵《やまがたはんぞう》らとともに随行させることになったことを晋作が耳にしていたことが推察できる。ところが、この桂の正使については、吉川経幹が前年十一月、広島の総督府に出向いたとき、桂と晋作の所在を尋ねられ、「桂は行方不明、晋作は追々取り調べる」と答えた経緯から、藩は桂（変名、桂大隅《おおすみ》）の安芸行を取り止めた（『松菊木戸公伝』上）。

桂、パークスと会見

たまたま六月十九日、英国軍艦がこの月下旬に下関に来着して藩主に謁したいとの報が入ったので、藩は桂に改めて下関行を命じた。同月二十六日、桂は国政方引請《こくせいがたひきうけ》の鈴尾駒之進とともに山口を発って下関に赴き、翌二十七日、英艦の来るのを待って晋作を伴って英国公使パークスと会見し、彼が疑惑を抱いた攘夷の勅諚《ちよくじよう》に関する長州藩の態度を明瞭に説明したのである（『松菊木戸公伝』上）。桂が後年、

（サトウと交代したアレキサンデル・シーボルトは）曾《かつ》てパークスと馬関に来り、幕府と諸侯の条理を論し、余大に抗論して其説を退く。パークス尤《もつとも》怒る。去今《いまをさる》四年なり、其時東行（晋作）と共に上艦す、（明治二年正月四日条、『木戸孝允日記』一）

と記しているのは、このときのことであろう。

さて、七月十七日ころには晋作の病も少し癒《い》えたらしく、下関を発って翌日には吉田に着き、屯集していた山県狂介《やまがたきようすけ》ら奇兵隊士と会飲している。

桜山招魂場

七月末ごろ、晋作が着手した下関の桜山招魂場《さくらやましょうこんじょう》（下関市上新地町）が竣工し、八月六日の招魂場祭当日には、奇兵隊士は惣勢出陣式のような軍装行軍で吉田を出発して神祭に参列した（『定本奇兵隊日記』上）。神祭には、白石正一郎《しらいししょういちろう》が神事奉行として晋作より借用した鎧直垂《よろいひたたれ》を着用して、総管（山内梅三郎）に代って献供した（「白石正一郎日記」）。参列した晋作は、亡き同志を弔い、同志の死におくれたみずからの痛恨の思いを漢詩と和歌に託している（桜山神社（下関市上新地町）所蔵）。

白石正一郎の財政破綻

このころ、晋作は奇兵隊創設以来、いろいろと世話になった白石正一郎の財政破綻を救うべく、八月七日、用談役の桂に書を送って救済策を相談している（『高杉晋作全集』上、書簡一五六）。この書中には、晋作の恩義ある人を助けたいという気持ちが溢れている。しかし、この件は当時の藩情では難しく、やがて晋作の死とともに消え去り、維新後、白石は廃業して赤間神宮《あかまじんぐう》（下関市阿弥陀寺町）宮司《ぐうじ》（第二代）となった。

晋作は九月六日、藩が待敵準備のために経費を節減して財政・軍制の改革を行なったのにともない、太田市之進・石川小五郎《いしかわこごろう》らとともに用所役・国政方勤務となり、太田・石川はそれぞれ御楯隊《みたてたい》および遊撃隊の各総管を兼任した。また、伊藤は国政方・内用役員として下関に駐在し、諸隊と藩庁との関係を密接にして敵衝の要地の警備を厳重にした（『前原一誠伝』）。

その直後の九月八日、世子《せいし》は八木隼雄を遣わし、下関の晋作に「江家《（毛利家）》危急の時につき、親密談合致したく」との親書を授けて山口に来るよう命じた。晋作が十一日に、山口政事堂で世子と談合した内容は、前文欠の「九月十三日付、臣某再拝《しんぼうさいはい》」の書面から、晋作は幕府との決戦がすみやかに始まるのを望み、その際、一番弱いのは大身領地の兵であり、臆説・俗論の起こるのは藩主膝下《しっか》の兵であることを明言し、四境戦に大勝利するには、藩主みずから藩祖毛利元就《もうりもとなり》公のごとき御気魄《ごきはく》をもって御憤激されることが最も肝要《かんよう》である、と主張したことがわかる（『高杉晋作全集』上、書簡一五九）。晋作は山口よりの帰途の九月十六日、吉田（下関市吉田町）に立ち寄り、近づきつつある幕府軍との決戦を意識して、奇兵隊士の士気を鼓舞する詩を作っている（『高杉晋作全集』上、詩歌二八〇）。

「谷潜蔵」と変名

やがて晋作は九月二十六日、藩より御手廻格《おてまわりかく》に加え、用所役・国政方、および幕府の注目を避けるため谷潜蔵《たにせんぞう》（当時、高杉和助《たかすぎわすけ》）と変名を仰せつけられ、また赤間関出張と同所詰居中は応接場・越荷方《こしにかた》・対州物産取組《とりくみ》などの駆引《かけひき》、ならびに蔵元許役《くらもとともやく》（経理事務など）を命じられた（『高杉晋作全集』上、書簡一六二・一六三）。これは、八月七日よりすでに用談役の桂が用所役・蔵元役を兼ね、また下関滞在中は応接場・越荷方・対州物産取組をも兼ねていたので、あらたに晋作に発令して、桂とともに従事させようとしたものであった。

桂は木戸に改名

なお、桂小五郎も九月二十九日、藩命で木戸貫治《きどかんじ》と改名した。さらに同日、晋作は木戸とともに海軍興隆用掛《かいぐんこうりゅうようがかり》をも兼ね（『修訂防長回天史』七）、十一月十七日には木戸とともに御米銀惣括引請・馬関越荷方頭人座御用勤務となった。

「薩摩」

これらの任命はいずれも、銃艦の購入ならびに長州と薩摩との融和に関連するもので、内外の嫌疑を避けるため、「薩摩」というのを控え、「対州物産」と言った。九月九日には、藩は薩摩船の来航を厚遇し、薪水欠乏品《しんすいけつぼうひん》は供給するよう命じ、また銃砲・艦船の購入に尽力した薩摩藩の関係者に物を贈って謝意を表した（『修訂防長回天史』七）。

当時、晋作は下関で越荷方に関係し、このように木戸の片腕となって銃砲・艦船の購入や売米その他の米銀出入の重要な職務にあたっていたが、このような薩長提携の強化にともない、長州藩が下関開港を主張する必要性はなくなった。兵庫沖で条約勅許をえて（慶応元年十月五日）上海へ行く途中の十月十二日（二一・二九）、下関に寄港したパークスに会見した晋作・伊藤は、幕府との抗争が継続する間は、攘夷派の支持を得るためにも、長州藩は下関開港を欲しないことを見せようとする意向を表明した（石井孝『増訂明治維新の国際的環境』）。

長州藩、薩摩に食糧供給

このころ薩摩藩の西郷吉之助らは、幕府が九月二十一日に朝廷からえた長州再征の勅書を取り戻して再征を阻止するため、多数の兵士を入京させようと考えていた。そのための食糧供給を長州藩に求め、坂本龍馬に斡旋を頼んだ。坂本は十月三日、三田尻に着き、山口に赴いて藩と協議した結果、長州藩は薩摩藩の申し入れを承諾し、その処理を下関駐在の木戸に伝えた。そこで坂本は下関へ出て、木戸・晋作・井上・伊藤らと協議し、薩摩藩への食糧供給のことが解決して、薩長連合の機運が熟したのを喜び上京した。薩摩藩が要請した食糧供給は詳らかでないが、「米千二百石」（木戸宛井上書簡）とも「五〇〇石」（慶応二年三月付北条新左衛門〈のち伊勢華《いせさかえ》〉書簡）とも言われている（『修訂防長回天史』七）。

十一月八日、先にユニオン号購入を斡旋し、その購入問題の処理や残りの武器買入れを依頼されていた海援隊上杉宗次郎が同号に乗って来関した。やがて同月十八日、下関にいた伊藤が上杉を伴い山口に出て、藩主は上杉を引見してその労をねぎらい、物を下賜した。その後、下関で木戸・晋作・井上・伊藤らと上杉の間で、購入汽船の授受を協議したが、双方の意志に喰い違いを生じ、いわゆる乙丑丸《おっちゅうまる》事件が起こった。

乙丑丸事件

これは、同船の所属について当初の約束に曖昧《あいまい》な点があったからで、あたかも薩長両藩および坂本龍馬らの海援隊の共有のようにされていたので、三者間で紛議が起こり、薩摩藩はこれを桜島丸《さくらじままる》と命名し、長州藩では乙丑丸と呼び、もめたのである。晋作もこの事件の渦中にあって、その解決にあたるのを厭《いと》い、ついには責任者の上杉の自殺などがあったが、その後、木戸・坂本が薩摩藩と協議のうえ、翌慶応二年六月、ようやく解決し、乙丑丸は長州藩の所有となった（「忠正公伝」第四章「長薩連盟と銃艦購入―乙丑丸事件」）。

長府藩との替地問題は不成立

ところで、長州本藩では、かねてからの下関替地の解決を図るため、八月三日に「下関市《(マヽ)》」ならびに田中市街の地を本藩の保管として防備を固め、その地域の収入に対する米銀を長府・清末両支藩に与える方針を決めていた。しかし、木戸・佐世らが尽力したにもかかわらず、長府藩にとっては、九州・北国の物資運輸の要衝である下関は宝庫であったから、下関を本藩の保管に委《ゆだ》ねる代償に、三万石《ごく》の地の要求と同地の諸税貢金の一〇か年の平均額を計上してその補給を求めたため、ついに交渉は不成立に終わった。一方の清末《きよすえ》藩との交渉は進捗《しんちょく》して、その領地伊崎《いざき》・竹崎《たけざき》は本藩の保管となり、その収入に対する米銀を清末に与える約が成り、十二月七日、授受が完了した（「忠正公伝」第三章第四節「馬関替地論」）。これに関連して、晋作は十二月三日、赤間関伊崎新地都合役《しんちつごうやく》となり、同十九日より内藤清兵衛《ないとうせいべえ》に代わり応接場の指揮を兼務した（『修訂防長回天史』七）。

応接場は、元治元年（一八六四）八月、長州藩が英・米・仏・蘭各国と止戦講和の後、下関本陣佐甲甚右衛門の宅を借りて外国人との応接場所としたものである（『松菊木戸公伝』上）。

慶応元年（一八六五）十二月初旬、坂本が薩摩藩の黒田了介《くろだりょうすけ》（のち清隆《きよたか》）とともに京都から下関に来て木戸に面会し、在京中の小松帯刀・西郷吉之助らも薩長間の融和を図ろうとする意志があるので、早く入京してほしいと促した。木戸は、黒田と会っても意見が合わないのみならず、薩摩藩士との会見をいさぎよしとせず、また諸隊、とくに奇兵隊には排薩の気焔《きえん》が強かったので、上京をためらった。晋作・井上・伊藤らは、諸隊からも品川弥二郎《しながわやじろう》・三好軍太郎《みよしぐんたろう》（重臣《しげおみ》）・早川渡《わたる》らを同行させることにして勧説に努めたので、木戸は意を決して藩命を受け、上京することにした（『松菊木戸公伝』上）。

六ヵ条の盟約

翌慶応二年正月八日、木戸は薩長融和を図るため入京したが、みずから薩摩に助援を乞うに似たことを言うのを恥辱と思い、薩摩藩要路や西郷・大久保一蔵らと会談しても、互いに自重して両藩提携のことに及ばなかった。そして十数日も薩摩藩邸に滞留するのを嫌った木戸は、正月二十日の夜に薩摩藩士らと別盃し、帰国しようとした（「桂久武上京日記」慶応二年正月二十日条）。その前日の十九日夕方、下関から伏見に到着した坂本はその足で入京し、同日夜、木戸を訪ねてこの状況を知り、翌二十日、二本松（京都市上京区二本松町）の薩摩藩邸に入り（「坂本直柔（龍馬）日記」）、両藩斡旋に努めた。その結果、にわかに薩摩藩側から木戸の出発を留めることとなり、西郷が木戸に今日の形勢を図り、六ヵ条をもって将来を約し（「松菊公長州勤王始末覚書」）。正月二十一日（「三吉時治（慎蔵）日記」慶応二年正月二十三日条）、坂本の立ち合いのもと長薩のあいだに盟約ができた（以上、『大日本維新史料稿本』慶応二年正月二十一日条所収）。なお、坂本の下関出発に際し、晋作が期待と激励の意を込めて贈った扇面が現存している（伊藤明子所蔵、一坂太郎『高杉晋作の手紙』）。

薩長盟約の成立

当時、薩長両藩士とも提携には疑念が強く、かつ協約が漏洩《ろうえい》すれば紛議が起こるのを憂え、ともに秘密としたので、木戸は以下の六ヵ条の密約を正月二十三日付で自書して大坂より坂本に示し、坂本はそれに誤りのないことを誓い、二月五日、紙背《しはい》に奥書した(『松菊木戸公伝』上)。

一、幕府が長州藩と開戦した場合、薩摩藩は二〇〇〇余の兵を京都へ増派し、大坂へも一〇〇〇人ばかりを置いて制圧すること。

一、戦いが長州藩に有利になれば、薩摩藩は朝廷へ斡旋して長州藩のため尽力すること。

一、万一、長州藩に敗色があっても、一年や半年の間、薩摩藩が尽力すること。

一、征長に至らず、幕府軍が東帰すれば、薩摩藩が長州藩の冤罪が免じられるよう尽力すること。

一、薩摩藩が兵士を上京させた上、幕府側が正義を拒み、薩摩藩の周旋を遮《さえぎ》るときは、薩摩藩も幕府と決戦におよぶこと。

一、長州藩の冤罪御免の上は、双方誠心をもって皇国のため、皇威回復に立至《たちいた》るよう尽力すること。

幕府の第二次長州征討

幕府はこの薩長盟約の成立を夢想だにせず、正月二十二日には長州藩処分案の勅許をえて、第二次長州征討の実行に乗り出した。

坂本の負傷

さて、坂本龍馬は入京して薩長盟約を斡旋・成立させた後、木戸と別れ、いったん伏見に戻って再び入京した正月二十三日の深夜、長府藩士三吉慎蔵《みよししんぞう》とともに、その旅宿寺田屋を京都守護職の兵士に襲撃された。坂本は晋作より贈られたピストルを連発して敵一人を倒し、負傷したが事なきをえた（二月六日付木戸宛坂本書簡、『松菊木戸公伝』上）。

この坂本遭難のころ、晋作は下関より正月二十五日、久しぶりで萩に帰着し、二、三日滞留していた（山県狂介宛、『高杉晋作全集』上、書簡一八三）。これはおそらく、両親からの願い出により下関在勤中家族と同居の許可が下り、その準備や、あとに残る両親の世話を手配したものと思われる。晋作は、妻子の来関を間近かにして、二月二十日、木戸に書を送り、「弟（晋作）も当節は妻子引越、愚妾一件、かれこれ金にはつかえ、胸間雑沓《きょうかんざっとう》、困窮罷り在り候」と目下の心情を吐露《とろ》するとともに、世子の御書物掛《おかきものがかり》を勤めている父小忠太《こちゅうた》が、古流で時勢にあわず、当人も望んでいるので御裏老（奥向《おくむき》の家老職）にでも転役させてほしいと頼んでいる（『高杉晋作全集』上、書簡一八四）。

木戸孝允（港区立港郷土資料館所蔵）

妻子の滞留

やがて二月二十三日、妻政《まさ》が嫡子梅之進《うめのしん》（のち東一《とういち》）を連れて下関へ来て、竹崎町の白石正一郎宅にしばらく滞在した。そのうちに母も萩から下関に出て来た。しかし、当時晋作は同じ下関の南部町《なべ》の妾宅におうのを囲っていたから、母や妻子の出関は、困惑以外の何物でもなかった。やがて、四月朔日、晋作の「家内の衆」はのこらず萩へ引き上げた（「白石正一郎日記」）。しかし、これより先の三月二十一日、晋作は後述するように藩命により長崎へ発った。

三　対英接近策と英行計画の中止

薩英会盟への派遣を希望

先にみたように、晋作は、正月下旬より三月末ごろの間は家族の下関訪問に煩わされていたが、時勢の進展には鋭敏で、片時もその対応策を怠らなかった。

このころ英国公使パークスが薩摩藩に赴き、藩主父子と会盟しようとしているという風説が伝わった（パークスの訪薩は延引され、六月になったことは後述）。そこで晋作は慶応二年二月二十一日に木戸貫治に宛てて、長州藩からもこの薩英会盟に同席したいと思い、伊藤俊輔同伴で自分を派遣してほしいと訴えた（『高杉晋作全集』上、書簡一八五）。

その直後の二月二十五日、乙丑丸事件の解決のため山口へ来た薩摩藩士木藤《きふじ》市助が帰藩の途中、下関を訪れたため、晋作と伊藤は大坂楼に迎えて饗応した。伊藤と木藤とはかつて江戸での知り合いであった。晋作らはこのとき、最近幕府とフランスの交際が親密になってきているので、薩摩藩では小松帯刀・西郷吉之助らが憂慮して、すでに京より帰国の途に上り薩英会盟に臨もうとしているとの話を聞いた。伊藤は事の重大を察知して木戸に、晋作を正使として薩摩藩に派遣して会盟に参加できるように願い、また薩摩船の通航に便乗しなければ機会を失うと報じて、藩の決定を促した（『松菊木戸公伝』上）。

そこで二月二十七日、藩庁は晋作に乙丑丸事件の解決につき、長州藩主より薩摩藩主宛の親書と贈物を託して接薩使とし、伊藤を副使として鹿児島行の命を下した（『修訂防長回天史』八）。二人は下関で薩摩船の通過を待ったが久しく到来せず、三月六日、たまたま英商グラバーが長崎より横浜に赴く途中下関に立ち寄り、横浜にいる英国公使パークスの西航はグラバーが長崎に帰った以後であることを告げた。晋作らはグラバーが横浜から帰ってくるのを待ち、その船に便乗して長崎へ赴くことを約した。三月十三日、晋作はこの事情を木戸に報じた（『高杉晋作全集』上、書簡一八九）。

このころ晋作は、幕府がしきりに長州処分を声明しながら軍を進める様子がなく、これに反して対外関係はいよいよ重大化するので、薩摩行の用務が済んだのち密かに海外に遊学しようと考えていた。

晋作、洋行の志

木戸は十八日、晋作から後事を託された井上よりの急使で、晋作らに洋行の志のあることを聞いて驚き、晋作と伊藤を説諭しようとして山口を発し、下関に着いたが（二十三日）、すでに晋作らは下関を発ったあとだった（『松菊木戸公伝』上）。晋作と伊藤は三月二十一日、グラバーの汽船が下関に着いたので乗船し、同日夜半、長崎に着き、薩摩藩邸に寄宿した。当時小松・西郷はすでに鹿児島に帰り、側用人市来《いちき》市左衛門が長崎の藩邸の庶務を管理していた。市来の話によると、鹿児島の情勢は京都・長崎とは大いに異なり、長州・薩摩両藩の関係を理解する者もなく、当邸で接薩使の要件を済まされる方がよいとのことであった。晋作らはその言に従い、鹿児島行を中止し、親書と贈物を市来に託して使命を一応果たした。そして二人は予定していた海外に遊学しようとしたが、出発にあたって支給された晋作一〇〇〇両、伊藤五〇〇両、合わせて一五〇〇両も、下関や長崎での雑費や衣服の調達などを差し引くと、二人で二、三ヵ月を支える残金しかなかった。そのため晋作は上海に赴くことにし、伊藤はいったん帰関して、晋作に代って使者として藩へ復命し、英国公使パークスが来関すれば藩主が会見されるよう、建言することにした。これらの事情は、晋作・伊藤からそれぞれ三月二十八日付で木戸・井上宛に書き送った（『修訂防長回天史』八）。

晋作はその書中で、薩摩藩が英国と親しむことになったのに鑑みて、薩長連合の上からも、長州藩も英国に接近しなければならないと考え、まず長州藩主を英国公使に会見させようと図っていて、幕府との開戦にそなえた晋作の深慮を看取できる（『高杉晋作全集』上、書簡一九五）。また晋作は同じ書中で、英国留学生の山崎小三郎が学費に乏しくロンドンで病死した報に接して、これを国辱《こくじょく》とし、薩摩藩が留学生に豊かな学費を出していることを引き合いに、将来長州藩留学生に十分な学費を支給する必要を主張し、あわせて軍艦代金の不足と二人の旅費金増加とを依頼した。

ロンドン留学費用

伊藤は四月八日、下関に帰り、帰関の用務が達せられるよう木戸・井上の尽力を促した。その結果、かねて晋作が強く希望していたように、藩主は時宜《じぎ》に応じて英国公使に会見することに決まり、また四月二十二日、晋作・伊藤の洋行も藩より許可が下り、二人のロンドン留学費として一五〇〇両が支給されることになった。

帰関した伊藤は、晋作が滞在する長崎へ赴こうとしていたが、後述するように晋作が突然長崎より帰関したので、長崎行を中止した（『伊藤博文伝』上）。これに伴い、晋作らへ支給の一五〇〇両返納の議論が起こったが、井上が「千金位《ぐらい》は彼（晋作）の邦家の危急を救ひ候御褒美《ごほうび》」（『高杉晋作全集』上、書簡参考一六）ではないかなどと山田宇《う》右衛門《えもん》に説得したので、返納に及ばないことになった（中原邦平「東行先生略伝」）。

晋作、下関に帰着

さて、晋作は伊藤が下関に帰った後、上海に赴いたように見せかけ、英人ラウダーの

丙寅丸

寓居《ぐうきょ》に潜んで、伊藤の帰りを待っていた。このときの印象がよほど強かったものと見えて、後年ラウダーの妻は、晋作のことを木戸と語り合っている（明治二年十一月十七日条、『木戸孝允日記』二）。

たまたま、老中小笠原長行《おがさわらながみち》が四月二十一日を期して、長州藩主父子孫（病気ならば名代《みょうだい》でも差し支えない）および三支藩主・吉川経幹らを広島に召致する命を下し、もし幕命を拒めばただちに軍を進める旨を達した。晋作は、「二十一日御手切《おてぎれ》を真実と思込み」、また「第二奇兵隊の暴発」（四月五日、隊士らが倉敷幕府代官所を襲ったこと）のことなどを知って洋行の念を断ち、ただちに英商グラバーに謀《はか》って汽船一隻購入の約を結んで、この汽船オテント号に乗って下関に帰着した。

しかし帰関してみると、長崎で想像していたほど長幕交戦の切迫はみられず、軽率に帰国したことを後悔したものの致し方なく、汽船購入が破約とならないよう藩政の要路に周旋を頼んでいる（『前原一誠伝』）。晋作がいつ帰関したか諸書に明記されていないが、四月二十八日付下関の伊藤より木戸宛および五月二日付の下関より木戸・山田・波多野《はたの》金吾《きんご》（広沢真臣《さねおみ》）に宛てた書翰から、晋作の帰関は四月二十九日より五月一日に至る三日間のうちに絞ることができよう（『修訂防長回天史』八）。晋作が予約した汽船オテント号は、木戸らの周旋で海軍局の議論を抑えて撫育金三万九二〇五両をもって支弁され、丙寅丸《へいいんまる》

妻妾への手紙

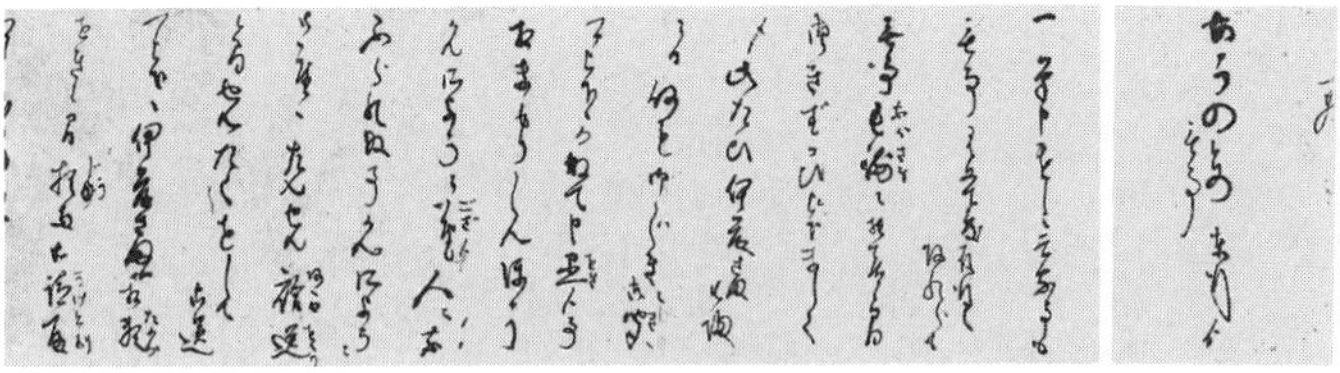

おうの宛の晋作書簡（部分）
（早稲田大学図書館所蔵）

と改名された。

以上見てきたように、晋作が、この慶応二年の時点で薩英会盟に加わろうとし、その後再度伊藤とともに英国留学を志したのは、日本を取りまく国際的情勢の流れを逸速く読み取っていたもので、晋作の意中には上海行以来、英国と堂々対峙《たいじ》する日本の国づくりへの思いが燃えつづけていたものと考えられる。

ここで、この時期の晋作の長崎滞留中の私生活に触れよう。晋作は長崎に着いた直後の三月二十六日に井上宛に出した書中で、

家内の者共《ども》は帰萩致し候や、その辺程能《ほどよ》く御取《おと》り為《な》し頼み奉り候。南部《なべ》の遺婦《（おうの）》も宜敷《よろしく》御頼み申し上げ候、

と記したが、やがて萩の妻政《まさ》や下関のおうのに便りを出した。まず、晋作はお菊（妻政の愛称）宛に愛妾を囲っていた下関でのことをひたすら詫び、約束していた自分の写真（巻頭口絵参照）を送ったことを知らせ、一子梅之進のことを頼んでいる（『高杉晋作全集』上、書簡参考二〇、二二）。また、おうの宛にも、辛抱が肝

心で、伊藤（俊輔）に頼んでおいた一〇両を受け取り、風邪を引かぬように、と記している（四月五日付、『高杉晋作全集』上、書簡一九八）。晋作が公務のかたわら、妻と妾という異なる立場の女性に対して、それぞれに細かな配慮をしていることが窺える。

四　第二次長州征討での活躍

幕府、長州藩代表者を召見

長州藩では幕命に対して、関係者の広島出頭期限の猶予を請い、山県半蔵に宍戸備前の中継《なかつぎ》養子の宍戸《ししど》備後助《びんごのすけ》として一番家老の資格を与え、藩主父子孫の名代とし、小田村素太郎らを随行させた。また、三支藩主および吉川経幹らの名代も、慶応二年（一八六六）四月下旬には広島に到着させた。幕府は、長州藩との交渉が長引くと従軍諸藩兵の滞陣費用が嵩み財政も窮乏するので解決に焦慮し、ついに五月朔日、老中小笠原長行《おがさわらながみち》は長州藩代表者を国泰寺《こくたいじ》（広島市中区中町）に召見した。備後助は足疾のため出席せず、三支藩主および吉川経幹の名代のみが出た。

小笠原は幕命として長州藩に対し、一〇万石の削封、藩主父子の蟄居《ちつきょ》、孫の家督相続を命じ、三支藩以下には本藩を助け、領内の鎮静を命じた。別に尋問のため、晋作・木戸貫治・佐世ら一二名を早々広島に差し出すよう命じた（『高杉晋作全集』上、書簡二一二）。

なお、宍戸備後助・小田村素太郎には滞留を命じ、その他は帰藩して幕命を伝えるよう厳命した。ついで五月九日、小笠原は宍戸備後助・小田村素太郎を国泰寺に招いたが、宍戸備後助は病と称して応じなかったので、両人を拘禁した（『維新史』四）。

幕府へ抗議

長州藩は、藩主名代に縄を掛けられたから、ここにはじめて幕府への信義を断ち、幕府の処分を拒否する根本方針を決めた。干城隊用掛だった河北一《かわきたはじめ》も、長州抗戦は使節抑留と削封によると述べている（「慶応二年丙寅五月長州再討に関する事実」『史談会速記録』第一四輯）。その後も長州藩は、再三、歎願書を出して幕府の措置の不当に抗議し、経幹より請書の提出期限二十日を二十九日まで延期することを請うた。小笠原はこれを受け入れ、その期になっても奉命しないときは、六月五日をもって進軍すべしと従軍諸藩に命じた。ここにおいて長州藩も応戦に決した。戦機が熟してきた五月下旬、晋作・井上は下関にあり、伊藤は山口に赴いていた。井上は山田宇右衛門や木戸に、みずから四番大隊を総括して芸州口《げいしゅうぐち》に出戦したいと請うていた（『修訂防長回天史』八）。

晋作も幕府との開戦を目捷にして、薩摩艦桜島丸（乙丑丸《おっちゅうまる》）の長州藩への至急引き渡しと「小銃本込百挺《もとごめ》」「パトロン（火薬砲）弾丸」の入手について、長崎にいた薩摩藩士五代才助《ごだいさいすけ》に周旋を頼み、五代もこれに応じて桜島丸（乙丑丸）を引き渡すことや、小銃やパトロン弾丸は長崎に在り合わせがなく、急便で本藩へ注文するとともに上海・香港の方も探索する旨を、五月二十六日付書簡で回答をしてきていた（『高杉晋作全集』上、書簡二一〇）。晋作の戦備充実の努力を知ることができる。

老中小笠原は六月二日、もはや手切れ必至の九州勢を鼓舞するため、宇品《うじな》港（広島港）より幕艦翔鶴丸に乗って小倉に着いた。晋作はこれを聞いて幕府軍を迎え討つ烈しい戦意を示した。

これより先、英国公使パークスは薩摩藩主島津《しまづ》茂久《もちひさ》（のち忠義《ただよし》）の招待による訪薩のため、慶応二年五月二十一日、商船チストン号に搭乗して横浜を出港し、長崎へ向かう途中の五月二十四日、下関に寄港した。当日、晋作・伊藤はその船にパークスを訪れ、藩主は公使との会見を切望しているが、目下幕府軍への応戦準備に忙殺されて意のごとくならず、公使が鹿児島より帰途、当地へ立ち寄られたら、藩主は必ず歓迎する旨を約した。パークスは、翌二十五日朝、長崎に向かった（『大日本維新史料稿本』慶応二年五月二十四日条・石井孝『増訂明治維新の国際的環境』）。

パークスは長崎で先発のキング中将と合流し、六月十七日、鹿児島に到着して五日間滞在し、その間藩主らと交歓した。そのとき西郷吉之助はパークスに対して、幕府が仏国に依頼して雄藩削弱の政策を執っていることを告げ、英国は薩長両藩に対し軍艦武器供給の便宜を図られたいと述べた。これに対してパークスは、英国は出来る限り、薩長の利益を図るのみならず、列国をして中立を守り、幕府を後援することのないよう尽力すると述べた(『伊藤博文伝』上)。パークスは鹿児島訪問を終えて、六月二十四日の朝に下関海峡の入口に到着し、すでに長幕交戦中の木戸・伊藤と会見したが、藩主とは会見せずに横浜に帰った。

晋作ら、外国の援助・干渉を拒否

仏国公使ロッシュも長崎へ航海の途中、六月十五日、下関に立ち寄って晋作らと会見し、幕長講和を周旋する意向を示した。ロッシュは再び六月二十四日、パークスと同日に下関海峡に到着し、この日、パークスとは別々に下関で木戸・伊藤と会見した。晋作・木戸・伊藤らはこれら外国の援助や干渉を一切拒否した(『増訂明治維新の国際的環境』)。

さて晋作は、先に英国公使パークスと会った直後の五月二十七日、海軍用掛を命じられ、丙寅丸総管には河野又十郎が任用された(『修訂防長回天史』八)。ついで六月七日、晋作は、海軍総督を命じられた(『高杉晋作全集』上、書簡二一五)。長幕戦開始のころ長州藩の所有した汽船は、錯雑した困難な事情のもとに購入された乙丑・丙寅の二艦にすぎず、いずれも晋作の関与・尽力したものであった。彼が海軍総督に任命されたのも自然の成り行きであり、晋作はみずから独断で購入した丙寅丸に「乗込み船とともに倒るゝ志」を抱き、やがて幕府と開戦になると、これに乗り込み顕著な働きをすることとなる。

長幕戦開始

ところで、長州藩と幕吏との応接は、五月二十九日に幕府が長州藩の歎願書をことご

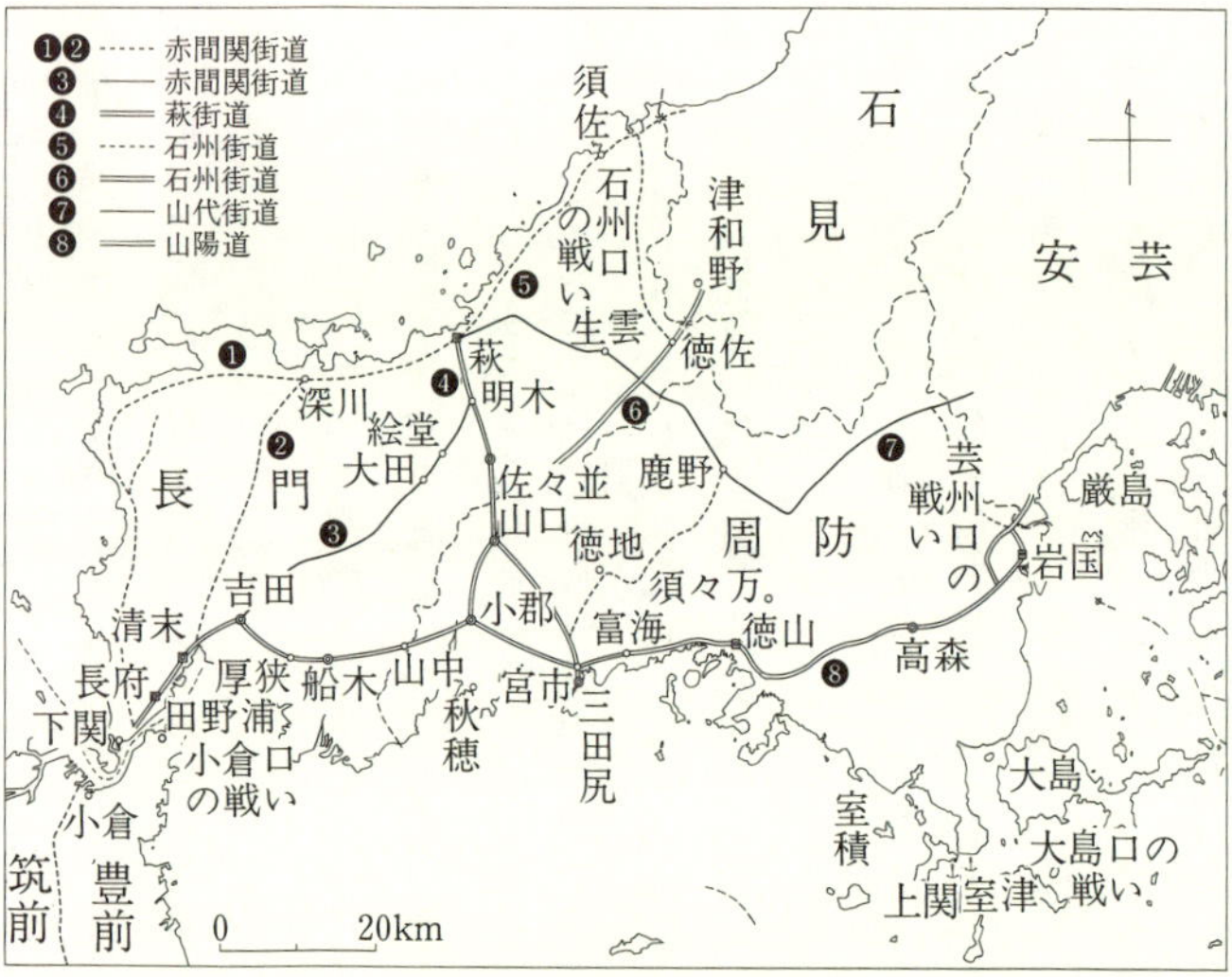

第二次長州征討関係地図

とく返還してきたから断絶することとなり、さらに六月七日朝、幕府軍艦一隻が周防国大島郡沿岸（山口県東部）を砲撃したことにより、長幕戦が始まった。翌日より十一日にかけて、幕府の艦船に乗ってきた松山藩兵はじめ幕府の歩・砲兵が大島郡に上陸した。藩はこの急報を受けて、十日夜、第二奇兵隊・浩武隊に救援を命じ、また同日、晋作に、外国旗を掲げた丙寅丸に指揮役として乗り組ませ、大島近海に赴かせて臨機指揮にあたらせた。

晋作は十二日、山田市《いち》之允《のじょう》・田中顕助《あきすけ》とともに丙寅丸に乗り、その夜陰に乗じて久賀海上に繋泊中の幕府

小倉口の戦い

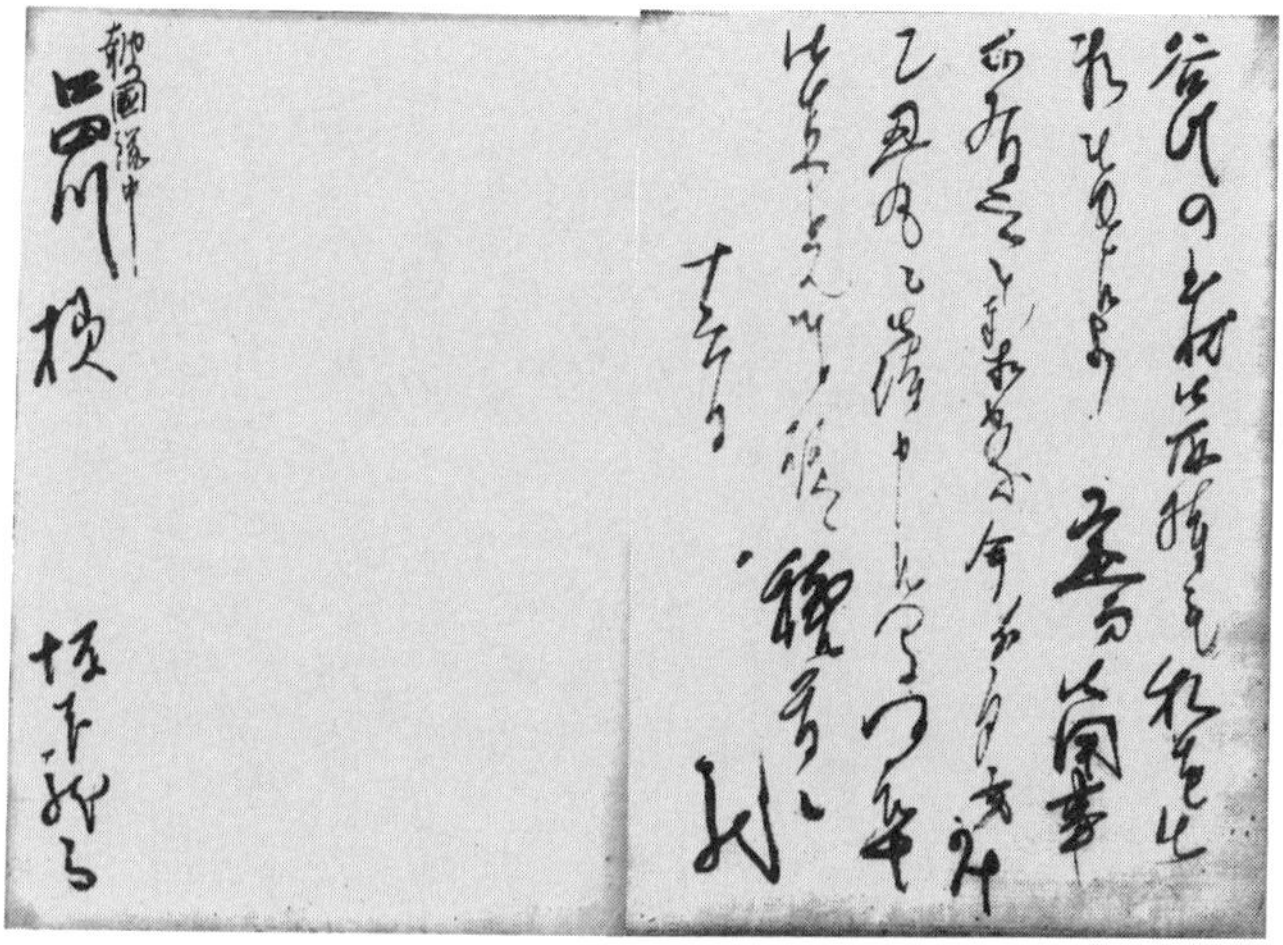

坂本龍馬の品川省吾宛書簡（下関市立長府博物館所蔵）

坂本の不在中，谷氏（晋作）の紹介状を携えた長府藩報国隊士の品川が乙丑丸を訪ねたため，帰艦した坂本が，改めて面会を報じたもの（慶応二年六月十六日付）。

の大艦四隻を奇襲して数回砲撃し、幕艦は右往左往して損害を出した。晋作は直ちに三田尻へ引き揚げ、下関に帰着した。ついで十五日未明、第二奇兵隊・浩武隊および大島郡守備兵は敵兵を追い払い、全島を奪還した（『維新史』四）。

小倉方面は、老中小笠原が小倉・熊本・久留米・柳河《やながわ》・唐津《からつ》の諸藩兵より成る幕府軍を統轄し、小倉藩兵を先鋒として門司《もじ》・田ノ浦に出兵し、海を越えて下関を衝《つ》こうとしていた。これに対して長州軍の主力は奇兵隊で、長府藩兵（報国隊）などが加わり、奇兵隊総督山内梅三郎《やまのうちうめさぶろう》が小倉方面の総指揮官となり、晋作が参謀としてこれを助け、奇兵隊軍監山県狂介・福田俠平《ふくだきょうへい》らが指揮にあたった。

晋作は六月十五日、小倉城（福岡市小倉北区城内）を攻め落とすために、まず門司・田ノ浦・大里《だいり》の敵兵を攻撃する方略を山県狂介に図り、決定した（「懐旧記事」巻之四）。翌十六日、晋作は勝山城に赴いて、この方略に長府藩主の賛同をえて、帰途一ノ宮の奇兵隊本営で軍議を決定した。時に海援隊士が乗り組んだ乙丑丸が下関に碇泊していたので、晋作はわが艦隊とともに攻撃しようと艦将の坂本龍馬に諮ったところ、坂本は直ちに承諾した（「懐旧記事」巻之四）。このとき、坂本は六月二日桜島丸に乗って鹿児島を出帆、長崎で妻お龍《りょう》を降ろし、十六日単身で下関に入港した。長州藩の主張どおり、艦名を乙丑丸と改めていたことは、坂本が十六日付で長府藩の報国隊士品川省吾に宛てた書簡に明らかである（宮地佐一郎『龍馬の手紙』）。

田ノ浦攻撃

そこで十七日未明、長州軍は機先を制するため、丙寅・癸亥・丙辰の三艦で田ノ浦を攻撃して、田ノ浦港内の日本船（陸兵・兵粮搭載）二〇〇艘余を焼き払い、また田ノ浦の人家をことごとく焼き払った。乙丑・庚申の二艦は門司に攻撃を加えた。当時坂本龍馬は、海援隊士とともに乙丑丸を操縦していたが、先の晋作との約により、この海戦に参加したのであった。晋作はこの門司・田ノ浦の戦闘詳報を「六月十七日夜九ッ時」にしたため山口に報じた（『修訂防長回天史』八）。

「小倉戦争差図書」

後年、木戸が「仏国公使ロッシュが来て、田ノ浦・門司の放火のあとを見て長州藩を責めた」（明治五年十二月二十八日条、『木戸孝允日記』二）としているのは、このときのことである。ロッシュが下関を訪れたのは、前述の六月二十四日のことであろう。

このころ、「長州先鋒士官各中」の名で小倉藩をのぞく肥前（佐賀県）・筑前・肥後（熊本県）・久留米・柳河の五藩に対し、長州藩としては貴藩と死力をもって戦う意志のないことを明らかにした書簡が作られている（『修訂防長回天史』八）。当時、晋作と坂本龍馬は白石家に寄寓して、戦闘に従うとともに九州の幕府軍切り崩し工作にあたっており、右書簡作成も両人の発議によるものと推察できる（六月二十日条、「白石正一郎日記」）。また右書

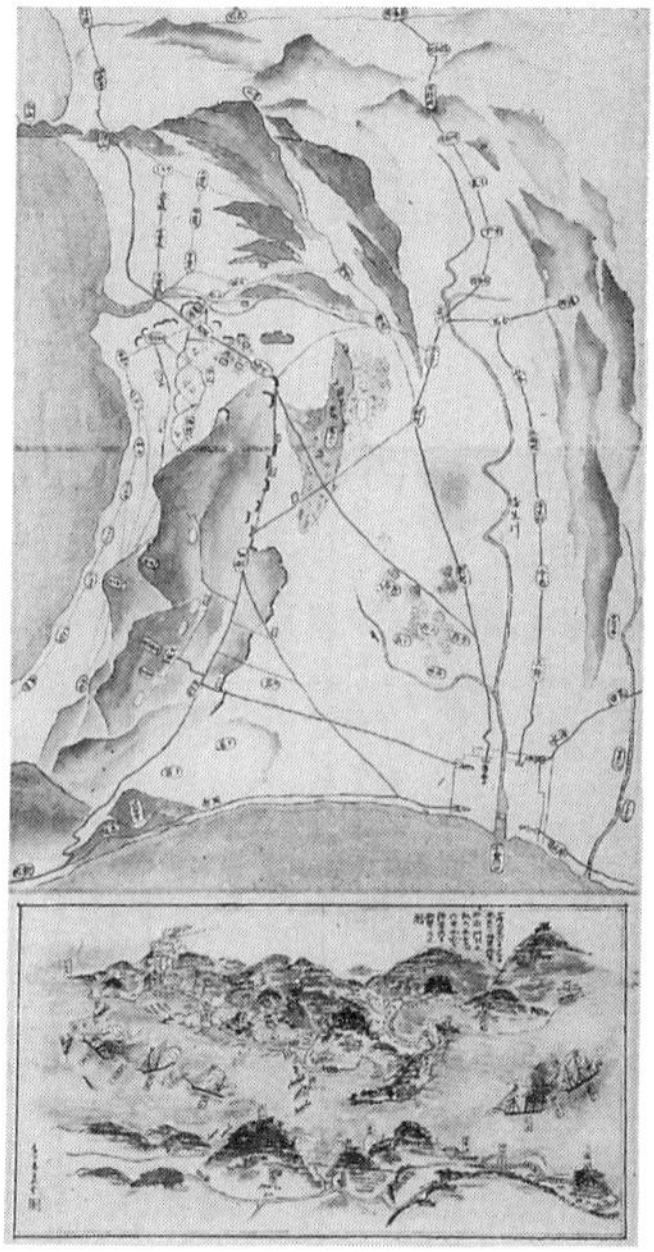

小倉戦争作戦要図
「小倉戦争差図書」とともに作成されたもの。下は元奇兵隊士の大石雄太郎が，後年に描いた小倉戦争の実況図。
（東行記念館「高杉家資料」）

簡は、明らかに慶応二年六月二十日付の晋作の「小倉戦争差図書《こくらせんそうさしずがき》」に相応するものである。差図書は、小倉地方の諸兵を掃攘するに至ったのは幕府の不条理、幕府軍の暴虐な所業により、やむなく義兵を挙げたことであり、貴藩の境界侵犯などではないなどと述べたものであった（『高杉晋作全集』上、書簡二一七）。

七月三日、長州軍は再び門司に上陸し、大里《だいり》の小倉藩兵を破り、一旦下関に帰った。この前夜、晋作は白石正一郎に明早暁の襲撃を語り、三日の早暁七ッ（午前四時）前、奇兵隊・報国隊が門司・田ノ浦へ渡海し、山道・海道を二手に分かれて攻撃して小倉藩兵を破った。この日の軍功は、かねて晋作から命じられていた長府の浜崎林槌《はまざきりんづち》はじめ、ほか五人（いずれも長府藩舟手組）が、昨夜半、早船に乗って小瀬戸《こせと》（下関市）より小倉沖へ迫り、幕府の蒸気船富士山艦へ近寄り蒸気釜のあたりをねらい、大砲三発をもってその蒸気釜を打ち砕くという奇襲に出たことにあった（「白石正一郎日記」）。

さらに二十七日にも長州軍は、三度めの小倉攻略の目的で、大里附近に上陸した。晋作は、この小倉攻めに従軍しており、大里の長州軍の本営で、戦況観察に来た薩摩藩士村田新八の訪問を受けている。しかし、小倉・熊本両藩兵も力戦し、幕府軍艦は海上より長州軍の背後を砲撃したので長州軍は苦戦し、一部の兵を大里に残して下関に退いた。そこで二十九日、藩主は山内梅三郎に馬関口海陸軍諸兵指揮を命じ、同時に晋作に馬関口海陸軍参謀を命じて、後図《こうと》にそなえた（『前原一誠伝』・『修訂防長回天史』八）。

小倉城焼失

小倉藩は、この二十七日の戦闘を機に大里を回復しようとして、熊本藩の協力を求めた。しかし小倉に出陣していた熊本藩家老長岡監物《ながおかけんもつ》（是容《これかた》）は、早くから幕府の長州再征に反対意見をもち、七月末日、撤兵の旨を小倉藩に報告して藩兵を退去させた。また、同夜、老中小笠原は、すでに将軍家茂《いえもち》死去（七月二十日）の秘報に接していたため、ひそかに本営を脱し、幕府の富士山艦に乗って長崎に退去、ついで大坂へ帰った。こうして孤立無援となった小倉藩では、八月朔日、家老らが城中に火を放ち、小倉城は焼失した。長州軍はただちに海を渡り、二日、小倉を占領した。同日、朝より晋作も山内や白石らとともに大里へ渡って敵兵の去った小倉に入り、老中小笠原の旅宿としていた丹賀（北九州市小倉北区旦過《たんが》）の宗玄寺（もと旦過橋畔にあり、今は小倉北区寿山町《じゅざんまち》に移る）や焦土となった一部の町々を検分したが、分捕《ぶんどり》の武器・大砲・野戦砲・小銃・弾薬・粮米などおびただしかった。翌三日も朝より城内および富野台（北九州市小倉北区）の砲台などを検分して、晋作らは下関へ帰った（「白石正一郎日記」）。小倉藩兵は小倉城焼失後も、なお出没して長州軍を悩ましたが、薩摩・熊本両藩士の斡旋で停戦交渉が行なわれ、十二月二十八日に和

和議成立

議が成立した。晋作がこの第二次長州征討で活躍したのは、以上のように小倉方面での戦いであった。ほかの芸州《げいしゅう》方面・石州《せきしゅう》方面での戦況については簡単に述べておく。

芸州口の戦い

まず芸州方面は、七月十八日に安芸藩主浅野《あさの》茂長《しげなが》（のち長訓《ながみち》）らが連署して幕府軍の解兵を建言したことなどを背景として、長州藩は自藩を戦場とすることを避けるため、八月七日、両藩代表者が会見して両藩提携を議し、戦闘状態がやんだ。

石州口の戦い

石州方面では、参謀村田蔵六（このときは大村益次郎と改名）・直目付杉孫七郎が作戦を指揮し、七月十八日八ッ時（午後二時）頃に浜田藩はみずから城を焼き、藩主以下応援の諸兵までも松江藩内に逃れ、浜田領および幕領の石州もすべて長州軍の占領に帰した（『修訂防長回天史』八）。

長州軍の勝因

この第二次長州征討における幕府軍の敗因は、諸藩兵を動員したものの、幕府の長州再征については当初から諸藩に異論があって一般に戦意に乏しく、諸藩兵の相互の連繫を欠き、軍としての統制がとれていなかったこと、また、幕府の歩兵隊および紀州藩兵の洋式訓練を受けたものを除く大半の諸藩兵は、甲冑《かっちゅう》・陣羽織《じんばおり》に身を固め刀槍や古風の鉄砲・火筒という旧式陣法を出なかったことがあげられる。これに対して長州軍の勝因として、晋作・井上・伊藤・村田らが鋭意近代的な鉄砲・艦船を外国より購入し、西洋銃陣を採用した兵制改革を進めて、ゲベール銃・ミニヘール銃などの装備・戦術が進歩していたこと、また、封建武士団の歴史的限界を知って農民・町民兵そのほかより成る新制軍隊である奇兵隊以下の諸隊を戦力の中核としたこと、さらに、藩政の指導者らがよく士民をあげて挙藩一致の体制を樹立しえたことをあげることができよう。

　このように、幕府の権威は長州藩の反撃の前に失墜《しっつい》したが、一橋慶喜は幕府の面目を保つため将軍家茂の喪を秘し、自ら名代となって出陣しようとして勅許をえ、八月十二日を出陣の日としていたが、その前日に小倉城落城の報が入り、出陣の中止を決意した。やがて、慶喜は軍艦奉行勝義邦《かつよしくに》（安房《あわ》、海舟《かいしゅう》）を広島に派遣して、長州藩との休戦交渉にあたらせた。九月二日、勝は厳島で長州藩使節と会見し、慶喜が幕政を一新して、諸大名を京都に集めて衆議に諮って長州藩処分を公平に行なおうとしているから、貴藩もその意を諒とし、幕府軍の帰坂に呼応して撤兵されたい、と提議した。長州藩は結局これを容れて、あえて幕府軍の撤退に際し、これを追撃しなかった。これは、長州側が、

　勝房州（義邦）罷《まか》り越《こ》し候節、弥《いよいよ》御《ご》一新《いっしん》の御主意に付《つき》、何分にも差し控え居り候様との事にて、実に橋府（慶喜）の真に一新は則ち皇国の御為とも相考え候事に付、兵士鎮静相控《あいひかえ》居申候。（慶応三年正月十五日付品川弥二郎宛木戸孝允書簡、『木戸孝允文書』二）

と、慶喜の幕政改革と、諸藩の立場を認めて西洋の連邦制を構想していた勝とに期待したことによる。そのため長幕の間はしばらく小康を保った。

　このような歴史的推移のなかで、晋作の病勢は次第に進んでいた。

第九　晋作の死

「谷氏不快」

晋作は慶応二年（一八六六）六月中旬の幕府との抗戦以来、小倉《こくら》方面総指揮官山内梅三郎《やまのうちうめさぶろう》を助け、縦横の活躍をしていた。戦陣多忙のなか、薩摩藩士などの応接にいとまがなかったが、すでに「白石正一郎日記《しらいししょういちろうにっき》」（『白石家文書』）の七月二十一日の条にはじめて「谷氏《（晋作）》不快」の記事が見える。翌二十二日には、下関の藩医長野昌英《ながのしょうえい》（名医長野文琢《ぶんたく》の嫡子）が来て診察している。これより数日にわたり、南部《なべ》町（下関市）の商人で晋作と親しかった紅喜《べにき》（紅屋喜兵衛《べにやきへえ》）がうなぎや氷砂糖を持参したり、奇兵隊より鯉魚が届いたり、福田《ふくだ》侠平《きょうへい》や入江和作《いりえわさく》らがつぎつぎと見舞ったりしている。

晋作はこうした体調にもかかわらず、七月二十七日の小倉攻めに従軍し、「小倉戦争差図書《さしずがき》」にみるように大胆不敵にして、しかも緻密《ちみつ》な作戦を練っていた（『高杉晋作全集』上、書簡一二三）。

八月初頭は、先にふれたように小倉城が自焼したことにより、晋作はすぐ渡海して小倉へ赴き、状況を視察後帰関している。病状はやや小康を保っていたらしく、白石正一郎宅を本拠として、八月下旬ごろまで、他藩士を含む数多くの来談者と面談し、また数日小倉へも渡り、長州藩の進撃軍の処置などについて考慮していた。

英艦の抗議に応対

藩では八月五日、晋作が病気のため、用所役《ようしよやく》佐世八十郎《させやそろう》に馬関《ばかん》方面諸軍参謀の資格を与え、晋作に協力させることにした（『修訂防長回天史』八）。八月十三日、下関海峡に派遣されている英艦アーガス号の艦長ラウンドが下関に来て、長州藩が海峡北岸に砲台を建設したのは、元治《げんじ》元年（一八六四）の下関協約違反だと抗議し、またこれより先、七月二十一日、英国汽船チュサン号が長州砲台より砲撃された事件についても詰問してきた。応接にあたったのは晋作と佐世であった。晋作らは前者については、彦島の樹木の間に少数の砲を置いたにすぎず、一時の危急に備えた自衛のための余儀ない行為であると弁明し、艦長が主張するなら砲を撤去すると述べた。結局、英国側は形式的な抗議にとどめた。また後者については、晋作らは、もとより過誤によるもので、当方の無作法の罪は免れず、貴国より厳重な問責があるなら、軍法により責任者に切腹させるまでであると答え、寛大の処置を願い出たので、先方もこれを不問にした（『修訂防長回天史』八）。薩摩藩士との応接といい、対外折衝といい、その応対の態度、主張において晋作の右に出る者はなく、長州藩にとって代えがたい存在であった。

長幕開戦後、海軍力不足のため、八月朔日、下関を発ってグラバーとともに上海で二隻の汽船を買い入れ（本藩所有の第二丙寅丸と長府藩所有の満珠丸）、二十三日夜に帰関した伊藤は、翌日に晋作を見舞う書簡を送っている（『伊藤博文伝』上）。この書によって晋作が伊藤の再度の長崎および上海行（このとき村田蔵六も同行）に際し、洋服や皮鞄《かばん》を注文していたことが知れ、晋作のハイカラぶりがわかる。

病の進行

やがて秋冷の九月に入り、晋作の病勢の進行が伝えられたらしく、長府《ちょうふ》藩家老の三吉《みよし》慎蔵《しんぞう》、南第十一大隊軍監兼参謀の湯川平馬、下関陸軍病院の李家文厚《りのいえぶんこう》、海軍局員の佐藤与三左衛門、遠藤詳介らが相ついで見舞いに来た。四日夜に晋作が血痰《けったん》を吐いたので、白石は下関の医師、石田清逸を迎えにやり、下関の軍事病院からも一人が来診している。六日の夕方には木戸貫治も見舞いに来た。晋作は、白石家に寄寓しているのを遠慮したらしく、九月十二日にはおうのを同伴して、昼過ぎに駕篭《かご》で下関の入江《いりえ》和作《わさく》方へ移った（『白石正一郎日記』）。このような境遇のなかで晋作は十六日、対馬《つしま》藩士多田荘蔵《ただしょうぞう》らによって、野村望東尼《ぼうとうに》を唐津湾沖の筑前姫島《ひめじま》（福岡県糸島郡志摩町）の牢獄より救助し、白石家に迎えて前年の知遇に報いた。

野村望東尼の救出

晋作は九月十五日付で萩の父に宛てて近況を報じているが、病気のことには一言もふれていない（『高杉晋作全集』上、書簡二二九）。しかし、九月二十九日付で井上聞多《ぶんた》宛に、戦争中風邪にあたり、それより肺病の姿になり、戦陣を離れるに至った自らの無念を訴えた（『高杉晋作全集』上、書簡二三三）。

十月十九日、藩は晋作に病のため現職勤務を免じた（「東行先生年譜」）。晋作は自分の病気を気遣ってくれる諸友の厚情にむくいるため、つとめて筆を執って病状を控えめに伝え、懸念のないよう意を用いた。二十六日には、入江和作方にいた晋作は、白石家の家計の建て直しのことで、薩摩の蒸気船で荷物とともに来関してすでに白石家に逗留していた山中成太郎《なりたろう》（大坂の鴻池《こうのいけ》の一家、大名の金方《かねかた》、京都に住む）へ援助を頼んでいる（「白石正一郎日記」）。

捫蝨処に移居

さて、これまで入江方にいた晋作は、桜山招魂場《しょうこんじょう》下（下関市上新地町）に建てていた小家ができたので、十月二十七日にそこに居を移し、「捫蝨処《もんしつしょ》」と居号し、療養の地とした。「捫蝨」とは、しらみをひねることで、出典は『晋書《しんじょ》』の王猛という人の伝にある、「当世の事を談じ、蝨《しらみ》を捫《ひね》って言う。旁《かたわら》に人無きが若《ごと》し」であろう。その日は招魂場祭当日で、神事奉行を勤めた白石正一郎らが晋作を訪ねている。このとき晋作は、「桜山七絶、時に余家を桜山下に移す」と題して、深い感慨を詩に詠んでいる（「捫蝨集」および『高杉晋作全集』上、詩歌三四一）。

晋作は、はじめ桜山招魂場下の小家に望東尼を住まわせようと考えていたらしいが、病気の進むにつれ、入江方を出てそのあとに望東尼を預け、自分が小家に移って療養生活を送ろうとしたようである。「白石正一郎日記」によると、望東尼は十月末日、白石家より入江家へ移っている。そして十一月七日の晩に望東尼は智鏡尼（義子貞則の未亡人の法名）に宛てて、晋作の病状などを記した便りをしたためている（「望東尼書簡集」一一四）。

慶応二年も歳晩に入った十二月二十四日、晋作は息子の病気を知った父よりの十二月二十日付の手紙を受け取って返書をしたためたが、それには、親を思い、妻子を思って病状をかくし、「人は人吾《われ》は我なり山の奥に棲《すみ》てこそ知れ世の浮沈《うきしずみ》」の和歌と、また一句「己《うぬ》惚《ぼ》れで世は済《すまし》けり歳《とし》の暮《くれ》」を添え、梅坊（一子梅之進）の成長ぶりに思いを馳せつつ、行く年を惜しんだ（『高杉晋作全集』上、書簡二四四）。

明けて慶応三年（一八六七）正月六日、藩主より晋作に対し、格別のはからいで年々五人扶《ぶ》持《ち》を賜ることになり、十六日には、病中のため金二〇両を下賜された。つづいて三月中旬には、内々薬料として金三両が下され、三月二十九日には、藩主父子の思《おぼ》し召《め》しで晋作は新規に召し出され、高一〇〇石を下されて大組《おおぐみ》に加えられ、谷潜蔵《たにせんぞう》家の創立を許された（同日、新知《しんち》召し抱えのため、先の年々五人扶持は召し上げられた。『高杉晋作全集』上、書簡二四八・二四九・二五三・二五四）。この間、世子《せいし》よりも二月十五日付で、晋作の病状を見舞い、文学の師として教示を頼み、負托に答えてくれるよう療養の専一を望むとの親書が届いた（『高杉晋作全集』上、書簡二五二）。これより先、正月十七日、晋作は父宛に書を送り、当地は春寒ことさら厳烈、春に入りて初めて雪を看候様なる事にて、私事もこの節は少々不出来にて困臥《こんが》致し居《お》り候。しかしながら御気遣《おきづか》いなされ候ほどの事にはござなく候間、御懸念は御無用に存じ奉り候。私病気には輿《こし》が至ってむつかしく、輿の動揺が胸に相障《あいさわ》り、輿にては一日行もおぼつかなく候。右故暖気に相成り候上は、蒸気船の便を求めたく相期し候。蒸気萩へ罷《まか》り候好便《よきびん》これあり次第、突然帰省の覚悟にござ候。もし日数相立ち候ても右好便もござなく候節は、上口へ便船は多くござ候間、三田尻《みたじり》までまかり越したく相考え候。病床の上にて百有余日も困臥まかりあり候故、随分気魄《きはく》も衰弱仕り候。しかしながら君子自得の教訓もこれあり候事なれば、真心素気に相替《あいかわ》り候義はこれなく候間、これまた御懸念下されまじく候。世俗いわゆる処替《ところかわ》れば気も替るにて、また三田尻へなりともまかり越し候わば、同志も多く風流の友も少からず、かたがた一薬石かと相考え居り候。

（『高杉晋作全集』上、書簡二五〇）

と一度は萩へ帰りたいとしたためたが、ついにこれが故郷への最後の便りとなった。

三月二十四日には、晋作は新地《しんち》の林算九郎《はやしさんくろう》の家に療養の場を移した。林は、功山寺《こうざんじ》挙兵後間もない慶応元年（一八六五）正月十四日、伊藤俊輔《しゅんすけ》（変名・花山春太郎）に軍用金合わせて二五〇両を用立てた侠商《きょうしょう》である（「花山春太郎軍用金借用控」、『東行生誕一五〇周年記念　高杉晋作と奇兵隊』所収）。この朝、白石は林方に晋作を見舞いに行ったが、当日、萩から父小忠太も出関し、晋作を見舞っている（「白石正一郎日記」三月二十四日条）。

四月に入り、晋作の病が重いことを知った藩主より、再び内々の薬料金二両が下された（『高杉晋作全集』上、書簡二五七）。松下村塾《しょうかそんじゅく》の先輩で、藩の要職をともにして晋作と親しかった久保松太郎の日記には、「四月八日、山県《やまがた》狂（狂介）跡《あと》より来り、谷気分宜《よろ》しからざる由、同道にて見舞に行く」「四月十一日、谷別して不快の由」「四月十二日、谷へ見舞、少しく折合《おりあい》候由」などとあり、すでに晋作が重態におちいり、一進一退の病状にあったことを伝えている（「久保松太郎日記」）。

晋作は病魔に勝てず、四月十四日の未明、二十九の春秋で波瀾に富んだ短い一生を終えた。それは、すでに武力をもって幕府に反正を求める「討幕」段階から、幕府の存在そのものを否定する「倒幕」段階へと歴史情勢が進んでいる時期のことで、やがて幕府が倒れて「王政復古の大号令」が出る八ヵ月前のことであった。白石正一郎は日記に、

四月十三日、今夜八ツ時（午前二時）分高杉死去の段、知らせ来る。片山（貫一郎）と林へ行く。

と記している。藩は四月十四日付で、晋作よりの「もし保養相叶わず候わば、先だって養子の御願い申しあげおき高杉小忠太《こちゅうた》胡《はごくみ》、実は私（谷潜蔵）実子梅之進《うめのしん》儀、当年四歳」の嫡子成りの出願により、潜蔵病死につき、同日、嫡子梅之進の相続を認めた（『高杉晋作全集』上、

書簡二五八・二五九)。また同日、藩主は晋作の死を悼み、香花料金一〇両を下した。

葬儀

四月十四日、昼前より山県狂介《やまがたきょうすけ》・福田侠平が白石家に集まり、晋作の神祭について白石らと協議した(「白石正一郎日記」)。四月十六日、晋作の遺骸は、奇兵隊が滞陣したゆかりの地、吉田へ移され、神祭によって葬儀が行なわれ、同地の清水山《しみずやま》(下関市吉田町)に葬られた。このとき、奇兵隊からは、諸役付隊長・押伍《おうご》・司令士が参列した。

晋作の墓

晋作の臨終を看取って帰った使者の話を聞いた藩要路の一人、松原音蔵(前名、山県九右衛門、大和国之助《やまとくにのすけ》の実兄)は、四月十六日付で小田村素太郎《おだむらもとたろう》に、

(前略)大煩悶の体《てい》に相見へ、百姓の蜂起気にかゝり、山口へ只今より出浮《しゅっぷ》候などと、その中にも国家の大事を忘すれぬ様子にござ候。(下略)　(『楫取家文書』一)

という書を送り、晋作が今わのきわまで藩の大事を忘れなかったことに感動し、その様子を想像して涙をこらえ切れないと記している。晋作

「辞世」と遺言

梅処尼（東行記念館「谷家資料」）

の臨終の模様がよく伝わってくる。

晋作の辞世の句として、

面白キ事モナキ世ニヲモシロク（些々生《ささせい》）
住ナスモノハコ、ロナリケリ（望東）

が人口《じんこう》に膾炙《かいしゃ》しているが、一坂太郎の指摘したように、その歌は「丙寅《へいいん》（慶応二年）未定稿五十首国歌十首」（『東行遺稿』所収）と題されたなかにまとめられているもので、臨終の際《きわ》に作られたものとはいえない（『高杉晋作の手紙』）。妻政《まさ》は後年、家族にも格別の遺言はなく、井上聞多や福田俠平に向かって「ここまでやったのだから、これからが大事じゃ、しっかりやって呉《く》れろ。しっかりやって呉れろ」と言い続けていたのが、遺言といえば遺言だったと語っている（「政子刀自《とじ》の東行先生談」『日本及日本人』六七七）。

なお、望東尼（慶応三年十一月六日没）は、晋作の死の翌月、山口の小田村家へ移されたとされているが、そこから七月八日付で萩の晋作の一子梅之進と母の政宛に、晋作の形見の品をいただいたお礼を述べ、吉田に晋作の墓まいりに赴き、墓前で政と会っていろいろ話を伺いたいと、手紙を書き送っている（東行記念館「高杉家資料」）。

東行庵

山県有朋《ありとも》は、晋作の墓所の清水山の下に家を建て、「無隣庵《むりんあん》」と称していた。そして、明治二年（一八六九）、洋行するにあたり、「無隣庵」を晋作の愛妾おうのに贈り、これが「東行庵《とうぎょうあん》」となった。おうのは出家して梅処尼《ばいしょに》となり、明治四十二年（一九〇九）八月七日、六七歳で病没するまで晋作の菩提《ぼだい》を弔った。

高杉家

さて、晋作と政とのあいだに生まれた梅之進は、晋作が亡くなると、その死の一ヵ月ほど前に創設したばかりの谷家の家督を継ぎ（慶応三年六月十七日）、明治二十年（一八八七）には東一《とういち》と改名した。そして、明治二十年十一月三十日に谷家は高杉家と改称し、この時点より晋作未亡人の政も息子の東一も再び高杉姓を名乗ることになった。高杉家は春祺《しゅんき》が継いだ本家と、東一が継いだ分家という、二つの家系に分かれた。

これより先、妻政は、明治十年、義父母・息子とともに東京へ出て、大正十一年（一九二二）、七十八歳まで平穏に余生を送った。ひとり息子の東一は、外交官としてホノルル・ウィーンなどに駐在勤務したが、大正二年五十歳で亡くなった。

第十　晋作の人間像

今日に至るまで晋作の英雄的訛伝《かでん》が人口《じんこう》に膾炙《かいしゃ》しているのは、人々が幕末維新期の人間像として、晋作に大きな魅力を抱いているからに他ならない。それは、晋作が短い生涯において、常に人の意表をつく奇行ともみえる行動力と、既成の権威・習弊《しゅうへい》をも突破する力をもって、長州藩のみならず明治維新史の進行を決定づけるような歴史的役割を演じたことによることは明らかである。

「奇行」

しかし、横山健堂《よこやまけんどう》が言っているように、「奇行の二字をもって高杉を象徴しようとするのは見当違いで、彼の言行は自づから奇抜で人を驚かすが、それは彼自らこれを認めたのでなく、常人が奇行と思った」（『高杉晋作』）にすぎないと言うべきであろう。

晋作の人間像を語るにあたって、四点を指摘しておきたい。

豪放磊落

まず第一に、晋作がきわめて多才多趣味で風流韻事《いんじ》に長じ、酒間に書画を巧《たくみ》にし、芸妓《げいぎ》を集めて三絃《さんげん》を鳴らすなど、豪放磊落《ごうほうらいらく》なところがあったことである。公務の間においても、外面上、不羈奔放《ふきほんぽう》の行動があったことはたしかで、それらは天性に帰せられるべ

内省的

きものだが、その内実においては、彼が少年時代より生涯を通じて、家庭の教訓を忘れず、常に自己反省し、修養につとめたことを認めなければならない。

そのことは、死の二年前、慶応元年（一八六五）五月ごろ、父宛の書簡に、

> 再三の暴動、君父《くんぷ》に対し奉り不忠不孝の至り、今更後悔仕《つかまつ》るも及びがたく、多罪赤面仕合に存じ奉り候。必竟《ひっきょう》家庭の御教示を相守らず、気質の変化の学文行き届かず、狂暴頑愚《がんぐ》傍若無人、分を知らざるの極み、ここに至りてかと吾、我を恨み候事にござ候。（『高杉晋作全集』上、書簡一四八）

と書き送っているところに晋作の真面目《しんめんぼく》をよく窺うことができる。

吉田松陰《よしだしょういん》の晩年にも、しばしば文通して自己の生き方を尋ね、松陰の影響下に王陽《おうよう》明《めい》の「良知」を口にもし、筆にもして、精神的・内面的な自己成長を遂げ、松陰から「死して不朽の見込あらばいつでも死ぬべし。生きて大業の見込みあらばいつでも生くべし」との死生観を教えられ、安心立命を得んと努めていたほどに内省的なところがあった。

晋作より二歳年少で、手習稽古《てならいけいこ》にも同学し、松下村塾《しょうかそんじゅく》にも同窓であった横山健堂の亡父の話として、晋作は一刀を帯びずに随時応変に変装するとき、烟筒（キセル）の筒には九寸五分の匕首《あいくち》を仕込んでいたという話（『高杉晋作』）は、一見、晋作が豪放と見えな

がら、日常身を持するに、いかに慎重・綿密であったかを物語るものである。

歴史への先見性

第二に、晋作は長州藩の歴史的局面において、疾風迅雷《しっぷうじんらい》的に行動し勇猛果敢に対処したが、歴史の動きに対する見通しの確実性、先見性を常に欠くことがなかった点が特徴的である。年少のころから師松陰の謦咳《けいがい》に接したこと、および身近かにいた蘭学者田上《たがみ》宇兵太《うへいた》の影響が大きかったとしなければならない。

吉田松陰の影響

まず松陰に関していえば、現政治体制を超えて幕府独裁制を打破するに至る思想としての天朝奉事《てんちょうほうじ》・王臣論《おうしんろん》や、兵学者としての関心からアヘン戦争、太平天国《たいへいてんごく》の乱などの海外情勢の変化に早くから注目し、鎖国《さこく》体制下において「五大州を周遊して諸国勦《そう》（ほろぼす）すべく撫《ぶ》（したがえる）すべき形勢を初め、風教攻守等迄《まで》研究、大画を立てんと欲《ほっ》」（安政二年四月二十四日付の兄杉梅太郎宛書簡、『吉田松陰全集』五）する素志などに啓発されるところが大きかったとみるべきで、これらは晋作の心をとらえて上海行以後も洋行の志望を断たず、おのずと常に人に先駆けて時代の方途を考える歴史的感性を身につけさせたと考えられる。

田上宇平太の影響

また、嘉永《かえい》四年（一八五一）、江戸へ出て来た松陰を佐久間《さくま》象山《しょうざん》に引き合わしたとされる（福本義亮『松陰先生交友録』）田上宇平太は、文化十四年（一八一七）生まれで、十三歳も年長の晋作の大叔父（晋作は「田上伯父」と記す）にあたるが、宇平太は早くから蘭学を修め、藩命で西洋書翻訳掛《ほんやくがかり》、安政年間には長崎へ出て西洋軍学を修め、また長州藩の伝習生《でんしゅうせい》を監督するなどしていて、慶応二年九月には晋作を下関に見舞っているほどである（『高杉晋作全集』上、書簡二二九）。晋作とこの宇平太との交渉を具体的に示す史料は残念ながら本書で明らかにすることができなかったが、晋作が少年のころより折にふれて宇平太から直接間接に、時には父小忠太を介して、外国事情や西洋兵学の知識をえていたことは確かであろう。この宇平太の存在・影響も、晋作の人間形成のうえで看逃すことができないと考えている。

父の存在

なお、重要なことは、父の小忠太が歴代藩主・世子《せいし》の側近に仕えていたことからも知られるように、一廉《ひとかど》の人物で、常に藩の中枢に位置しており、晋作がどこにいても、藩地はもちろん江戸・京都・大坂などにおける藩内外の情報を入手することができ、藩の動向によく通じていたことも、晋作が適確な情勢判断を下すに大いに資するところがあったであろう。

軍事的天才

第三に、晋作の本領は幼少のころから弓槍剣などの武芸を好み、とくに撃剣《げきけん》を良くし、「武学拾粋《ぶがくしゆうすい》」を繙《ひもと》いたとされるところからも知られるように、その素質は政治家や経世《けいせい》家《か》とは言えず、もっぱら武人本来の、兵事に関心をもった不世出の軍事的天才というのが妥当であろう。

長州藩は三面海の地勢上、十九世紀のはじめより外国船の長崎来航を機に海防の必要、兵備の充実を痛感し、天保十一年（一八四〇）の清国のアヘン戦争を契機とする村田清風《むらたせいふう》の天保改革《てんぽうかいかく》から西洋銃陣《じゅうじん》の採用を中心とする兵制改革に乗り出したが容易に実現せず、ようやく安政《あんせい》改革において、この兵制改革が顕著となった。しかし、西洋銃陣の採用は、従来の刀・槍の有した個人の力量差を消滅させ、集団的共同的戦力を重視するものであったから、その結果は必然的に門閥《もんばつ》身分制《みぶんせい》によるピラミッド型の戦闘隊形を崩し、門閥身分の高下を問わず並列することになり、封建武士団《ほうけんぶしだん》の組織とその精神を破壊する方向をもつものであった。したがって、長州藩でも、その採用には強い反対に遭遇しなければならなかった。

　封建武士団が、世禄をもととして堅固な門閥身分制によって形成されている限り、西洋兵制の採用は十分な機能と効果を発揮することが期待できない客観的事情は、広く存在していた。鉄砲の戦果をあげるには、規律節制が必要であり、一号令で統制ある行動を好まない門閥身分制下の武士団よりも、門閥なく身分的差異のない庶民の集団の方が、統制に便なる事情も確かに存在していた。また一方、攘夷《じょうい》を実行して強大な外国勢力に対処するためには、右のような兵制改革のほかに、沿岸防備兵力の増加が不可欠であった。しかし、武士数の増加は、幕藩体制下では藩の石高《こくだか》は固定し、軍役《ぐんやく》も規定されていたから困難であった。

奇兵隊の案出

このような藩事情のなかで晋作が案出したのが、奇兵隊《きへいたい》であったのである。晋作は、文久《ぶんきゅう》二年（一八六二）の上海《シャンハイ》行の際に、「支那の兵術は西洋の銃隊の強堅《きょうけん》に及ぶ能《あた》わざるを知るべきなり」（六月十四日条、「上海掩留録《えんりゅうろく》」）と記し、また万延元年（一八六〇）の試撃行の際、実戦の主要兵器としての銃砲の使用、士隊の銃隊への変更、隊の規律節制を説いた、横《よこ》井小楠《いしょうなん》の「兵法問答《ひょうほうもんどう》」（安政二年著）を写しているが、これらの知見によってはじめて奇兵隊が案出されたとは考えられず、それ以前から松陰・宇平太らの外国軍事知識の影響下にあり、ゲベール、ミニヘール銃など、近代兵器の発達に伴う兵制変化の趨勢《すうせい》を認識していた結果であると推察できる。

なお、晋作は奇兵隊の創始者であるばかりでなく、藩内戦や第二次長州征討において軍略家ないし作戦参謀としての資質を十二分に発揮した。軍略に長《た》けた大村益次郎《おおむらますじろう》の登場は慶応元年（一八六五）の第二次長州征討期であり、もしも文久・元治《げんじ》期に晋作がいなければ、長州藩内外戦の様相、ひいては歴史の展開は異なるものになっていたであろう。

歴史的評価

第四は晋作についての歴史的評価の問題である。晋作は「門閥の習弊《しゅうへい》を矯《た》め、（中略）士庶《ししょ》を問わず」奇兵隊を創ったが、それは「弟（晋作）も八組士《はちぐみ》、もとより八組士の強き事を欲し候ば、やむをえず奇兵隊など思い立ち候事にてござ候」（『高杉晋作全集』上、書簡一三九・一四〇）とみずから述べているように、外国の報復来襲に備え、自藩防衛のために庶民一般にも武装を許すという封建支配下において異例の、非常の措置をとった。

しかしこの措置が、奇兵隊の創立からやがて諸隊《しょたい》の簇生《ぞくせい》となり、これらが藩内戦、やがて討幕戦の軍事力の主力となり、さらに倒幕に至った点をとらえて、晋作を封建的門閥身分制ないし一般身分制破壊の推進者として、いわゆる〝進歩的〟に評価する者があれば、それは誤りと言うべきである。晋作には、封建的な門閥身分制、ましてや身分制そのものをすべて打ち破る考えは認められなかった。事実、藩内戦終了後、晋作は士族の干城隊の指揮統制下に、奇兵隊、諸隊をおき、また「土民は農に帰り、商夫は商を専にし」、藩内の規律を立てるのが急務であるとしたのである（前原一誠宛書簡『史料墨宝』）。

封建的家格意識の持ち主

晋作の真骨頂《しんこっちょう》は、彼の実践活動が、常に自負した「毛利家恩古之《（ママ）》臣」という「封建的家格意識」をよりどころとしていたところにある。これは、当時晋作と行動をともにした大半の同志が、身分の低い階級の出身であったなかにあって、非常に異色をなしている。世禄二〇〇石《こく》、しかも父小忠太が直目付《じきめつけ》や藩主・世子の側近などの要職を長く勤める高杉家の嫡子として、みずからも藩主・世子の信任を得ていた晋作であったからこそ、尋常の藩士では考えられないような藩規に外れた行動に出ながらも、形式上ともとれる謹慎《きんしん》・蟄居《ちっきょ》の処分を受けるのにとどまり、必要の際には重用されて特別の処遇を受け、しかも藩内に異議が出なかったのである。

幕末期は、このような家格意識が通用し、ひろく支持されているところに、封建制社会の封建制社会たる所以《ゆえん》があり、庶民が奇兵隊や諸隊で活動したとはいえ、封建的家格意識が当たり前のものとして通用し、家格の権威が隊士統率の拠りどころであった時代である。このような意識ないし権威は、「王政復古《おうせいふっこ》」後の明治二〜三年から始まる「上からの社会変革」、いわゆる「維新の変革」によって崩壊していったのである。

また、晋作の幕下にあった山県狂介《やまがたきょうすけ》（有朋《ありとも》）が、「高杉という人は何人に向っても、自身が下り向きに坐らなければ承知出来ない人で、またそうする実力を備えていた人であったが、自分などはいつ何時、彼の為《た》めに腹を切らされる事があるかも知れないと思って、絶えずその覚悟をしていた」（入江貫一『山縣公のおもかげ　附追憶百話』）と語ったのもこれを証明するものである。

晋作は慶応二年（一八六六）六月、四境戦を前に、みずから防長二州長州藩の全家臣を代表する気概をもって、藩主の勤王の素志を貫徹するため長州藩の命運を賭し、全藩力を挙げ、明年に迫る諸外国の要求による兵庫開港、朝威《ちょうい》の失墜《しっつい》という日本の重大危機を打開すべく、討幕決戦を急ぐ覚悟を赤裸々《せきらら》に中岡慎太郎《なかおかしんたろう》に伝えている（「高杉晋作聴取録」、宮地佐一郎『中岡慎太郎全集』）。そこに晋作の真面目がよくあらわれている。

「慶応の改革」

先に長州藩は、諸藩の立場を認めて、西洋の連邦制を構想していた勝義邦《かつよしくに》の幕政改革に期待して、あえて幕府軍を追わず、長幕間はしばらく小康状態を保っていた。しかし、将軍職についた慶喜《よしのぶ》が慶応三年二月に仏国公使ロッシュを招き、その建言を容《い》れて、いわゆる「慶応改革」に着手したことからその状態が破られることになる。その背景には、フランスと結んだ小栗忠順《おぐりただまさ》一派が幕府の主導権を掌握し、全力をあげて陸海軍の拡張をはかり、諸藩を潰《つぶ》して、フランスにならって幕府を中心に日本の近代化を進めようとはかったことがあった（本庄栄治郎「レオン・ロッシュと幕末の庶政改革」『幕末の新政策』）。この小栗と同様、当時幕臣の福沢《ふくざわ》諭吉《ゆきち》も長州再征に際し、「長賊外交の路を絶《たち》、其罪状を万国へ鳴《ならし》候事」「内乱御鎮圧に付、外国の力を御用相成度《あいなりたき》事」の二ヵ条を記した「長州再征に関する建白書」を幕府に提出し、幕府の絶対主義化を図るよう主張している（『福沢諭吉全集』二〇）。

討幕指導者は、この将軍慶喜の改革がフランスの援助で着々と実を結んで、幕府が独裁力を回復する前に、手を打たなければならないと考えるに至った。そして、以前から噂にのぼっていた第三次長州征討説が現実味を帯びてくると、木戸は、

天下之形勢もここに至り候に付而《つきて》は、片時も迅速に大権朝廷へ相帰し不申而は他日天下幕と仏との術中に陥り候義は必然、

（慶応三年五月十六日付品川弥二郎宛書翰、『木戸孝允文書』二、傍点筆者）

討幕から倒幕へ

と考え、日本の植民地化を危惧《きぐ》し、民族独立を強く意識するようになる。薩長が武力をもって、幕府を簡単に倒すことができるとは考えていなかったが、日本の将来のために、彼が中心となって武力倒幕の具体的画策をはじめ、薩長連合を実質化して倒幕勢力を形成し、ついに慶応三年十二月、幕府独裁制を廃止した「王政復古」という政治改革の達成にとどまらず、さらに進んで「王政維新」という社会変革を実現させたものである。

このように長州藩が「討幕」段階から「倒幕」段階へと転化する時期にはすでに晋作は病篤《あつ》く、死を迎えたのである。

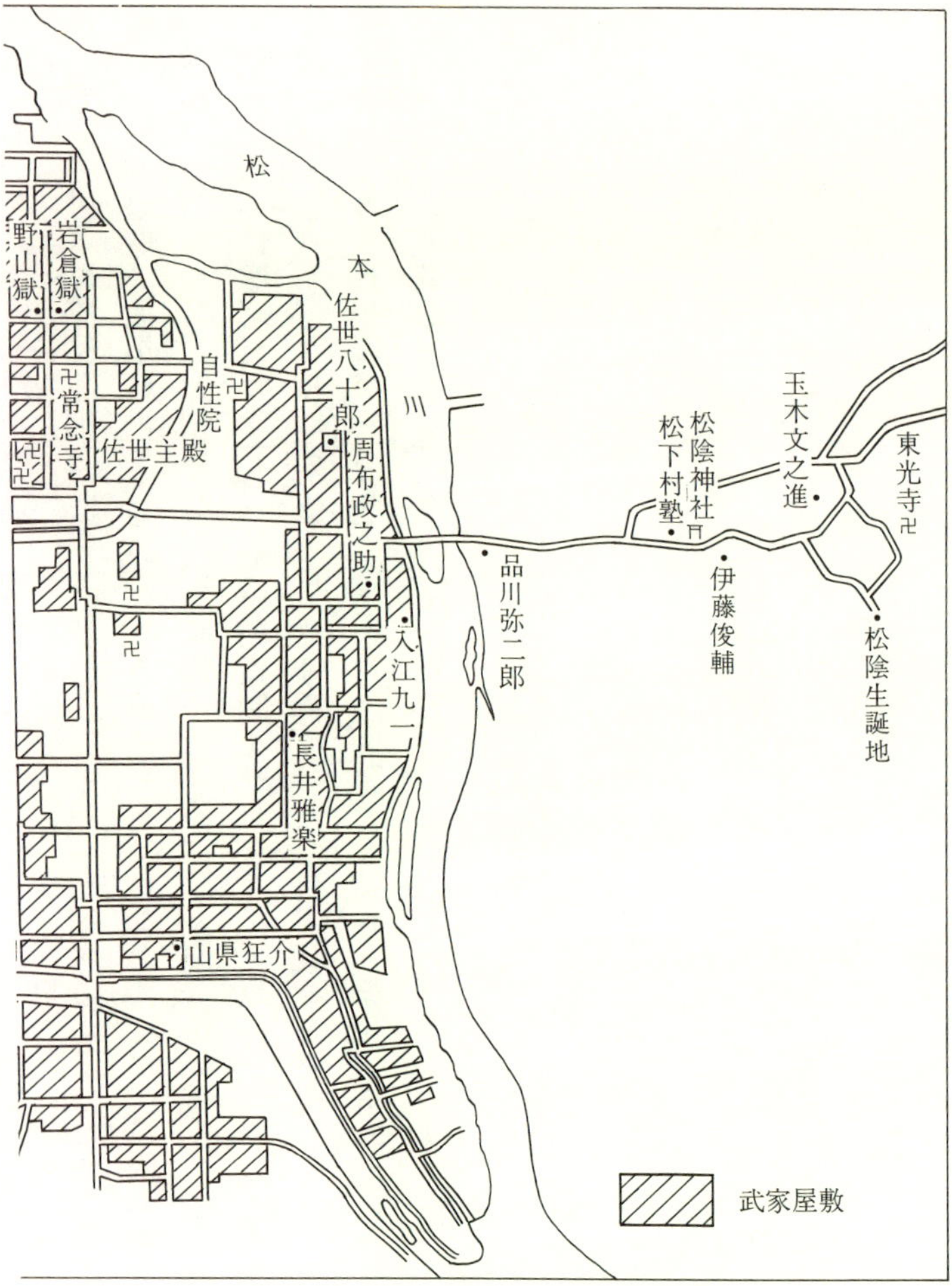

松本川
野山獄
岩倉獄
常念寺
自性院
佐世主殿
佐世八十郎
周布政之助
入江九一
長井雅楽
山県狂介
品川弥二郎
松陰神社
松下村塾
伊藤俊輔
玉木文之進
東光寺
松陰生誕地
武家屋敷

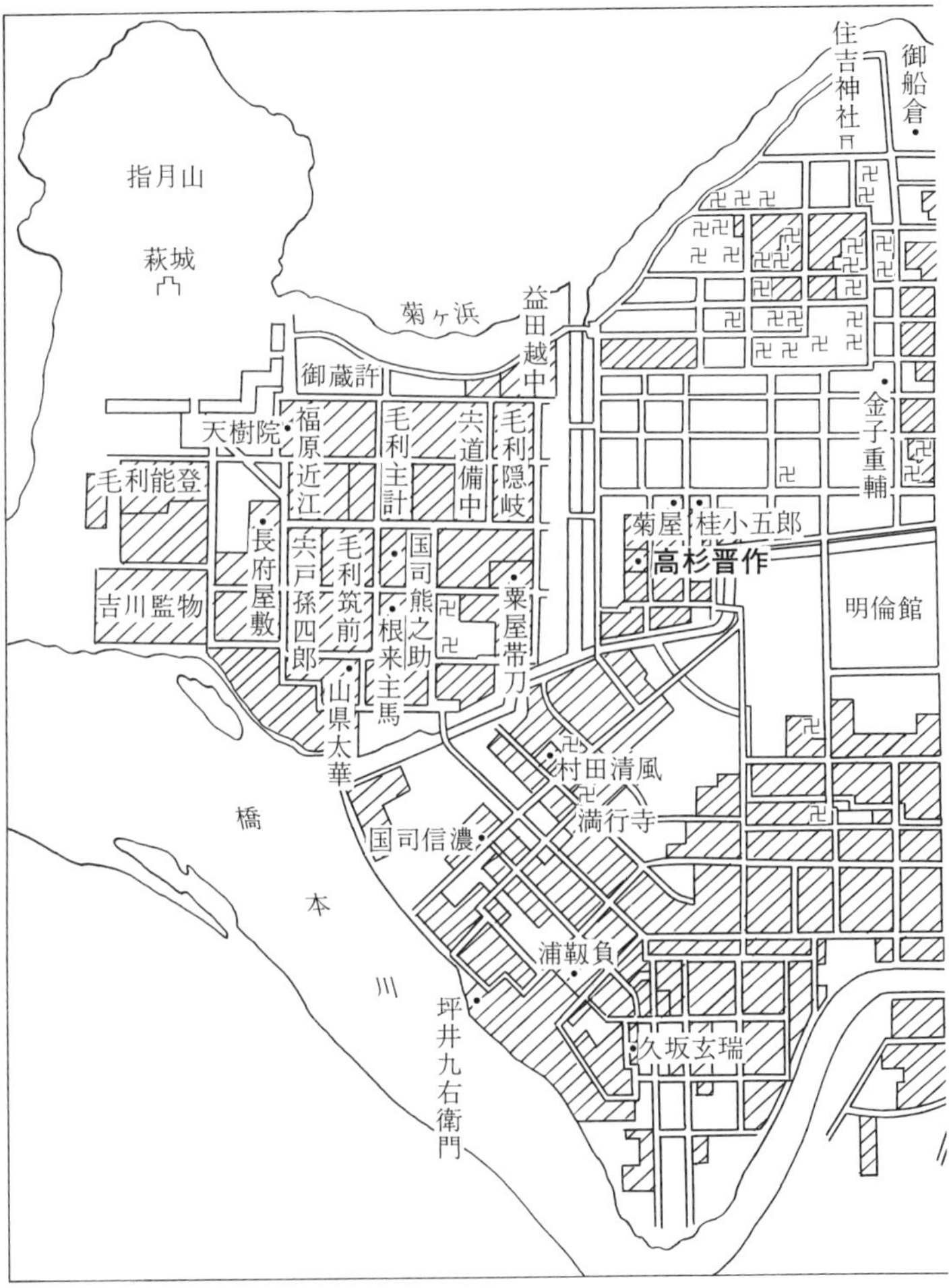

嘉永年間の萩城下（萩郷土文化研究会編『萩城下町地図』しらがね白石書店などより作図）

高杉氏略系図

（『東行先生遺文』所収の「高杉氏略系」、田中助一『萩先賢忌辰録』、高杉春正氏・高杉勝氏および著者調べにより作成した。）

春時―春光―春貞―就春―春俊―春信―春善―春明

春明＝桂 小左衛門養女 実は渡辺七郎左衛門女

春明・桂の子：
- 春生 亀之進
- 女子 三井又左右衛門賢明妻
- 女子
- 春豊 半七郎、又兵衛 長沼権之助政順の二子 安政五年四月七日没（女子＝春豊）
- 任準 ……

春豊・女子の子：
- 春徴 梅之丞、小四郎
- 女子 三井善右衛門資顧妻
- 春樹 吉祐、晋作、小左衛門、小忠太、丹治 贈正五位 文化十一年十月十三日生 初め武藤又左衛門正順養子となり、助四郎正方と称す、のち実家を継ぐ 明治二十四年一月二十七日没、年七十八
  - 春樹＝道 大西将曹の次女 文政二年八月十九日生 明治三十年一月十三日没、年七十九
- 政＝南杢之助 大正四年七月没、年六十九
  - 亀五郎 天保十一年生
  - 貞助 百合三郎 弘化四年生

任準

靍五郎、源三、宇平太
実は春明の末子、田上平兵衛の養子
文化十四年生、明治二年九月十二日没、
年五十三

高杉（谷）春風

晋作、東一、和助、梅之助、
潜蔵、暢夫、東行、贈正四位
天保十年八月二十日生、
慶応三年三月二十九日別家、
谷氏を称す
慶応三年四月十四日没、
年二十九

政

井上平右衛門の次女
弘化二年八月四日生
万延元年正月二十三日入家
大正十一年十一月五日没、
年七十八

武

武藤正明妻

栄

坂円介妻
明治十年三月二十三日没

高杉（谷）東一

梅之進
元治元年十月五日生
慶応三年六月十七日家督
明治二十年十一月三十日、
谷氏改め高杉氏を称す
大正二年七月十一日没、
年五十

茂

新井荘兵衛の三女
昭和十年六月十日没、
年六十八

暢子

伊木壽一妻
大正二年八月二十一日没

治子

明治三十年五月十三日没

春太郎

昭和三十二年五月二十七日没、
年五十七

はる

泉水氏
昭和五十九年四月九日没、
年九十

晋二郎

明治四十四年五月二十六日没

- 光
  大正元年十一月二十九日没、年六十
  ＝ 春祺
  半七郎
  実は村上衛門常祐の三子
  慶応元年正月十一日入家
  明治九年六月一日家督
  大正五年九月二十日没、年六十七
  - 鹿之丞
    明治二年五月十二日生
    明治二十七年五月五日入家
    昭和十年五月十四日没、年六十七
    実は武藤正明二子、母は正明妻武
    ＝ 幸《さき》子《こ》
    実は坂二郎の次女、母は坂円介の次女綾子
    明治三十九年十一月十九日、養子鹿之丞妻
    昭和三十一年五月二十九日没、年七十一
    - 春文
      明治四十年七月二十一日生
      昭和八年六月二十三日没、年二十七
    - 英男
      明治四十二年十二月二十四日生
      昭和六十三年七月十日没、年七十八
      ＝ 四《し》女《め》子《こ》
      大正五年七月十四日生
      山梨県田澤兼太郎の四女
      - 春正
        昭和十七年十一月八日生
        ＝ 伸子
        昭和二十二年三月四日生
        群馬県佐和豊の長女
        - 春範
          昭和五十一年六月十六日
        - 淳
          昭和六十年一月三十日生
      - 春信
        昭和二十二年十一月十九日生
        ＝ 美早子
        昭和二十六年一月二十五日生
        群馬県佐俣量平の長女
    - 清
      大正元年十月二十五日生
      妻は中込庸中長女富士子、庸中の養子
    - 正
      大正二年十二月七日生
      昭和四年九月四日没、年十七

愛子 大正四年五月二十一日生
諫早隆夫妻

安子 大正六年四月十八日生
昭和五十年七月十九日没、年五十八

祺子 大正七年十二月十三日生
大正八年六月十七日没、存命七ヵ月

節子 大正十一年五月五日生
大正十二年三月十日没、存命十ヵ月

春明 大正十四年十二月二十日生、分家

春利 昭和二年一月二十二日生、分家

勝 昭和七年十二月八日生

吟子 山田康二の次女
昭和十四年五月六日生

力 昭和三十九年十一月十六日生

真由美 内田久介の長女
昭和四十年二月六日生

明子 昭和四十一年八月二十二日生

夏美 平成四年七月二十七日生

略年譜

年次	西暦	年齢	事跡	参考事項
天保一〇	一八三九	一	八月二〇日、長門国萩菊屋横丁に長州藩士高杉小忠太春樹の嫡子として生まれる。母は同藩士大西将曹の次女道	
天保一一	一八四〇	二		アヘン戦争勃発
弘化二	一八四五	七	～三年、藩校明倫館の小学舎に学ぶ	
嘉永元	一八四八	一〇	一二月、疱瘡にかかる	
嘉永六	一八五三	一五	元服	六月三日、ペリー浦賀に来航
安政元	一八五四	一六	一月一五日、萩を発ち、父に従って江戸へ行く○二月一六日、江戸到着	三月三日、日米和親条約調印
安政二	一八五五	一七	このころより、父兄に忍び、松下村塾に通う	
安政四	一八五七	一九	二月一四日、明倫館入舎生を命じられる	
安政五	一八五八	二〇	四月七日、祖父又兵衛死す○七月二〇日、萩を出立○八月一九日、江戸の大橋塾に入る○一一月四日、昌平黌に入る○一一月二四日付、松陰、江戸の晋作ら五人の門弟に宛て書を送る○一二月一一日、五人は花押血判した返書を送る	六月一九日、日米修好通商条約調印○一二月二六日、松陰・野山獄入獄

安政 六	一八五九	二一	一〇月一二日、藩より帰国命令が下る○一〇月一七日、昌平黌を退き帰国○一一月一六日、帰萩	安政の大獄○一〇月二七日、伝馬町の獄舎で松陰死刑
万延 元	一八六〇	二二	一月一八日、井上平右衛門の次女政（一六歳）と見合い・結納・婚礼○二月一一日、明倫館練兵場の教練御用掛を命じられる○三月二〇日、明倫館舎長を命じられる○閏三月七日、海軍士官養成のため、江戸の幕府軍艦教授所へ行くよう命じられる○閏三月三〇日、航海運用稽古のため、軍艦丙辰丸に乗って江戸行を命じられる○六月三日頃、江戸品川沖に入港○八月二八日、関東遊歴に出発○九月三日、笠間の加藤有隣を訪問○二二日、松代の佐久間象山を訪問。○三〇日、一〇月一日、福井に入り、横井小楠に面会○一一日早暁大坂に入り、富海船で帰萩○一一月八日付で再び明倫館入込・舎長再入・廟司暫役を命じられる○一二月一〇日付で明倫館御講暫役に進む	三月三日、桜田門外の変
文久 元	一八六一	二三	三月一一日付で世子定広小姓役拝命○二八日、藩主慶親に御目見○七月一〇日、江戸へ向け、萩を出立○三〇日、江戸に到着○八月一日より七日間、御番手の見習い○一二月二三日、世子より幕吏に随行して上海行きが命じられる	二月三日、ロシア軍艦対馬に来泊○一〇月二〇日、和宮、京都を発し江戸に向う

文久　二	一八六二	二四	一月三日、長崎に向け江戸の桜田藩邸を出発○四月二七日、千歳丸に乗船○五月六日、上海港到着○七月五日、千歳丸は上海出発、夕方呉淞江に到着、七日、帰国の途につく○一五日、長崎帰着○八月一一日、江戸差遣の藩命が下り、萩を発つ○二四日、上京○二八日、藩主に清国の形勢物情を報告○閏八月二日、「学習院一件御用掛」として江戸での周旋事務を命じられる○六日、早々江戸行を命じられ、京都を発つ○二七日、世子に極言し、桜田邸から亡命、笠間の加藤有隣を訪ねる○九月半ば、江戸へ帰る○一二月一二日、久坂らと品川御殿山に新築中の英国公使館を焼打ちする	一月一五日、坂下門外の変○四月二三日、伏見寺田屋騒動○八月二一日、生麦事件
文久　三	一八六三	二五	一月五日、伊藤俊輔らと、松陰の遺骨を若林大夫山に改葬○三月一日、江戸を発ち、上京○一五日、十ヵ年の暇をもらい、即日剃髪して東行と称する。○二二日、木屋町の藩邸で同志の会合を促す○二三日、姉小路公知より攘夷の期限・摂海の防備・内外の防衛など国事数条の下問を受け、翌朝、建言する○二六日、堀真五郎と京都を発つ○四月一〇日、帰萩○六月三日、藩主父子、亡命の前科を許し、四日、山口の藩庁にて馬関防禦丸々委任を	五月一〇日、長州藩、馬関海峡を通航しようとした米国船を砲撃（馬関攘夷開始）○一二日、井上聞多・伊藤俊輔・野村弥吉・遠藤謹助・山尾庸三、イギリスへ密航○二三日、仏艦を砲撃（第二次）○二六日、オランダ軍艦を砲撃（第三次）○六月一日、米国軍艦来襲（第四次）○五日、仏艦来襲○七月二日、薩摩藩の攘夷

			命じる○六日、下関着、廻船問屋主人白石宅に止宿、同志一五人と謀議○七日、本宮に来島又兵衛を訪ね、藩主父子の内意を伝え、奇兵隊編成につき賛同を得る（奇兵隊編成創始日）○一二日、藩より馬関総奉行役手元役に命じられる○二七日、藩主、政務座役並びに奇兵隊総管を命じる○八月二八日、政務役御免となり奇兵隊総管のみとなる○九月一〇日、政務役に登用される○一二日、奇兵隊総管を免じられる○二〇日、藩主の命を受けて三田尻に赴き、世子上京を七卿に報じる○一〇月一日、新規に知行高一六〇石をもって召し出され、御手廻組に入れられ御奥番頭となり、世子の御内用掛を命じられる○一二月四日、藩主の命により「東一」と改名	砲撃（薩英戦争）○京で八月一八日の政変
元治元	一八六四	二六	一月二四日、世子より遊撃軍沸騰を鎮静させるよう内命を受ける。○二五日、二七日、又兵衛に鎮静論を説くが不承知○二八日、藩を脱して京都に至る○三月一一日、玄瑞・岡部繁之助・山県甲之進・水戸藩の山口徳之進の同行で帰国のため京都を発つ○一九日、玄瑞ら帰り、それより六、七日遅れ山口着○二九日、萩の野山獄に入れられる○	一月二三日、進発論者の総督来島又兵衛が同志を率いて亡命入京しようとする○六月五日、池田屋事件○七月一九日、入洛を企てた長州兵、禁門の変で会津・桑名・薩摩などの諸藩兵に敗れる○七月二三日の長州藩追討の朝命を受けて幕府、二四日、

六月二〇日、父小忠太預けとなり、翌二一日、出獄して座敷牢で謹慎○八月二日、親類預けを解かれ、三日、軍勢掛に任命される○六日、藩主父子から免罪とされ、政務役に任命される○八日、講和使節の正使（宍戸刑馬）となり外国側に和議を申し入れる○一四日の第三次交渉に出席、下関和議成立後間もなく辞表を出し、萩に退く○二九日、政務役兼石州境軍務管轄に任命される○一〇月五日、梅之進（のち東一）が生まれる○二三日、追捕の危険を感じ、二四日夜、萩を脱出○二五日夜、湯田村高田の井上聞多を見舞う○二六日夜、楢崎弥八郎を訪ね、脱藩を説得○二八日夜明け近く、徳地を発ち、二九日下関に着き、昼頃白石正一郎宅に入る○一一月一日夕、中村円太・大庭伝七と三人で舟で筑前に向かう、このとき谷梅之進と改名○一〇日、大庭・今中らとともに田代を発ち、博多へ戻り、一一日か一二日頃から、野村望東尼の平尾山荘に滞在○二一日、筑前から下関へ向かい、二五日帰国○一二月一二日夜半、長府で暴発の企てを起こし、遊撃隊八〇人ばかりと挙兵準備。伊藤俊輔に挙兵を促すため下関へ赴く○一五日夜

西国二一藩に出兵を命じる○八月五日、四国連合艦隊、下関砲台攻撃○八月一六日、下関講和談判完了○一一月一八日、征長総督、この日を長州藩総攻撃の期とする○一二月二七日、長州藩伏罪し、追討軍に撤兵令を発する（第一次長州征討）

半、功山寺に至り三条卿らに挙兵の決意を述べ暇乞する。○一六日、高杉の軍、下関に入り、払暁伊崎新地の会所を包囲

慶応 元	一八六五	二七	一月二日夜、遊撃隊士三〇余人を率いて、再び伊崎新地会所を襲う○一四日、遊撃隊を率いて山県の奇兵隊以下の諸隊と合流○一六日、晋作率いる遊撃隊、赤村（美祢郡）の追討軍を夜襲して敗走させる○二月五日、佐世八十郎に宛て藩内戦終結後の当面の対策について手紙を送り、英国行を依頼する○三月二〇日、英公使館員ハリソンが下関に寄航、これに便乗して伊藤とともに長崎へ向かう○二六日付で、藩庁より英学修業・時情探索の名目で横浜行を命じられる○長崎で英人ラウダーから洋行を取りやめるよう促され、四月上旬、下関に帰る○四月中旬から五月中旬（二〇日頃）、下関開港論を唱えたため、険悪の情勢からのがれるため下関を脱し、変名して伊予・讃岐（日柳燕石方）などに潜伏○八月六日、下関の桜山招魂場祭に参列○九月八日、世子からの親書を受け、一一日、下関より騎馬で山口城に入り、世子と談合○二六日、藩より御手廻格に加え、御用所役・御	一月一四日、五卿功山寺を発し、九州へ渡海○二月五日、在府の幕閣、長州藩処分を命じる○下関開港論があることが、三月二五日付で江戸小倉藩留守居役から藩地へ二九日報じられる○四月二二日、下関を開港しないことを藩が明示○五月一六日、幕府は長州再征のため、将軍は江戸を発ち、閏五月二二日入京、二五日大坂城入りし、同所を長州征討の本営と定める○九月二一日、幕府、朝廷からの長州再征の勅命を得る

慶応 二	一八六六	二八	国政方、および谷潜蔵（当時、高杉和助）と変名を仰せつけられ、さらに桂小五郎とともに海軍興隆用掛も兼ねる○一一月八日、上杉宋次郎、坂本龍馬らと下関で協議○一一月八日、上杉宋次郎、ユニオン号に乗り来関、その後、購入汽船の授受を協議（乙丑丸事件）○一一月一七日、桂とともに御米銀惣括引請・馬関越荷方頭人座勤務となる○一二月三日、赤間関伊崎新地都合役となり、一九日より内藤清兵衛に代わり応接場の指揮を兼務 一月一三日、薩長盟約の成立に力を注ぐ坂本龍馬が下関出発にあたり、扇面を送る○下関を発ち、二五日、萩に帰着し二、三日滞留○二月二三日、妻政が嫡子梅之進（のち東一）を連れて出関し、下関竹崎町の白石宅にしばらく滞在○二五日、乙丑丸事件の解決のため山口へ来た薩摩藩士木藤市助を、下関の大坂楼で饗応○二七日、乙丑丸事件の解決につき、長州藩主より接薩使を命じられ、伊藤を副使として鹿児島行の命が下される○三月二一日、グラバーの汽船が下関に着き、伊藤と共に乗船、同日夜半長崎着、薩摩藩邸の側用人市来市左衛門の言に従い、親書・贈物を市来に託し、	一月二一日、薩長盟約の成立○二二日、長州藩処分案の勅許をえて、幕府、第二次長州征討の実行に乗り出す○五月二一日、英国公使パークス、訪薩のため横浜を出港し、先発のキング中将と合流するため長崎へ向かう途中二四日、下関に寄港、二六日、下関を発ち、長崎へ向かう○六月七日、幕府軍艦一隻が周防国大島郡沿岸を砲撃したことにより、長幕戦が始まる○一四日、長州軍、彦根・高田の藩兵と小瀬川口（芸州方面）で

鹿児島行を中止、海外に遊学しようとする○四月一日、愛妾を囲っていたから、「家内の衆」残らず萩へ引き上げる○二二日、藩より伊藤とともに洋行の許可が下り、二人のロンドン留学費として一五〇〇両が支給される○四月末頃、幕府軍の進攻が近いと思い、グラバーに謀り、汽船一隻購入の約を結び、このオテント号で帰関○五月二四日、伊藤とともに下関に寄港のパークスを訪れ、鹿児島からの帰途に立ち寄られたら藩主と会見を歓迎する旨を約する○二七日、海軍用掛を命じられる○六月七日、海軍総督を命じられる○一二日、山田市之允・田中顕助とともに丙寅丸に乗って、久賀海上に繋泊中の幕艦を奇襲、砲撃○七月二日夜半、小倉沖の幕府蒸気船富士山艦を寄襲させる○二七日、小倉攻めに従軍、大里に出向き、陣営で村田新八の来訪を受ける○二九日、藩主より馬関口海陸軍参謀を命じられる○八月二日、長州軍小倉占領、晋作、小倉に入り、検分をして三日下関に帰る○九月四日、血痰を吐く○一二日、妾おうのを同伴して、白石家から下関の入江和作方へ移る○一六日、対馬藩士多田荘蔵らによって野村望

衝突し征長軍を破る○一五日未明、第二奇兵隊・浩武隊および大島郡守備兵、大島郡の各所に上陸し敵兵を追い払い、全島奪還○一七日、長州の海軍、門司・田ノ浦を砲撃。パークス鹿児島着、五日間滞在し、その間藩主らと交歓○二一日、パークス、長崎へ帰り、二三日、長崎を出航し、二四日、下関海峡の入口に到着、すでに長幕戦争中の桂・伊藤と会見するが、藩主とは会見せず、二六日、宇和島を訪問後横浜に帰る○七月三日、長州軍、再び門司に上陸し、小倉藩兵を破り、一旦下関に帰る○二〇日、将軍家茂、大坂城中で没○一二月二八日、小倉藩兵と長州軍のあいだに薩摩・熊本両藩士の斡旋で停戦交渉が行なわれ、和議が成立

			東尼を姫島の牢獄より救助、白石家に迎える○一〇月一九日、病のため現職勤務を免じられる○二七日、桜山招魂場下に小家ができ、居を移す	
慶応　三	一八六七	二九	一月六日、藩主より年々五人扶持を賜る○一六日、藩主より金二〇両を下賜される○三月中旬、内々薬料として金三両が下される○二四日、新地の林算九郎の家に療養の場を移す○二九日、藩主父子より新規に召し出され（先の五人扶持は召し上げ）、高一〇〇石を下され、大組に加えられ、谷潜蔵家の創立を許される○四月、藩主より内々の薬料金二両が下される○一四日未明、死亡、二九歳。藩主より香花料金一〇両が下される○一六日、遺骸が吉田へ移され、神祭によって葬儀が行われ、同地の清水山に葬られる。妾おうのは出家して梅処尼となり、東行庵（山県有朋から贈られた）で、明治四二年（一九〇九）病没するまで晋作の菩提を弔う	一〇月一四日、大政奉還○一二月九日、王政復古の大号令
明治二四	一八九一		一月二七日、父小忠太没（七八歳）	
明治三〇	一八九七		一月一三日、母道没（七九歳）	
大正　二	一九一三		七月一一日、嫡子東一没（五〇歳）	
大正一一	一九二二		一一月五日、妻政没（七八歳）	

参考文献

（「一　著作・遺品」「三　史料」「五　論文」は、本書執筆にあたって利用頻度の多い順に配列した。他は、おおむね刊行年順に配列した。）

一　著作・遺品

堀　哲三郎編『高杉晋作全集』上・下　新人物往来社　一九七四年

上巻に「書簡」（「御役御免申立演説書」「出合ノ儀ニ付演説」含む）所収

下巻に「日記」（「東帆録」「試撃行日譜《しげきこうにちふ》」「訔御日誌《せつぎょにっし》」「初番手行《はつばんてこう》日誌」「遊清五録」（遊清五録関係の一紙）「高杉晋作獄中手記」「甲子残稿」含む）、「論策」（「奉弾正益田君書」「瀧川観楓記」「兵法問答書」「学校問答書」等含む）、「詩歌」（「囚中作」含む）、「歌俳」「高杉晋作年譜」所収

本全集は次の『東行先生遺文』を補充したとあるが、なお未収の晋作書簡もあり、収録書簡の年代・時期に検討を要するものがある。また「詩歌」の部は、明治二十年（一八八七）刊の『東行遺稿』（田中光顕出版上・下二冊）を底本としたようであるが、その内容は「投獄集」「放囚集」「潜伏集」（巻上）「雲脚集」「捫蝨集」「丙寅稿」「丁卯詩歌」（巻下）に分かれており、典拠を示さず編者がこれらを一括年代順に配列している。また、高杉勝氏より東行記念館に寄託されている晋作自筆の詩稿の「東行自筆遺稿」（二種）、「草稿」「甲子残稿」「捫蝨処草稿」との関係については触れていない。本全集は、史料の校訂上厳密を欠くところがあるので注意を要する。

東行先生五十年祭記念会編　『東行先生遺文』　民　友　社　一九一六年
「高杉氏略系」、「東行先生年譜」「書翰」「日記及手録」「詩歌文章」「東行遺稿」所収
田中　彰校注　『日本近代思想大系1　開国』　岩　波　書　店　一九九一年
「遊清五録」（「航海日録（A）」「上海淹《えん》留日録」「続航海日録」（「支那上海港ノ形勢及北京風説大略」「独断にて蒸気船和蘭国之注文仕候一条」）「長崎淹留雑録」「航海日録（B）」「内情探索録」「外情探索録」「外情探索録巻之弐」「長崎互市之策ほか覚書」）所収
本書所収の「遊清五録」は、原本を厳密に校訂し、正確な注記を施したものである。
東　行　記　念　館（高杉勝氏寄託「高杉家資料」）
「訥庵先生講義聞書」「安政己未十二月三日　松陰先生年譜草稿　門人高杉晋作源春風著　先生著書記《ママ》行抜抄」「高杉晋作他流仕合名帳」「血盟書」「東行遺稿」「春風雑録」（訥庵著「性理鄙説《せいりひせつ》」写本含む）「捫蝨処草稿」等
高杉勝所蔵・梅溪昇保管　「晋作履歴覚書」（仮称）
高杉家に伝来し、「楽只堂蔵」と版心にある左右各十一行（有郭藍線入り）の罫紙一枚の裏面に墨書されている。晋作もこの罫紙を「学宮秋試」や「謹題井上聞多之所蔵　世子公之真筆後」（「捫蝨処草稿」中に貼付）に使用した。この「覚書」は他に類を見ない内容を含み、筆者特定のため高杉はる氏よりお預かりした。小忠太や晋作の筆とするには、年齢の誤記や筆跡上から疑問があり、特定できていない。
宮内庁書陵部所蔵　「木戸家文書」

「尺牘高杉晋作人ノ七六、七七、七八、七九」「尺牘坂本龍馬人ノ一二七」「尺牘周布政之助・高杉晋作・御堀耕助等人ノ二四二」（高杉晋作書簡原本）所収
妻木忠太『久坂玄瑞遺文集　上　尺牘編』（高杉晋作書簡所収）　泰山房　一九四四年
『日本史籍協会叢書別巻　史料墨宝』（復刻）　東京大学出版会　一九六八年
「慶応元年二月五日付高杉晋作前原一誠宛書簡」所収
濱中月村所蔵「高杉家関係書簡」
「嘉永二年正月五日付高杉小忠太宛書簡」「年欠二月十四日付高杉又兵衛宛晋作祖母書簡」「年月日欠高杉小忠太宛晋作母書簡（断簡）」所収
樋口尚樹「杉家旧蔵久坂玄瑞書簡・高杉晋作書簡」『萩市郷土博物館研究報告』第九号　萩市郷土博物館　一九九九年
一坂太郎『高杉晋作の手紙』　新人物往来社　一九九二年
古川薫・吉岡一生・新谷照人・清水恒治『高杉晋作写真集』　新人物往来社　一九八四年
山口県立山口博物館編刊『東行生誕一五〇周年記念　高杉晋作と奇兵隊』（企画展図録）　一九八九年
右の三書により高杉晋作の生涯にわたる代表的な著作・遺品と関連資料の写真を見ることができる。

二　伝記

渡辺修二郎『高杉晋作』　少年園　一八九七年

村田峯次郎『高杉晋作』　民友社　一九一四年
横山健堂『高杉晋作』　武俠世界社　一九一六年
中原邦平「東行先生略伝」前掲『東行先生遺文』所収　民友社　一九一六年
野原祐三郎『維新の英傑高杉晋作』　梅田利一　一九三三年
香川政一『高杉晋作小伝』　東行会　一九三六年
奈良本辰也『高杉晋作』（中公新書）　中央公論社　一九六五年
古川薫『高杉晋作―青年志士の生涯と実像―』　創元社　一九七一年
中原雅史『高杉晋作と梅処尼』（第三版）　東行庵　一九七四年
冨成博『高杉晋作』　長周新聞社　一九七九年
「高杉東行先生」（『日本及日本人』六七七〈政教社　一九一六年〉の復刻）　東行庵　一九九二年
一坂太郎『高杉晋作』（文春新書）　文藝春秋　二〇〇二年

三　史料

山口県立文書館毛利家文庫所蔵
「井原日記」「村田清風事蹟」「高杉小忠太履歴材料」「高杉晋作履歴抜書」「高杉丹治編輯日記」「嘉永六年騄尉様御出府之記　天」「浦日記」「要路一覧」乾坤、「学習院一件記録」「丙辰丸製造沙汰控」五、「邦内諸隊名称寄留浪士氏名付立」「久保松太郎日記」「デ・ビー・グラバ史談速記」「吉富簡一履歴」

「吉富簡一翁談話」「兼重翁史談速記」「忠正公伝」「部寄」（諸記録綴込）、「和戦一件」（元治元）
『吉田松陰全集』一〜一〇　岩波書店　一九三六年
一巻に「吉田松陰年譜」、玖村敏雄「吉田松陰伝」「幽囚録」所収
二巻に「講孟餘話」「講孟餘話附録」「士規七則」所収
三巻に「丁巳《ていし》幽室文稿《ゆうしつぶんこう》」「丙辰幽室文稿」（「松下村塾記」含む）所収
四巻に「戊午幽室文稿」（「周布公輔に与ふる書」「暢夫の対策を評す」「高杉暢夫を送る叙」「厳囚紀事」を含む）、「西洋歩兵論」「己未《きび》文稿」「己未《きび》御参府の議」「意見書類」「留魂録」所収
六巻に「村塾策問一道」「伏見の獄を毀《こぼ》つの策」所収
八巻に「宋元明鑑紀奉使抄」所収
九巻に「松陰先生埋葬并改葬及神社の創建」「葬祭関係文書」所収
一〇巻に横山幾太「鷗磻釣餘抄」「平野清実談話」「久保清太郎日記」「一燈銭申合帳」「渡辺蒿蔵談話」一・二所収
来栖守衛『松陰先生と吉田稔麿』　マツノ書店　一九九〇年
「送無逸東行序」（口絵）所収（初版は山口県教育会より一九三八年発行）
国立歴史民俗博物館所蔵「木戸孝允文書」
「投獄文記　西海一狂生東行未定稿（高杉晋作自筆）」（国立国会図書館憲政資料室所蔵マイクロフィルム「木戸孝允文書」一三R二）所収

国立国会図書館憲政資料室所蔵　「岩倉具視関係文書」
「早川勇手記」坤、「早川勇書取類」巻三（持危勧解始末）所収　下関市教育委員会　一九六八年
『白石家文書』（「白石正一郎日記」「橘園文書集」三所収）　マツノ書店　一九九九年
堀　真五郎　『伝家録』（初版は堀栄一が一九一五年発行）　博文館　一九一一年
高瀬真卿編　『竹亭回顧録維新前後』
江島茂逸編述　「贈正五位望東禅尼伝」（初版は野史台より一八九六年発行、日本史籍協会編『野史台維新史料叢書』一五）　東京大学出版会　一九九七年
大阪大学附属図書館（懐徳堂文庫）所蔵　（昌平黌）「書生寮姓名簿弘化丙午以来」
野口之布《ゆきのぶ》著・永山近彰編『犀陽遺文』（初版は野口遵明が一九〇一年発行）　加越能勤王家表彰会　一九三〇年
末松謙澄『修訂防長回天史』（復刻版一～一二、初版は末松春彦より一九一一～二〇年発行、修訂再版は一九二一年発行）
「三十七ヶ年賦皆済仕法」（天保十四年）、「吉富簡一の談話速記」「伊藤の談話」「討奸檄」「越前藩小倉在陣日記」（六に所引）所収　マツノ書店　一九九一年
福本義亮　『久坂玄瑞全集』　マツノ書店　一九七三年
（『松下村塾偉人久坂玄瑞』〈「久坂玄瑞先生年譜」「九仭日記」「江月斎日乗庚申」「士気作興に関する建白書」含む〉誠文堂より一九三四年刊行を復刻）

木戸公伝記編纂所編　『松菊木戸公伝』上　明治書院　一九二七年
『木戸孝允日記』一・二・三　日本史籍協会　一九三二～三三年
『木戸孝允文書』一・二　日本史籍協会　一九二九～三〇年
『木戸孝允日記』『木戸孝允文書』とも木戸公伝記編纂所蔵版で編纂代表者は妻木忠太である。
宮内省図書寮編纂　『三条実美公年譜』（初版は吉川半七より一九〇一年刊行）　宗高書房　一九六九年
土方久元　『回天実記』上　五十嵐光彰　一九〇〇年
春畝公追頌会編　『伊藤博文伝』上　純正社　一九四四年
中原邦平　『伊藤公実録』　啓文社　一九一〇年
井上馨侯伝記編纂会　『世外井上公伝』一　内外書籍　一九三三年
徳富猪一郎編　『公爵山県有朋伝』上　山県有朋公記念事業会　一九三三年
山県有朋　『含雪山縣公遺稿』（「懐旧記事」巻之一～四所収）　魯庵記念財団　一九二六年
入江貫一　『山縣公のおもかげ　附追憶百話』　偕行社編集部　一九三〇年
妻木忠太　『前原一誠伝』（初版は積文館より一九三四年刊行）　マツノ書店　一九八五年
妻木忠太著・周布公平監修　『周布政之助伝』上・下　東京大学出版会　一九七七年
（下に「勤王江戸日載」「世子奉勅東下日記」所引）
妻木忠太　『周布政之助翁伝』　有朋堂書店　一九三一年

妻木忠太『来原良蔵伝』上・下　私家版　一九四〇年
『定本奇兵隊日記』上・中・下（（京都大学附属図書館所蔵）尊攘堂本を底本としたもの）
マツノ書店　一九九八年
村田峯次郎『品川子爵伝』　大日本図書　一九一〇年
大塚武松編『楫取家文書』一（高杉晋作関係書信を含む）　日本史籍協会　一九三一年
中村孝也『中牟田倉之助伝』（「上海渡航」所収）　中牟田武信　一九一九年
東方学術協会編『文久二年上海日記』（日比野輝寛「贅肬《ぜいゆう》録」所収）　全国書房　一九四六年
高杉勝「曾祖父晋作のピストル」『歴史読本』（ワイド特集維新動乱の証言者）
人物往来社　一九六七年
宮地佐一郎『龍馬の手紙』（「谷氏の書状云々の品川省吾宛書翰」所収）
旺文社　一九八四年
宮地佐一郎『中岡慎太郎全集』（「慶応二年六月高杉晋作聴取録」所収）
勁草書房　一九九一年
宮地佐一郎『中岡慎太郎』　PHP研究所　一九九二年
佐佐木信綱編『野村望東尼全集』　野村望東尼全集刊行会　一九五八年
（「向陵集」「のこりぐさ」「望東尼書簡集」所収）
春山育次郎『野村望東尼伝』（筑紫豊により著者遺稿を翻刻したもの）文献出版　一九七六年

石井研堂『安積艮斎詳伝』　東京堂書店　一九一六年
杉重華（孫七郎）『環海詩誌』（京都大学附属図書館所蔵）　私家版　一九〇四年
宍戸璣「経歴談」『防長史談会雑誌』第三巻第二五号（初版は一九一一年）　国書刊行会　一九七六年
中原邦平「高杉東行事蹟一班」『防長史談会雑誌』第一巻第十一号（初版は一九一〇年）　国書刊行会　一九七六年
三浦梧楼《ごろう》（観樹《かんじゅ》）「天下第一人高杉東行」『日本及日本人』六三九　一九一四年
鹿野生「政子刀自の東行先生談」『日本及日本人』六七七　一九一六年
中嶋利一郎「高杉晋作と筑前」『日本及日本人』六七七　一九一六年
中嶋利一郎「高杉、西郷は会見せずといふ説の補遺」『筑紫史談』第一〇集　筑紫史談会　一九一六年
東京朝日大正五年五月九日記事「東行未亡人の追懐」『新聞集成大正編年史』大正五年度版上巻　明治大正昭和新聞研究会　一九八〇年
森谷秀亮「南貞助自伝宏徳院御略歴」『雑誌明治文化研究』三　一九七二年
河北一《はじめ》「慶応二年丙寅五月長州再討に関する事実」『史談会速記録』第一四輯（合本三）
兼重慎一「毛利家国事鞅掌に関する事実」『史談会速記録』第一八輯（合本四）
兼重慎一「長州藩内訌の事実」『史談会速記録』第二八輯（合本六）

佐田白茅「紀二高杉東行事一」評『史談会速記録』第一七〇輯（合本二五）

寺師宗徳「薩長連合の事実に就て」『史談会速記録』第二四三輯（合本三四）

『史談会速記録』は明治二十五年より昭和十二年まで史談会より発行された。戦後、原書房より合本で復刻されたので、（ ）内に合本巻数を記す。

萩市史編纂委員会編『萩市誌』 萩市役所 一九五九年

『萩藩閥閲録』二 マツノ書店 一九六八年

時山弥八『稿本もりのしげり』 私家版 一九一六年

「歴代領地城宅表」「敬親元徳両公参府帰国其他発著表」「旧長藩士卒階級一覧表」「毛利史要年表」など所収

『嘉永改正いろは寄 萩藩分限帳』（「嘉永五年分限帳」所収） 萩郷土文化研究会 一九六八年

樹下明紀・田村哲夫編『萩藩給禄帳』（「安政二年分限帳」所収） マツノ書店 一九八四年

田中助一『萩先賢忌辰録』 萩市仏教団 一九七〇年

『村田清風全集』上、 大日本教育会山口県支部 一九四五年

「天保十一年七月 流弊改正意見」所収

三坂圭治『萩藩の財政と撫育』 春秋社 一九四四年

中原邦平『訂正補修忠正公勤王事蹟』 防長史談会 一九一一年

村田峯次郎『防長近世史談』 大小社 一九二七年

横井時雄編『小楠遺稿』（「学校問答」「陸兵問答」を含む）　民友社　一八九八年
相原言三郎『日柳燕石』上　燕石会　一九三九年
井上忠編「月形洗蔵関係書翰」（二）『福岡大学人文論叢』第四巻二号　一九七二年
『吉川経幹周旋記』一・二　日本史籍協会　一九二六年
『越前藩幕末維新公用日記』　福井県郷土誌懇談会　一九七四年
大西郷全集刊行会編『大西郷全集』一　大西郷全集刊行会　一九二六年
山川浩『京都守護職始末』　郷土研究社　一九三〇年
田中助一『能美洞庵略伝』（初版は私家版、一九四一年）　渓水社　一九九三年
東京大学史料編纂所編『維新史料綱要』三・四（一九八三年〈初版一九三七年〉）・五（一九六六年〈初版一九三七年〉）・六（一九六六年〈初版一九四三年〉）　東京大学出版会
維新史料編纂事務局編『維新史』三・四（三巻に「邁種手記」所収）　明治書院　一九四一年
石井孝『増訂明治維新の国際的環境』　吉川弘文館　一九六六年
重山禎介編『下関二千年史』　防長史料出版社　一九七四年
「五十年前元治元年英仏蘭連合艦隊襲来之図」（口絵）所収（初版は関門史談会より一九一五年発行）
下関市文書館編『資料幕末馬関戦争』　三一書房　一九七一年
下関市史編集委員会編『下関市史　資料編』Ⅳ　下関市　一九九六年
「文久三年以後攘夷一件」（毛利家文庫）所収

原　剛『幕末海防史の研究』　名著出版　一九八八年

アーネスト・サトウ日記（Sir Ernest Satow, A Diplomat in Japan, London 1921）

アーネスト・サトウ、坂田精一訳『一外交官の見た明治維新』上・下（〔第一刷〕岩波文庫、一九六〇年）がある。

英国外交文書「キューパー海軍省報告」（Vice-Admiral Sir A. Kuper to the Secretary to the Admiralty. September 15, 1864. BRITISH PARLIAMENTARY PAPERS, JAPAN 2, Reports and correspondence respecting Japan, 1864-70, IRISH UNIVERSITY PRESS, 1971 pp. 257-261.）

英国外交文書「会談議事録」（Minutes of a Conference between Vice-Admiral Sir A. Kuper, Rear-Admiral C, Jaurès, and Shishido Bizen, Mori Idzumo, and Shishido Bingo, Chief Councillors (Karoo) of the Prince of Choshu, held on board Her Majesty's Ship "Euryalus,". at 2 o'clock on the 14th of September, 1864. JAPAN 2, pp. 275-277）

英国外交文書「停戦協定書」（Agreement. [Signed] SHISHIDO BIZEN. MORI IDZUMO, MATSDAIRA DAIZEN NO DAIBU. YOSHICHKA., JAPAN 2, p. 277.）

仏国海軍士官ルサン「日本沿岸の戦い」（ALFRED ROUSSIN, UNE CAMPAGNE sur les côtes DU JAPON, Hachette, Paris. 1866. 京都大学附属図書館所蔵）

アルフレッド・ルサン著、樋口裕一訳『フランス士官の下関海戦記』（新人物往来社　一九八七年）がある。

四　研究書

坂田吉雄『明治維新史』　未来社　一九六〇年
小林茂『長州藩明治維新史研究』　未来社　一九七〇年
田中彰『明治維新政治史研究』　青木書店　一九六三年
田中彰『高杉晋作と奇兵隊』　岩波書店　一九九三年
田中彰『長州藩と明治維新』　吉川弘文館　一九九八年
小川亜弥子『幕末期長州藩洋学史の研究』　思文閣出版　一九九八年

五　論文

谷苔六「藩政時代の防長住民の区別と其待遇(二)」『防長史学』第三巻第一号（初版は防長史談会より一九三二年発行）複製合本版『防長史学』　マツノ書店　一九八三年
梅溪昇「明治維新史における奇兵隊の問題」「明治維新史における長州藩の政治的動向」（のち『増補版　明治前期政治史の研究』所収）　未来社　一九七八年
梅溪昇「馬関挙兵直前における高杉晋作の心情」『日本歴史別冊　伝記の魅力』　吉川弘文館　一九八六年
梅溪昇「京都における高杉晋作の遺墨」『東行庵だより』二三　東行庵　一九八八年

梅溪昇「高杉晋作の逸話―昌平黌時代―」『東行庵だより』四一　東行庵　一九八八年
梅溪昇「高杉晋作の誕生旧宅図」『日本歴史』六二九　吉川弘文館　二〇〇〇年
梅溪昇「高杉晋作の祖母と母の手紙」『日本歴史』六四三　吉川弘文館　二〇〇一年
山本勉彌「高杉晋作の疱瘡」『萩文化』七巻四号　萩文化研究会　一九四三年
松本二郎「高杉晋作潜居地について」『山口県地方史研究』六二　一九八九年
大塚武松「仏国公使レオン・ロッシュの政策及び行動」（原題は「仏国公使レオン・ロッシュの政策行動について」、のち『幕末外交史の研究』所収）　宝文館　一九五二年
本庄栄治郎「レオン・ロッシュと幕末の庶政改革」（のち『幕末の新政策』所収）　有斐閣　一九四〇年
沼倉研史・沼倉満帆「長州藩蘭学者田上宇平太と翻訳砲術書」『英学史研究』二〇　一九八七年
春名徹「中牟田倉之助の上海体験―『文久二年上海行日記』を中心に―」『國學院大學紀要』三五　一九九七年

著者略歴

一九二一年生まれ
一九四三年京都帝国大学文学部史学科卒業
大阪大学教授、仏教大学教授を歴任
二〇一六年没

主要著書
明治前期政治史の研究　お雇い外国人　緒方洪庵と適塾生　洪庵・適塾の研究　軍人勅諭成立史　教育勅語成立史

人物叢書　新装版

高杉晋作

二〇〇二年（平成十四）七月十日　第一版第一刷発行
二〇一六年（平成二十八）六月一日　第一版第二刷発行

著者　梅《うめ》溪《たに》昇《のぼる》
編集者　日本歴史学会
代表者　笹山晴生
発行者　吉川道郎
発行所　株式会社吉川弘文館
東京都文京区本郷七丁目二番八号
郵便番号一一三—〇〇三三
電話〇三—三八一三—九一五一〈代表〉
振替口座〇〇一〇〇—五—二四四
http://www.yoshikawa-k.co.jp/
印刷＝株式会社 平文社
製本＝ナショナル製本協同組合

ISBN978-4-642-05225-2

『人物叢書』(新装版)刊行のことば

人物叢書は、個人が埋没された歴史書が盛行した時代に、「歴史を動かすものは人間である。個人の伝記が明らかにされないで、歴史の叙述は完全であり得ない」という信念のもとに、専門学者に執筆を依頼し、日本歴史学会が編集し、吉川弘文館が刊行した一大伝記集である。

幸いに読書界の支持を得て、百冊刊行の折には菊池寛賞を授けられる栄誉に浴した。

しかし発行以来すでに四半世紀を経過し、長期品切れ本が増加し、読書界の要望にそい得ない状態にもなったので、この際既刊本の体裁を一新して再編成し、定期的に配本できるような方策をとることにした。既刊本は一八四冊であるが、まだ未刊である重要人物の伝記についても鋭意刊行を進める方針であり、その体裁も新形式をとることとした。

こうして刊行当初の精神に思いを致し、人物叢書を蘇らせようとするのが、今回の企図である。大方のご支援を得ることができれば幸せである。

昭和六十年五月

日本歴史学会

代表者 坂本太郎

日本歴史学会編集

人物叢書〈新装版〉

▽没年順に配列　▽九〇三円～二、四〇〇円(税別)
▽残部僅少の書目もございます。品切の節はご容赦ください。

日本武尊　上田正昭著
継体天皇　篠川　賢著
聖徳太子　坂本太郎著
秦河勝　井上満郎著
蘇我蝦夷・入鹿　門脇禎二著
持統天皇　直木孝次郎著
額田王　直木孝次郎著
藤原不比等　高島正人著
長屋王　寺崎保広著
県犬養橘三千代　義江明子著
山上憶良　稲岡耕二著
行基　井上　薫著
光明皇后　林　陸朗著
鑑真　安藤更生著
藤原仲麻呂　岸　俊男著
道鏡　横田健一著
吉備真備　宮田俊彦著
佐伯今毛人　角田文衛著
和気清麻呂　平野邦雄著
桓武天皇　村尾次郎著
坂上田村麻呂　高橋　崇著
最澄　田村晃祐著
平城天皇　春名宏昭著
円仁　佐伯有清著
伴善男　佐伯有清著
円珍　佐伯有清著
菅原道真　坂本太郎著
聖宝　佐伯有清著
三善清行　所　功著
藤原純友　松原弘宣著
紀貫之　目崎徳衛著
小野道風　山本信吉著
良源　平林盛得著
藤原佐理　春名好重著
紫式部　今井源衛著
慶滋保胤　小原　仁著
一条天皇　倉本一宏著
大江匡衡　後藤昭雄著
源信　速水　侑著
源頼光　朧谷　寿著
藤原道長　山中　裕著
藤原行成　黒板伸夫著
清少納言　岸上慎二著
和泉式部　山中　裕著
源義家　安田元久著
大江匡房　川口久雄著
奥州藤原氏四代　高橋富雄著
藤原頼長　橋本義彦著
藤原忠実　元木泰雄著
源頼政　多賀宗隼著
平清盛　五味文彦著
源義経　渡辺　保著
西行　目崎徳衛著
後白河上皇　安田元久著
千葉常胤　福田豊彦著
源通親　橋本義彦著
文覚　山田昭全著
畠山重忠　貫　達人著
法然　田村圓澄著
栄西　多賀宗隼著
北条義時　安田元久著
大江広元　上杉和彦著
北条政子　渡辺　保著
慈円　多賀宗隼著
明恵　田中久夫著
藤原定家　村山修一著

北条泰時　上横手雅敬著
道元　竹内道雄著
北条重時　森幸夫著
親鸞　赤松俊秀著
北条時頼　高橋慎一朗著
日蓮　大野達之助著
阿仏尼　田渕句美子著
北条時宗　川添昭二著
一遍　大橋俊雄著
叡尊・忍性　和島芳男著
京極為兼　井上宗雄著
金沢貞顕　永井晋著
菊池氏三代　杉本尚雄著
新田義貞　峰岸純夫著
花園天皇　岩橋小弥太著
赤松円心・満祐　高坂好著
卜部兼好　冨倉徳次郎著
覚如　重松明久著
足利直冬　瀬野精一郎著
佐々木導誉　森茂暁著
細川頼之　小川信著
足利義満　臼井信義著
今川了俊　川添昭二著
足利義持　伊藤喜良著
世阿弥　今泉淑夫著
上杉憲実　田辺久子著
山名宗全　川岡勉著
一条兼良　永島福太郎著
亀泉集証　今泉淑夫著
蓮如　笠原一男著
宗祇　奥田勲著
万里集九　中川徳之助著
三条西実隆　芳賀幸四郎著
大内義隆　福尾猛市郎著
ザヴィエル　吉田小五郎著
三好長慶　長江正一著
今川義元　有光友學著
武田信玄　奥野高広著
朝倉義景　水藤真著
浅井氏三代　宮島敬一著
織田信長　池上裕子著
明智光秀　高柳光寿著
大友宗麟　外山幹夫著
千利休　芳賀幸四郎著
豊臣秀次　藤田恒春著
足利義昭　奥野高広著
前田利家　岩沢愿彦著
長宗我部元親　山本大著
安国寺恵瓊　河合正治著
石田三成　今井林太郎著
真田昌幸　柴辻俊六著
最上義光　伊藤清郎著
高山右近　海老沢有道著
島井宗室　田中健夫著
淀君　桑田忠親著
片桐且元　曽根勇二著
藤原惺窩　太田青丘著
支倉常長　五野井隆史著
伊達政宗　小林清治著
天草時貞　岡田章雄著
立花宗茂　中野等著
宮本武蔵　大倉隆二著
小堀遠州　森蘊著
徳川家光　藤井讓治著
由比正雪　進士慶幹著
佐倉惣五郎　児玉幸多著
林羅山　堀勇雄著
松平信綱　大野瑞男著
国姓爺　石原道博著
野中兼山　横川末吉著
隠元　平久保章著
徳川和子　久保貴子著

酒井忠清　福田千鶴著
朱舜水　石原道博著
池田光政　谷口澄夫著
山鹿素行　堀勇雄著
井原西鶴　森銑三著
松尾芭蕉　阿部喜三男著
三井高利　中田易直著
河村瑞賢　古田良一著
徳川光圀　鈴木暎一著
契沖　久松潜一著
市川団十郎　西山松之助著
伊藤仁斎　石田一良著
徳川綱吉　塚本学著
貝原益軒　井上忠著
前田綱紀　若林喜三郎著
近松門左衛門　河竹繁俊著
新井白石　宮崎道生著
鴻池善右衛門　宮本又次著
石田梅岩　柴田実著
太宰春台　武部善人著
徳川吉宗　辻達也著
大岡忠相　大石学著
賀茂真淵　三枝康高著
平賀源内　城福勇著

与謝蕪村　田中善信著
三浦梅園　田口正治著
毛利重就　小川國治著
本居宣長　城福勇著
山村才助　鮎沢信太郎著
木内石亭　斎藤忠著
小石元俊　山本四郎著
山東京伝　小池藤五郎著
杉田玄白　片桐一男著
塙保己一　太田善麿著
上杉鷹山　横山昭男著
大田南畝　浜田義一郎著
只野真葛　関民子著
小林一茶　小林計一郎著
大黒屋光太夫　亀井高孝著
松平定信　高澤憲治著
菅江真澄　菊池勇夫著
島津重豪　芳即正著
狩谷棭斎　梅谷文夫著
最上徳内　島谷良吉著
渡辺崋山　佐藤昌介著
柳亭種彦　伊狩章著
香川景樹　兼清正徳著
平田篤胤　田原嗣郎著

間宮林蔵　洞富雄著
滝沢馬琴　麻生磯次著
調所広郷　芳即正著
橘守部　鈴木暎一著
黒住宗忠　原敬吾著
水野忠邦　北島正元著
帆足万里　帆足図南次著
江川坦庵　仲田正之著
藤田東湖　鈴木暎一著
二宮尊徳　大藤修著
広瀬淡窓　井上義巳著
大原幽学　中井信彦著
島津斉彬　芳即正著
月照　友松圓諦著
橋本左内　山口宗之著
井伊直弼　吉田常吉著
吉田東洋　平尾道雄著
緒方洪庵　梅溪昇著
佐久間象山　大平喜間多著
真木和泉　山口宗之著
高島秋帆　有馬成甫著
シーボルト　板沢武雄著
高杉晋作　梅溪昇著
川路聖謨　川田貞夫著

横井小楠　圭室諦成著
小松帯刀　高村直助著
山内容堂　平尾道雄著
江藤新平　杉谷　昭著
和宮　武部敏夫著
西郷隆盛　田中惣五郎著
ハリス　坂田精一著
森有礼　犬塚孝明著
松平春嶽　川端太平著
中村敬宇　高橋昌郎著
河竹黙阿弥　河竹繁俊著
寺島宗則　犬塚孝明著
樋口一葉　塩田良平著
ジョセフ＝ヒコ　近盛晴嘉著
勝海舟　石井　孝著
臥雲辰致　村瀬正章著
黒田清隆　井黒弥太郎著
伊藤圭介　杉本　勲著
福沢諭吉　会田倉吉著
星亨　中村菊男著
中江兆民　飛鳥井雅道著
西村茂樹　高橋昌郎著
正岡子規　久保田正文著
清沢満之　吉田久一著
滝廉太郎　小長久子著
副島種臣　安岡昭男著
田口卯吉　田口　親著
福地桜痴　柳田　泉著
陸羯南　有山輝雄著
児島惟謙　田畑　忍著
荒井郁之助　原田　朗著
幸徳秋水　西尾陽太郎著
ヘボン　高谷道男著
石川啄木　岩城之徳著
乃木希典　松下芳男著
岡倉天心　斎藤隆三著
桂太郎　宇野俊一著
徳川慶喜　家近良樹著
加藤弘之　田畑　忍著
山路愛山　坂本多加雄著
伊沢修二　上沼八郎著
秋山真之　田中宏巳著
前島密　山口　修著
成瀬仁蔵　中嶌　邦著
前田正名　祖田　修著
大隈重信　中村尚美著
山県有朋　藤村道生著
大井憲太郎　平野義太郎著
河野広中　長井純市著
富岡鉄斎　小高根太郎著
大正天皇　古川隆久著
津田梅子　山崎孝子著
豊田佐吉　楫西光速著
渋沢栄一　土屋喬雄著
有馬四郎助　三吉　明著
武藤山治　入交好脩著
坪内逍遙　大村弘毅著
山室軍平　三吉　明著
南方熊楠　笠井　清著
山本五十六　田中宏巳著
中野正剛　猪俣敬太郎著
近衛文麿　古川隆久著
河上肇　住谷悦治著
牧野伸顕　茶谷誠一著
御木本幸吉　大林日出雄著
尾崎行雄　伊佐秀雄著
緒方竹虎　栗田直樹著
石橋湛山　姜　克實著
八木秀次　沢井　実著
▽以下続刊